DK

A Dorling Kindersley Book

www.dk.com

TOP 10 全球魅力城市旅游丛书

纽 约

埃莉诺·伯曼 著

李新国 刘长花 译

冯 蓓 审校

旅游教育出版社 時尚 TRENDS

·北京·

布鲁克林大桥

纽约出租车

DK

A Dorling Kindersley Book
www.dk.com

Original Title: TOP 10 NEW YORK
Compilation Copyright(c)2002，2008，
Dorling Kindersley Limited，London

TOP 10 全球魅力城市旅游丛书
纽约

（美）埃莉诺·伯曼 著

李新国 刘长花 译

责任编辑：李红丽 李荣强
执行编辑：黄鸥 徐娜

项目策划：北京时尚博闻图书有限公司
装帧制作：北京罗盘汇典图书有限公司

出版单位：旅游教育出版社
地址：北京市朝阳区定福庄南里1号
邮编：100024
发行电话：（010）65778403 65728372
65767462（传真）
本社网址：www.tepcb.com
E-mail：tepfx@sohu.com
印刷单位：中华商务联合印刷有限公司
经销单位：新华书店
开本：648x800mm 1/32
印张：5.75
字数：130千字
版次：2010年1月第2版
印次：2010年1月第2版第1次印刷
印数：6000册
定价：28.00元

（图书如有装订差错请与发行部联系）

目录

纽约十佳

图书在版编目（CIP）数据

纽约/（美）伯曼著；李新国，刘长花译. —北京：旅游教育出版社，2006.6（2010.1）

TOP 10 全球魅力城市旅游丛书
ISBN 978-7-5637-1380-6

Ⅰ. 纽 Ⅱ. ①伯 ②李 ③刘 Ⅲ. 旅游指南－纽约 Ⅳ. K971.29

中国版本图书馆CIP数据核字（2006）第067676号

封面封底图片：All photographs specially commissioned except: CORBIS: fronttc; BruceBurkhardtfrontblb; JosephSohm; ChromosohmIncbacktl; LawrenceManningfrontca; MortinBeebe, S.Ffrontbl.

帝国大厦鸟瞰

南街海港十七号栈桥

分区逍遥游

资讯一点通

自由女神像

华盛顿广场的街头艺人

纽约十佳

纽约十佳

TOP 10 纽约重点游

纽约市内高楼林立，博物馆名目繁多，百老汇大街华灯闪烁，堪称国际一流大都市。市内旅游观光景点数不胜数，但其中几处最具代表性。下面将介绍这些最具代表性的景点。

1 帝国大厦（Empire State Building）

这座高耸入云的装饰艺术风格的摩天大楼是纽约市最具代表性的建筑，它曾无数次亮相于银屏上。从大楼86层高的观景台俯瞰，纽约市街景尽收眼底（见8-9页）。

2 第五大道（Fifth Avenue）

街道两旁汇集了顶级时尚精品名店和世界级的优秀建筑。漫步街头，可尽享无穷乐趣，并可欣赏到纽约市最著名的几座建筑（见10 -11页）。

3 洛克菲勒中心（Rockefeller Center）

这是一个闹市中的世外桃源，这里有公园、餐馆、地下购物广场、写字楼、溜冰场。此外，还有100多件壁画及雕塑等艺术品散布于中心（见12-15页）。

4 自由女神像（Statue of Liberty）

这座雕像是成百上千万移民在美国寻求自由新生活的象征（见16-17页）。

6 时代广场和剧院区（Times Square and the Theater District）

百老汇大街和时代广场霓虹灯闪烁，这里有40多家著名的剧院，上演的剧目广受欢迎（见22-25页）。

5 艾利斯岛移民历史博物馆（Ellis Island Immigration History Center）

步入这座经过精心修复的建筑，你会切身体验到纽约移民的经历。在过去几百年中，他们蜂拥而至，纽约也因此成为一个多民族相互融合的城市（见18-21页）。

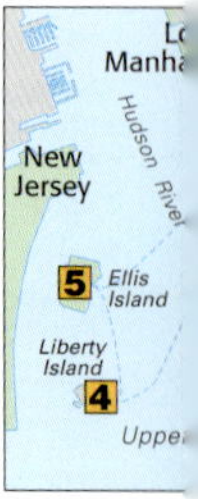

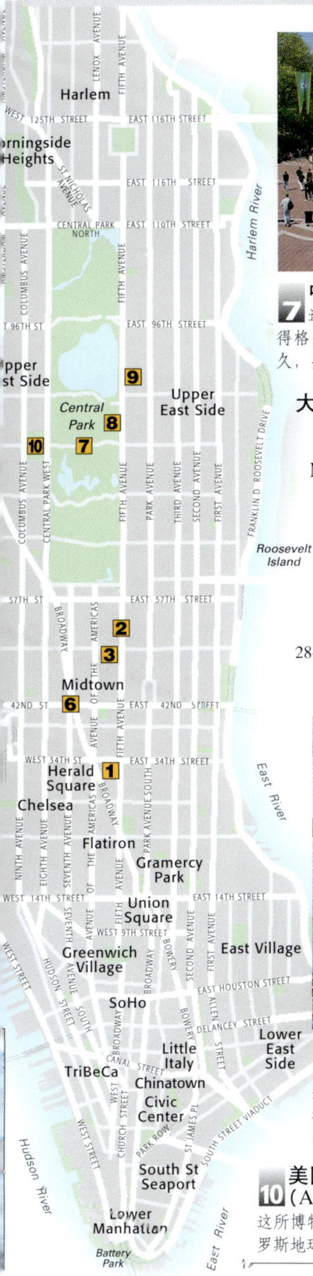

7 中央公园（Central Park）

这片占地843英亩的绿地在繁华的都市中显得格外珍贵。此公园由人工建造，耗时16年之久，共植树50多万株（见26-27页）。

大都会艺术博物馆（Metropolitan Museum of Art） 8

将所有馆藏珍品浏览欣赏一遍需用几周时间。馆内收藏有西方国家的艺术极品，时间跨度有5000年之久（见28-31页）。

古根海姆博物馆（Guggenheim Museum） 9

这座由弗兰克·劳埃德·赖特设计建造的大楼本身便是一件美轮美奂的艺术品。馆内主要收藏了一些当代名家之作（见32-33页）。

10 美国自然历史博物馆（American Museum of Natural History）

这所博物馆因其馆藏的恐龙化石而久负盛名，馆中的罗斯地球与太空中心带您进入太空时代（见34-37页）。

TOP 10 帝国大厦

帝国大厦是纽约市最高、最有名的摩天大楼。自1931年帝国大厦观景台对外开放以来，已经接待了1.2亿多游客，包括摇滚乐队“Kiss”和英女王伊丽莎白二世。这座装饰艺术风格的经典之作由“史莱夫—兰布—哈蒙”建筑事务所在20世纪20年代经济繁荣时期设计，于经济大萧条期间竣工。建成后帝国大厦曾一度闲置数年，因而当时被人称作“空国大厦”。它曾成为无数影片的场景。1983年，为了庆祝经典电影《金刚》50周年，全球的“金刚”爱好者同时为那一经典场景重现而欢呼——一只巨大的充气巨猿缓缓爬上帝国大厦。

帝国大厦远景

有两家餐馆、一家冰激凌店和一家咖啡屋供您选择。

在日落时分拜访帝国大厦，可观赏到斜阳西下、华灯初上的美景，让人回味无穷。

· 位于第五大道350号，与第34街交会

· 地图K3

· www.esbnyc.com

· 开放时间：每天 9:30am-午夜

· 门票价格：成人13美元，老年人及12-17岁少年12美元，6-11岁孩子8美元，5岁以下儿童免费

· 空中之旅：25美元/人

· 语音导览：5美元/次

十大特色

1. 大厦
2. 电梯
3. 第102层观景台
4. 第86层观景台
5. 尖顶
6. 世界奇迹
7. 第五大道展窗
8. 情人节
9. 纽约空中之旅
10. 帝国大厦登梯大赛

大厦 1

帝国大厦以其102层的高度（1454英尺高，相当于443米）使克莱斯勒（Chrysler）大楼屈居其下。目前，大厦顶部建有广播电视塔的发射基地，也有飞艇的固定装置。

2 电梯

帝国大厦共配备73座艺术装饰电梯，电梯运行速度最快可达427米每分钟，至86层高的观景台仅用时45秒。最后一趟电梯时间是晚上11点15分。

第102层观景台 3

倘若天气晴朗，从102层的观景台俯瞰全市，方圆80英里（130公里）内的美景尽收眼底。但自1999年以来，此观景台已停止对外开放。

更多纽约摩天大楼详细信息详见44-45页

4 第86层观景台

四周由玻璃围成的第86层观景台高1050英尺（约合320米），每年吸引350多万游客。空气能见度查询请至电纽约全景咨询号码：1888。

尖顶 5

每逢节假日，尖顶灯光便会大放异彩。红、白、蓝三色灯光在美国国庆日（7月4日）时会同时闪亮；绿色灯光用来庆祝圣帕特里克节（3月17日，爱尔兰传统节日）；而在光明节（每年11月底至12月初，犹太传统节日），尖顶将会亮起蓝色和白色灯光。

6 世界奇迹

位于第34大街的门厅内有8个三维立体模型，由罗伊·斯巴克亚（Roy Sparkia）和雷尼·奈莫洛夫（Rene Nemerov）设计制作，形象地再现了历史上七大奇迹及当今世界一大奇迹——帝国大厦。

第五大道展窗 7

这座位于第五大道的镶大理石大厅共有5个展示橱窗，展出来自各大博物馆、画廊及艺术家的艺术品和纪念品，展品定期更换。

情人节（Valentine's Day）8

每年2月14日情人节这天，都会有几对新人在第80层的天宇大厅（Sky Lobby）举行婚礼，此后他们便成为帝国大厦婚礼俱乐部成员，并可在每年情人节这天免费参观帝国大厦。

9 纽约空中之旅（New York Skyride）

这是一个结合声光科技的模拟空中之旅。您仿佛乘坐一架直升飞机漫游纽约的名胜古迹。

10 帝国大厦登梯大赛

根据始于1978年的惯例，每年2月都有150名参赛者要徒步从帝国大厦的前厅攀登到第86层，其间要迈过1576级台阶。此项赛事的世界记录是9分33秒。

帝国大厦的兴建

帝国大厦由威廉·F. 兰布设计，其宗旨是"建一个超级大厦"。建设完成这座102层的庞然大物仅用时410天——平均每星期建成4层半。整栋建筑共耗费石灰岩与花岗岩36.5万吨。更令人惊叹的是，这个由3500人组成、实力雄厚的建筑施工队伍竟然曾经创造了在短短10天内完成10层的建筑神话。这座大楼的地基较浅，所以总共用了6万吨的钢梁来支撑楼体。

第五大道

位于中城（Midtown）的第五大道是全纽约最有名的一条大街，此处有三栋最著名的建筑。19世纪末，街道两旁曾遍布名门望族的豪宅大院，但是到20世纪初，当零售商蜂拥而至时，这些豪门便迁往郊外。卡地亚（Cartier）大楼就是保存下来的一栋豪宅，据说是1917年用一串珍珠从银行家默顿·F. 布朗特（Morton F. Plant）手中换取的。虽然一些商业公司在第五大道占有一席之地，但此大街主要是奢侈品的销售场所。复活节星期日是旅游观光第五大道的最佳时间。这天，所有的车辆都要改道绕行，整个街道充斥着头戴各种帽子的纽约人，洋溢着节日的欢乐气氛。

圣诞节装饰的卡地亚公司

纽约公共图书馆免费参观时间：11am和2pm（周二至周六），2pm（周日）；不需预约。

圣帕特里克教堂开放时间：每天7:30 am-8:30pm

· 第五大道中心地段是从第34街的帝国大厦（见8-9页）到第59街的大军团广场（Grand Arimy Plaza）之间，全长1英里（1.6公里），适宜步行

· 地图H3-K3

· 旅游咨询电话：212 484 1200

· 纽约公共图书馆电话：212 930 0800

十大景点

1. 大军团广场
2. 博格多夫·古德曼百货公司
3. 通用汽车大厦
4. 蒂凡尼公司
5. 川普大楼
6. 卡地亚公司
7. 圣帕特里克教堂
8. 萨克斯第五大道公司
9. 纽约公共图书馆
10. 罗德-泰勒百货公司

1 大军团广场（Grand Army Plaza）

这个装点华丽的广场有两处招牌看点，其一是1907年建成的广场酒店，另一个是由奥古斯都·圣高设计制作的维廉·谢尔曼将军的雕像。穿过中央公园的观光马车在这里停靠。

2 博格多夫·古德曼百货公司（Bergdorf Goodman）

成立于1894年，1928年在第五大道上开业以来已经成为纽约高档的百货公司。1990年，又在街对面开了一家男士服装店。

3 通用汽车大厦（General Motors Building）

大楼因它的建筑外观吸引了成千上万人的眼球，但更令人感兴趣的是大厦内的哥伦比亚广播公司和与之相邻的F.A.O.施瓦茨玩具店。

4 蒂凡尼公司（Tiffany and Company）

由德鲁门·凯波特编写、赫本主演的影片《蒂凡尼早餐》使蒂凡尼公司一炮走红。

5 川普大楼（Trump Tower）

这是一栋六层楼高的含蓄内敛的建筑。空中花园和一条80英尺高（约24米）的壮观瀑布将中厅装扮得美轮美奂。大厦内有几家高档商店、一家餐馆，还有一家规模较大的咖啡屋。

卡地亚公司 6

一家著名的奢侈珠宝店，其店面是一座建于1905年的令人赞叹的布杂艺术风格建筑。圣诞节期间，整栋建筑被红色丝带装点起来，甚是壮观。

7 圣帕特里克教堂（St. Patrick's Cathedral）

小詹姆斯·伦威克（James Renwick Jr.）于1878年设计了这幢纽约最大的宗教建筑，教堂沿袭了法国哥特风格。其中最引人注目的几个建筑特色是：青铜门、祭坛上的华盖、圣母堂和玫瑰窗。

8 萨克斯第五大道公司（Saks Fifth Avenue）

纽约市最具吸引力的商场之一。此商场建成于1924年，主层随时节变化的装饰盛名在外，而商店中的高级男女时装也颇受青睐。

百万富翁大道

自19世纪第五大道建成以来，它就一直是纽约上流社会的天下。美国内战结束后这些豪宅的总价值高达两万美元。19世纪末，当零售商和商业公司开始慢慢蚕食第五大道这片富人区时，上流社会就将他们的豪宅迁往更北面的地区。阿斯特夫人在这次搬迁中树立了典范，当她的侄子维廉·沃尔多夫·阿斯特在她先前的寓所旁边盖起了沃尔多夫酒店时，她便迁居到了第65街。

9 纽约公共图书馆（New York Public Library）

纽约公共图书馆是优雅的布杂艺术的浓缩。右图的石狮是这座图书馆的标志。图书馆以拱形屋顶、镶嵌结构和巨大的拱形窗的阅览室闻名。

10 罗德-泰勒百货公司（Lord and Taylor）

自1914年开始，罗德·泰勒公司便在第五大道上开店，它汇集了价格由低到高的各种时尚用品。这家百货公司因其琳琅满目的圣诞橱窗而远近闻名。

更多纽约购物信息，详见64-65页

TOP10 洛克菲勒中心

洛克菲勒中心是一座城中之城，美国的“国家历史地标”，也是全世界最大的私有综合建筑群。中心于20世纪30年代建成并开业，是首个将花园、餐饮、购物和写字楼融为一体的商业项目。它是纽约中城的枢纽，是一座充满活力的不夜城。此处大楼的数目已增至19栋，但新建大楼的风格已不再采用最初14座大楼的装饰艺术风格。中心汇聚有100多件艺术品，其中包括各栋大楼内悬挂的主壁画。洛克菲勒中心不断发展完善，目前是全美最有名的公共艺术品收藏中心之一。

从第五大道出发，穿过海峡花园，到达沉陷花园。

在欣赏壁画时，可顺便从G.E.大厦的前厅拿一本自助导游小册子。

- 洛克菲勒中心位于第48街和第51街之间，横跨第五、第六大道
- 地图J3
- www.rockefellercenter.com
- 国家广播公司（NBC）：洛克菲勒中心广场30号，电话：212 664 7174，开放时间：8:30am-5:30pm（周一至周六）；9:30am-4:30pm（周日），需买门票
- “今日秀”（Today Show）节目：洛克菲勒广场与第49街交汇处，开放时间：7-9am（周一至周五）

十大展示

1. 海峡花园
2. 沉陷花园
3. 普罗米修斯雕像
4. 阿特拉斯雕像
5. G.E.大厦
6. 国家广播公司
7. “今日秀”演播室
8. 购物广场
9. 无线电城音乐厅
10. 普惠艺术画廊

1 海峡花园 (Channel Gardens)

这座花园位于法国大厦和英国大厦之间，因其宛如英吉利海峡的地理位置而得名。花园里的花品景物随四季变化。圣诞节期间，花园里还会装饰起一排排晶莹闪亮的天使雕像。花园中有六眼小喷泉，由雕塑家张伯伦（Chambellan）设计（下图）。

2 沉陷花园 (Sunken Garden)

沉陷花园终年都是中心的一大亮点，冬季这里是个天然的大溜冰场，夏季则是绿茵环绕的露天咖啡座。在沉陷花园四周，飘扬着五颜六色的联合国各成员国国旗。

3 普罗米修斯雕像 (Prometheus Statue)

这尊位于沉陷花园的雕像（见下图）高18英尺（5.5米），由青铜和金叶制成，保罗·曼西（Paul Manship）设计。基座代表大地，刻有黄道十二宫的圆环代表天空。

阿特拉斯雕像（Atlas Statue）4

这尊重14 000磅（6 350公斤）、高15英尺（4.5米）的雕像雄踞在9英尺（3米）高的基座上，雕像位于国际大厦门口。著名雕塑家李·劳瑞共有15件作品在洛克菲勒中心陈设，这只是其中的一件。

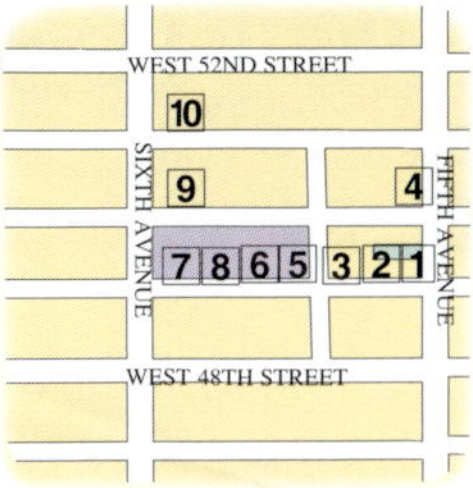

洛克菲勒中心景点指示图

5 G.E.大厦（G.E. Building）

G.E.大厦位于洛克菲勒中心的核心位置，这是座高70层、楼身瘦长的塔楼。大楼的宽度随高度升高逐步递减，以保证楼内每个办公室的采光充分。

国家广播公司（NBC Studios）6

这一国家主要电视网的后台参观项目非常热门。游客可在网上订票，也可提前写信给你喜欢的节目预约（见166页）。G.E.大厦的前厅也可能会有余票。

7 “今日秀”演播室（Today Show Studio）

每周一至五的早晨，站在节目演播室前面的过道里，就可以看到“今日秀”节目的现场直播。追星族们常常有机会被摄像机拍下来。

8 购物广场（Shopping Concourse）

地下广场有很多商店，被称为G.E.大厦的地宫。这里也有一家大都会博物馆（Metropolitan Museum）的分店。

9 无线电城音乐厅（Radio City Music Hall）

这里是装饰艺术风格的经典，也是昔日的电影宫殿，建筑装饰、舞台、还有传奇的沃利策管风琴是参观重点(见51页)。

10 普惠艺术画廊（Paine Webber Art Gallery）

普惠艺术画廊（上图）在1985年对外开放，每年举办4 5次画展。展览内容兼容并包，从远古时期的玛雅文化到体育运动摄影都有涉猎

小约翰·D.洛克菲勒（John D. Rockefeller, Jr.）

小约翰·D.洛克菲勒（1874-1960）是一位具有传奇色彩的超级百万富翁和慈善家。他是石油大亨老约翰·洛克菲勒的财产继承人，于1911年接管了家族石油产业。洛克菲勒强烈地意识到他的财产应用于公益事业。由他捐款兴建的建筑有：联合国总部大楼（见124-125页）、修道院博物馆（见31页）及河边教堂（见145页）。

托马斯·哈特·本顿的壁画作品

加斯顿·拉歇兹的浮雕作品

TOP 10 洛克菲勒中心的艺术作品

1 《美国发展史》

通过对美国人民力量与智慧的赞美，荷西·玛利亚·塞特（Jose Maria Sert, 1876 -1945）的这幅壁画生动地描述了美国300多年来的发展历程。塞特另一幅名为《时间》的壁画被用来装饰洛克菲勒中心其中一座大楼的天花板。

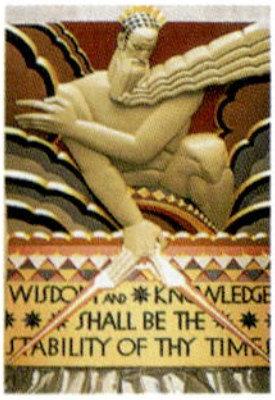

2 《智慧》

这个令人印象深刻的作品由李·劳瑞（Lee Lawrie, 1877-1963）设计。作品中的“智慧”形象手握两个罗盘指针，分别指向光和声波。这幅壁画雕刻在一扇由240块玻璃组成的屏风上。

3 加斯顿·拉歇兹的版画作品

由美国著名雕刻大师加斯顿·拉歇兹（Gaston La-chaise, 1882 -1935）创作，旨在歌颂为洛克菲勒中心建设做出贡献的工人们。这幅作品生动地再现了当时工人们劳动的情景。

野口勇的作品《新闻》

4 《新闻》

这间恢弘的不锈钢雕塑由雕刻家野口勇（Isamu Noguchi, 1904 -1988）设计而成。重达10吨的钢板上刻画了新闻媒体经常使用的工具设备，包括照相机、电话、便笺本和铅笔。

5 《英联邦的工业》

卡尔·保罗·詹内怀恩（Carl Paul Jennewein, 1890 -1980）的这幅作品用青铜浇筑，而后饰以金叶，描绘了大英帝国的九类主要工业，包括制糖业、食盐加工业和烟草等行业。

6 《智慧唤醒人类》

贝瑞·福克纳（Barry Faulkner, 1881-1966）的这幅镶嵌画共由100万块、250多种暗度层次的玻璃珐琅镶嵌而成，代表英语口语和书面用词。

7 《正门》

约瑟夫·埃伯斯(Josef Albers) 1961年创作的这幅壁画由轻薄、高亮度的乳白与象牙白色的玻璃镶嵌成向远处延伸的一系列方形，给人一种深邃的感觉。

8 《今日美国》

受新学院大学（New School University）委托，托马斯·哈特·本顿（Thomas Hart Benton）于1931年创作了这幅9板面壁画。伊奎特伯尔集团（Equitable Group）于1984年收购了这幅作品。

9 《蓝色画笔》

洛克菲勒中心新楼里有一幅巨型壁画，有五层楼高，高70英尺（21米）。这是波普艺术晚期的大师罗伊·里奇滕斯坦（Roy Lichtenstein）于1984至1985年间创作的作品。这幅壁画是洛克菲勒中心重视艺术的明证。

10 《墙壁素描896》

这是索尔·莱维特（Sol Lewitt）1999年的作品，也是洛克菲勒中心里最新的壁画。这幅绘有几何图案的壁画占据了通往克利斯蒂拍卖行（Christie's）总部（位于第48街）入口的四面墙壁。

十大统计数据

1. 最高建筑：850英尺（259米），70层
2. 电梯总数：388座
3. 每日客流量：超过40万人
4. 电梯最快速度：每分钟运行1400英尺（427米），（若乘直达电梯到65层只需37秒）
5. 洛克菲勒中心的工作人员总数：6.5万人
6. 电话机总数：10万部
7. 办公楼窗户总数：48 758扇
8. 餐馆总数：45家
9. 商店：100家
10. 每日来访客总数：25万人

洛克菲勒中心的兴建

小约翰·洛克菲勒（John D. Rockefeller Jr.）原本要建造一家歌剧院，但当时美国经济处于萧条时期，这项计划就此搁浅。于是，他转而决定投资建设一个大型创新性的综合商业项目。这个创新的装饰艺术风格建筑群设计由雷蒙德·胡德（Raymond Hood）主持，包括修建一个轴心街道（即洛克菲勒广场）和一个地下广场。中心的14座大楼在1931-1940年间建成，在大萧条时期情况最恶劣的那段日子为22.5万人提供了就业机会。艺术作品是中心的核心元素；作为洛克菲勒推行的“新领域”项目的一部分，30多位艺术家的作品遍及洛克菲勒中心的每个角落。

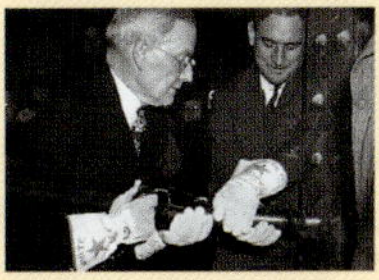

小洛克菲勒为洛克菲勒中心打上最后一颗钉

早期无线电广播

由美国无线电公司（RCA）、RKO电影公司（RKO）和美国国家广播公司（NBC）组成的这支年轻的广播队伍，成为洛克菲勒中心的第一批入住者。最初，这座综合商业中心也因此得名为“无线电城”。

洛克菲勒中心的建筑工人，摄于1932年

TOP 10 自由女神像

自由女神像屹立于纽约港，正式名称为“自由照耀世界”。她是在1876年美国百年国庆之际，法国为表示友好而送给美国的礼物。1886年，格罗弗·克利夫兰（Grover Cleveland）总统为自由女神像举行了落成典礼，此后，她便被千百万人视为自由的象征。自由女神像由法国雕刻家弗雷德里克－奥古斯特·巴托尔迪（Frédéric-Auguste Bartholdi）花费21年心血创作而成。因法美双方的资金筹措进展缓慢，雕像推迟10年才在1886年正式落成。但是，百年之后，为庆祝雕像百岁华诞，用来实施修复计划的一亿美元资金很快筹措到手。1986年7月3日这天，整修后的“自由女神”重新亮相，空中燃起五彩缤纷的烟火，盛况空前。

1986年7月3日，100周年庆典

参观游客众多，因此建议您早点出发，那里有一家自助餐厅。

如果想拍到最佳位置的照片，游艇出发时坐在右舷一侧，返程时坐在左舷一侧。

· 坐地铁到达炮台公园，可乘坐1号线或9号线至南湾码头（South Ferry），4号线或5号线至Bowling Green，或者W线至白厅街（Whitehall Street）

· 渡轮从炮台公园的克林顿城堡（Castle Clinton）出发，开放时间是每天的8:30am-3:30pm，每30至45分钟一班。

十大特色

1. 克林顿城堡国家纪念馆
2. 炮台公园
3. 渡轮之旅
4. 自由女神像近景
5. 基座
6. 头冠
7. 火炬和书
8. 框架
9. 风景
10. 历史展示

2 炮台公园（Battery Park）

这座公园里有很多雕像和纪念碑，从纽约首批犹太移民纪念碑到美国海岸警卫队成员的雕像。这里也是欣赏海景的绝佳去处。

4 自由女神像近景

走近自由女神像，你会因其高大雄伟而发出由衷的惊叹。她傲然屹立于纽约港口，身高305英尺（93米），重225吨。她高举象征自由火炬的右臂长达42英尺（13米），仅手指就有8英尺长（2.4米）。

3 渡轮之旅

从曼哈顿和泽西城乘坐渡轮前往参观自由女神像和艾利斯岛的游客络绎不绝，沿途风景美不胜收。

1 克林顿城堡国家纪念馆（Castle Clinton National Monument）

自由女神像和艾利斯岛参观者的游览中心。纪念馆中的展览再现了纽约历史的全貌。

5 基座

美国最负盛名的建筑师之一理查德·莫里斯·亨特（Richard Morris Hunt）设计了自由女神雕像的基座。此基座高89英尺（27米），基座的地基由水泥灌制，深深嵌入1812年战争时期建成的11角星形状的弗特伍德堡（Fort Wood）内。

6 头冠

据传，自由女神雕像的原型是雕刻家巴托尔迪的母亲。但实际上，雕像面部源自巴托尔迪早期的一幅埃及雕像素描。头冠四周七条放射状线条代表世界的七海和七大洲。

7 火炬和书

在1984至1986年雕像修复过程中，换上了这把新火炬，上面的火焰由24克拉重的金叶装饰。原先的那把火炬则陈列在主厅里。雕像左手紧握一本书，上面用罗马数字刻有“1776年7月4日”字样。

8 框架

因设计巴黎埃菲尔铁塔而声名大振的盖斯塔夫·埃菲尔（Gustave Eiffel）负责制作雕像的内部结构，雕像骨架由重达31吨的铜片组成，铜片通过一架巨型中央钢制起重塔被焊接在内部钢架上。而重型起重塔将雕塑牢牢地固定在基座之上。

9 风景

从位于雕像基座和头冠的两处观景台可欣赏曼哈顿壮观美丽的景色。自9.11恐怖袭击事件后，出于安全考虑，观景台已关闭。

10 历史展示

处于自由女神像底座的这座博物馆通过照片、印刷品、录像带和口述历史资料及实际大小的女神手与脚的复制品等形式，完整地记录了自由女神像的历史。参观博物馆及攀登观景台时需出示相关证件。

通向新世界的大门

自由女神雕像是千百万美国移民摆脱贫穷和苦难，开始新生活的象征，也是埃玛·拉萨鲁斯（Emma Lazarus）的诗歌《新巨像》中自由和希望的永恒象征：“把你疲惫不堪，贫穷苦难以及苟延残喘的人民交给我吧！他们渴望呼吸自由的空气将那些无家可归和屡受打击的人们送到这里来，我将站在金光闪闪的大门旁，为他们高举希望之灯！”

如想预约参观自由女神像底座的通行证　联络1-866-STATUE 4，或访问www.statuereservations.com

TOP 10 艾利斯岛移民博物馆

艾利斯岛是美国移民文化遗产的标志。从1892年到1954年，一千二百多万异乡人为摆脱宗教迫害、贫穷困苦及国内动乱，自艾利斯岛进入美国。现在，他们的后裔已超过一亿人，约占美国总人口的40%。乘坐一、二等舱的乘客在船上就可办理入境手续，但是乘坐统舱的穷人则被运往拥挤的艾利斯岛，在这要对他们进行健康检查和法律审查。经过一番旅途劳顿，这些移民来到语言不通的异国他乡，面临他们的是生死未卜的未来。每天经过此地的移民多达5000人。这座博物馆不但是对艾利斯岛移民历史的追忆，也是整个美国移民历史的缩影。

大厅的内部景观

艾利斯岛的自助餐厅和野炊地是午餐的最佳去处。

从炮台公园乘坐早班渡船以避开岛上拥挤的时段。

在移民博物馆的咨询台要一张电影票，可免费观看30分钟名为《希望之岛，苦难之岛》的电影。

· 艾利斯岛地图请见第6页下曼哈顿至市中心的插图。

· 电话：212 363 3200

· www.nps.gov/elis

· 炮台公园渡轮电话：212 269 5755

· 渡轮票价：成人10美元，老年人8美元，4-12岁儿童4美元，4岁以下儿童免费

· 博物馆开放时间：8:30am-5:15pm

· 免费开放

十大特色

1. 抵港区域
2. 大厅
3. 健康检查队列
4. 宿舍
5. 火车售票处
6. 行李间
7. 移居美国
8. 美国家族移民历史中心
9. 美国移民荣誉墙
10. 移民实录剧院

1 抵港区域（Arrial Area）

成千上万的统舱移民乘客（下图）上岸后在这里通过一条通道。操不同语言的翻译们向他们解释指令。

2 大厅（Great Hall）

移民们曾蜷缩在大厅的椅子上，等待决定他们命运的例行检查。当他们上楼梯时，一位医生在旁边严密观察，一旦发现谁有患病迹象，便在其脊背上用粉笔做出记号以便重点检查。

3 健康检查队列

翻译们引导移民去做健康检查。最令移民胆寒的是那些巡视人员，他们到处寻找那些有沙眼症状的病人，据说这种病可导致双目失明。谁要是被发现患此类眼疾，就会立即被拒绝入境。

更多纽约历史信息，详见48-49页

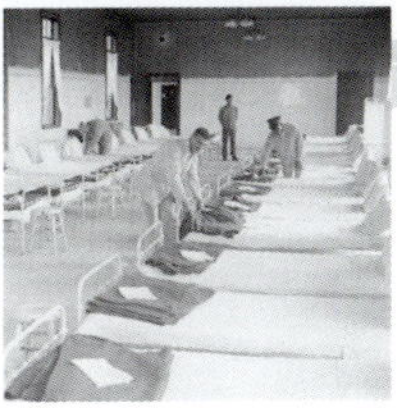

4 宿舍

需要进一步审查的男女移民睡在隔开的房间里，这个等待过程令移民们寝食不安，但是被遣送回国的人数只占2%。

5 火车售票处

那些想要离开纽约去往外地的移民需先乘渡轮，到达新泽西火车站，然后乘火车继续他们的旅行。在人多的时候，售票员每分钟可卖出25张火车票。

楼层平面示意图

- 一层
- 二层
- 三层

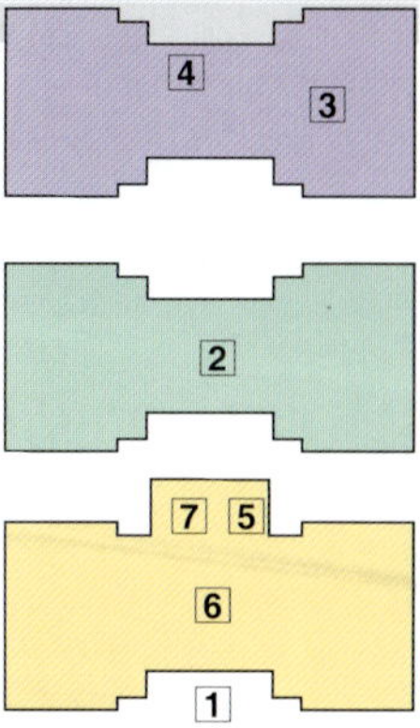

6 行李间

在这里，移民们可以清点一下他们的行李箱和篮子，里面放着他们微薄的财物，这些是他们的全部家当。

7 移居美国

30多个陈列室用来展示美国400多年的历史。名为“移居美国”的展品包括移民家族捐赠的工艺品、祖传遗物、海报、地图及相片等。

8 美国家族移民历史中心（American Family Immigration History Center）

通过计算机和多媒体技术手段，游客可以获取1892至1924年间的2200万人的移民记录。

9 美国移民荣誉墙（American Immigration Wall of Honor）

为表达对祖先的怀念，美国人将先辈的名字刻在这堵墙上。名单包括约翰·肯尼迪和芭芭拉·史翠珊的家族。这是世界上最大的人名墙，超过60万人在此留名。

10 移民实录剧院（Immigrants' Living Theater）

剧院里每天都上演有关移民的戏剧，这些戏剧取材于移民们在艾利斯岛上的真实经历。这家博物馆设有两家电影院、一座图书馆和一间口述历史工作室。

新泽西州的艾利斯岛

艾利斯岛虽属政府财产，但一场关于其领地管辖权的纠纷一直到1998年才得以解决。最初，艾利斯岛的面积只有3英亩见方。但在上世纪初叶，艾利斯岛实施了一项填海计划，岛屿的面积扩大到了原来的9倍，已经超过了27英亩。联邦最高法院决定，新增的陆地面积归新泽西州（New Jersey）管辖，而最初那3英亩见方的艾利斯岛则归属纽约市。新泽西政府实施了一项修复计划，其中包括修缮几座濒临倒塌的医院大楼。

更多博物馆信息，详见40-41页

意大利移民

移民到达艾利斯岛

法属西印度移民

TOP 10 移民历史上的里程碑事件

1 1624年
1624年，第一位荷兰移民抵达了新阿姆斯特丹（New Amsterdam）。当时此地是一个繁荣的商业中心，吸引了许多其他国家的人来此定居。1643年，每500人当中竟可以听到18种不同国家的语言。

2 1664年
荷兰官员彼得·斯图文森特（Peter Stuyvesant）的腐败统治及荷属西印度公司的高额税收致使民怨载道。英国不费吹灰之力便取得了新阿姆斯特丹的管辖权，并将其改名为纽约。

3 1790年
美联邦的第一次人口普查表明，拥有33 131人口的纽约是殖民地中的第二大城市。当时的纽约人口主要由英国人和荷兰人组成。

4 19世纪中期
1845-1848年，爱尔兰发生的大饥荒及德国的经济大萧条促使许多人背井离乡，去纽约寻找新生活。纽约经济因此得以迅速发展，成为一个海港重镇和制造业中心，创造了许多新的就业机会。

5 1880-1910年
成千上万的俄国人、波兰人、犹太人和意大利人为了逃避迫害、摆脱经济困境而涌入美国。

艾利斯岛上的波兰妇女，摄于1910年

6 1892年
建于1855年的城堡岛（Castle Island）移民点已无法容纳大量涌入的人流，艾利斯岛便取而代之，成为办理移民手续的重要地点。市内成立了慈善机构，帮助那些无家可归的人群，同时实施了一项“美国化”政策，以促进来自不同国家的移民尽早融入社会。

7 1924年
纽约总人口的40%非美国本土出生。美国当局制定了一条有关移民配额的法律，英属加勒比海殖民地的移民因享有英国配额的优惠而大量涌入纽约。

在唐人街的制衣厂工作的亚洲妇女

8 1965年
“哈特－塞勒”议案的颁布结束了种族歧视，掀起了又一波移民潮。

9 20世纪80年代
100万新移民来到了纽约，他们中的大多数人来自亚洲和拉丁美洲，其中来自中国的移民达到30万人。来自韩国的移民已经成为不可忽视的一股力量，而来自多米尼加的人口也在不断增长中。

10 1990年至今
又有100万新移民涌入了纽约，使得外国出生的人口占纽约总人口的数目超过了40%，是自1910年以来外国出生人口所占比例最高的一次。现在，来自160多个国家的移民居住在纽约。

艾利斯岛的重建

1924年制定的移民配额法律严格限制外国移民进入美国，艾利斯岛移民点从此风光不再。它成为针对不受欢迎的外国人的滞留和驱逐中心，也曾是美国海岸警卫队的训练中心，同时也是二战期间受伤军人的医疗基地。1954年，美国政府关闭了该岛。1984年，美国政府对艾利斯岛实施了一项耗资1.56亿美元的修复计划，包括更新铜屋顶、清洗镶嵌地砖、恢复室内结构、保存现有的原始设备，这是美国迄今为止最大规模的历史性重建项目之一。

该重建计划包括兴建艾利斯岛移民博物馆（见18-19页）。通过一些展览和2000多件遗物，这座博物馆向人们讲述了美国的移民历史。馆内有录制的口述历史档案，还有一个互动性的儿童展览馆，游客提前预约后便可参观。自1990年重新对公众开放以来，艾利斯岛每年接待游客达200万人。

进入艾利斯岛移民总数排在前十位的国家：

1. 意大利：2 502 310 人
2. 奥地利和匈牙利：2 275 852人
3. 俄罗斯：1 893 542人
4. 德国：633 148 人
5. 英格兰：551 969人
6. 爱尔兰：520 904人
7. 瑞典：348 039人
8. 希腊：245 058人
9. 挪威：226 278人
10. 土耳其帝国：212 825人

（1892-1897年以及1901-1931年的统计数据）

重建
对艾利斯岛的保护始于1965年的海堤重建计划，但是最艰巨的任务是修复濒临倒塌的移民主楼。重建的年代确定在1918到1924年之间，因为这期间正好是移民的高峰期。

玻璃天篷是修复后的艾利斯岛入口的主要标志

更多纽约博物馆信息，详见40-41页

TOP 10 时代广场和剧院区

时代广场被誉为“世界的十字路口”，是纽约最著名的广场，也是包括百老汇大街在内的繁华热闹的剧院区的标志。以前，它一直被称为长地广场（Longacre Square），直到1904年，纽约时报（New York Times）集团在此地建起一座25层高的塔楼，才因此改名为时代广场。新年除夕，时代广场便会点起焰火，这种庆祝活动一直延续至今。现在每年的元旦午夜，一个巨大的水晶球都会从楼顶降落，宣告新年的来临，成千上百万人汇集在广场上欢呼庆祝。20世纪70年代，与其相邻的第42街成了一处粗俗之地，时代广场的名誉也因此受损。90年代，第42街上的偷窥秀和X级成人片被禁止放映。在政府和私人的共同努力之下，街道面貌焕然一新。

时代广场滚动电子屏

时代广场上位于百老汇与第47街交汇处的售票亭能购买百老汇上演的各种演出的半价门票。

电话：212 221 0013

www.tdf.org

在时代广场信息中心（Times Square Information Center）常可买到百老汇演出的折扣优惠券，此中心位于第46街与47街之间，百老汇1560号。

建议在华灯初上时来观赏百老汇夜景。

- 时代广场位于第42街的百老汇与第七大道交汇处。
- 地图J3
- www.timessquarenyc.org
- 纽约杜莎夫人蜡像馆位于西42街234号；电话：1800 246 8872；开放时间：10am-8pm（周一至周四），10am-10pm（周五至周日）；需买门票；www.nycwax.com

十大景点

1. 百老汇霓虹灯
2. 时代广场滚动电子屏
3. 纳斯达克总部
4. MTV总部
5. 布里尔大楼
6. 孔戴·纳斯特大厦
7. 新第42街
8. 纽约杜莎夫人蜡像馆
9. 港务局公交终点站
10. 外百老汇

1 百老汇霓虹灯

百老汇是纽约最长的一条大街，其中位于第42大街以北的那部分街道两旁霓虹灯闪烁，因此得名“白光大道”。

2 时代广场滚动电子屏

1928年，纽约时报竖起世界上第一个滚动电子屏，用来播报新闻，虽然纽约时报已经迁至第43大街，这个电子屏幕仍保留在原地。

3 纳斯达克总部

(Nasdaq Headquarters)这座店头交易股票市场的总部大楼的拐角有一个巨型屏幕，定期播报财经新闻。

更多娱乐地点，详见50-51页

4 MTV 总部

这里的二楼是MTV的音乐工作室，因此楼下常常可以看到成群的青少年，他们盼望能在这里遇见心目中的偶像，或者有幸在镜头中亮相。

5 布里尔大楼（Brill Building）

在这座传奇的音乐产业大厦里，从作曲家科尔·波特（Cole Porter）到制作大师菲尔·斯派克特尔（Phil Spector）制作了风靡一时的音乐。长期以来，此处是著名音乐发行人和制作者的摇篮。

6 孔戴·纳斯特大厦（Condé Nast Building）

这座高48层的摩天大楼于2000年开业，其主人是一家杂志业巨头，此建筑是时代广场复兴的标志。

7 新第42街

随着上世纪90年代对新阿姆斯特丹剧院的修缮改造，第42街发生了翻天覆地的变化。现在，新第42街内有数家演播室和影剧院。

8 纽约杜莎夫人蜡像馆（Madame Tussaud's, New York）

位于42街。这里有美国总统乔治·华盛顿（Geroge Washington）、歌手芙吉（Fergie）和麦当娜（Madonna）等名人的蜡像。

9 港务局公交终点站（Port Authority Bus Terminal）

世界上最繁忙的公共汽车运输总站之一，每年客流量可达6千万人次。

10 外百老汇（Off Broadway）

在第42街改造之前，位于第九和第十大道之间的百老汇街区由外百老汇的一些公司重新修建，这里的地价相对便宜。新剧本在“剧作家地平线”剧院上演，这是外百老汇比较著名的地方之一。

剧院区

1883年，大都会歌剧院（Metropolitan Opera House）迁往百老汇，此后，奢侈豪华的剧院和餐馆接踵而至。上世纪20年代，各大影院也在百老汇开辟战场。二战后，电影业日渐衰落，取而代之的是色情业的泛滥。目前，大量新开发的项目已使此地重放异彩。

兰心剧院

希尔顿剧院

哈得逊剧院

TOP10 十大剧院

1 兰心剧院 (Lyceum)

兰心剧院是最老牌的剧场，以拱形天穹、壁画及墙面装饰著称，常被用作林肯中心的备用场所（见139页）。位于西45街149-157号 · 地图J3

2 新胜利剧院 (New Victory Theater)

1900年，此剧院是因奥斯卡 · 汉默斯坦而建，此后一直用来放映X级成人影片。1995年修复后，此剧院上演家庭娱乐节目。位于西42街209号 · 地图K3

3 希尔顿剧院 (Hilton Theater)

1998年，年久失修的抒情剧院和阿波罗剧院合并成立希尔顿剧院，专门上演音乐剧，它标志着剧院大联合时代的开始。位于西42街213号 · 地图K3

4 舒伯特剧院 (Schubert Theater)

此剧院于1912-1913年间建成，是上演大型音乐戏剧的奢华剧院，也是舒伯特公司的总部。街对面，与其关系甚密的布斯剧院也于同时期修建。位于西44街221-233号 · 地图J3

5 新阿姆斯特丹剧院 (New Amsterdam Theater)

这座外型优美的新艺术风格建筑经迪斯尼公司修缮后，曾上演音乐剧《狮子王》。位于西42街214号 · 地图K3

6 哈得逊剧院 (Hudson Theater)

狭窄朴素的外观掩盖了剧院内部的宽敞奢华。剧院内部有一大厅，其圆形天穹镶嵌有蒂凡尼玻璃。位于西44街139-141号 · 地图J2

7 贝拉斯科剧院 (Belasco Theater)

此剧院建于1907年，是剧院经理人大卫 · 贝拉斯科的纪念性建筑物，他负责了这个不同寻常的乔治亚复兴风格的设计。位于剧院顶部的复式建筑曾是大卫的私人寓所。位于西44街111-121 号 · 地图J3

8 朗特 · 芳登剧院 (Lunt-Fontaine Theater)

原环球剧院（建于1910年）；剧院天顶的一部分可被移去，成为露天剧院。位于西46街203-217号 · 地图J3

9 宫廷剧院 (Palace Theater)

宫廷剧曾是此剧院的重头戏，剧院修复后主要上演音乐剧。位于百老汇1564号 · 地图J3

10 冬园剧院 (Winter Garden Theater)

1885年，此处曾是美国马匹交易地。2000年之前，剧院一直是音乐剧《猫》的固定演出地。位于百老汇1634号 · 地图J3

更多纽约剧院信息，详见50-51页

百老汇十大保留剧目

1. 《歌剧院魅影》
2. 《美女与野兽》
3. 《吉屋出租》
4. 《芝加哥》
5. 《狮子王》
6. 《金牌制作人》
7. 《妈妈咪》
8. 《发胶》
9. 《破浪而出》
10. 《Q大道》

纽约剧院简史

在众多剧院当中，建于1732年、位于下曼哈顿的新剧院（New Theater）历史最为悠久。

奥斯卡·汉默斯坦

1895年，自从奥斯卡·汉莫斯坦（Oscar Hammerstein）在百老汇开设奥林匹亚剧院以来，纽约市的剧院重镇渐渐移至上城，从包厘街（Bowery）、艾斯特坊广场（Astor Place）、联合广场（Union Square）、哈罗德广场（Herald Square）一直延伸到长地广场（现在的时代广场）附近。在接下来的三十多年中，共建造了85家剧院，许多剧院内部都饰有富丽堂皇的布杂艺术风格，由著名建筑师如赫泊特·J·科瑞波（Herbert J. Krapp）、赫茨与泰朗特（Herts and Tallant）设计。后者还负责设计了悬臂式包厢，去掉了阻挡视线的支撑立柱。舒伯特公司（Shuberts）和钱宁公司（Chanins）对所属剧院进行了改革，模糊了头等座位和廉价的二层偏座的等级区别，不同票价的观众使用同一个出入口。但随着现代剧院的兴建，超过40座老剧院都被拆除了。幸运的是，保留下来的那些老剧院已经成为地标性建筑。

长盛不衰的音乐剧

虽然百老汇音乐喜剧和以前一样广受欢迎，但是《猫》剧最终于2000年停止了演出。《猫》剧是历史上演出时间最长的戏剧，已经在无数剧院里演出了18年。

第42街

TOP 10 中央公园

中央公园被称为纽约的“后院”，是一处占地843英亩的绿地。1858年，由弗雷德里克·劳·欧姆史德（Frederick Law Olmsted）和卡尔夫特·瓦克斯（Calvert Vaux）共同设计，并耗时16年完成。公园共种植了50万株树木，修建假山、湖泊和草地及搭建30座钢石结构桥梁和拱门。

中央公园西面的公寓大楼

船屋（Boat House）小吃吧供应点心和简餐，船屋餐厅提供丰盛大餐。

建议您首先去牧场（The Dairy），这里的维多利亚时期哥特式建筑里面设有游客中心，可以询问有关免费参观自然工作室的项目及行路指南。

可向船屋餐厅租用一辆自行车、划艇或平底船，或可在沃尔曼溜冰场（Wollman Rink）滑冰。

在西89街175号的克莱尔蒙特马厩（Claremont Stables）租用马匹。

· 位于从中央公园南道到第110街，以及中央公园西道至第五大道之间

· 地图D3-H3

· www.centralparknyc.org

· 开放时间：从黎明到黄昏

十大特色

1. 大草坪
2. 贝塞斯达广场
3. 眺望台城堡
4. 漫步区
5. 人工湖泊
6. 草莓地
7. 温室花园
8. 安徒生铜像
9. 野生动物中心
10. 德拉寇特剧院

1 大草坪（Great Lawn）

这是一片占地13英亩的椭圆形草坪。夏季，由大都会歌剧院和纽约爱乐交响乐团表演的免费音乐会吸引10万多人来此游玩。

2 贝塞斯达广场（Bethesda Terrace）

在这里你能远眺湖泊和漫步区，广场华丽的地坪和喷泉是中央公园的焦点。在其附近的林荫道上，经常有溜冰者炫技似的展示他们的绝招。

3 眺望台城堡（Belvedere Castle）

这是一座建在岩石上的19世纪石头城堡，其顶部建有角塔和塔楼。站在上面四下望去，四周景色一览无余。城堡内是亨利·卢斯自然观测所，展示公园内发现的各种令人惊讶的野生动植物信息。

4 漫步区（The Ramble）

占地37英亩的树林里，无数条小路和小溪纵横其间，这里是观鸟者的天堂。而中央公园恰好位于大西洋候鸟迁徙带上，在这里已经发现了270多种鸟类。

中央公园游客中心开放时间：10am-5pm（周二至周日），电话：212 794 6564

5 人工湖泊（Reservoir）

沿着湖岸线修建了长达1.6英里（5公里）的跑道，是慢跑者的天堂。它是中央公园五个湖泊和池塘中面积最大的一个人工湖，包括保护水域。每周六这里都会举行船模比赛。

6 草莓地（Strawberry Fields）

为纪念约翰·列侬（John Lennon），他的遗孀小野洋子建造了这片祥和安静的小花园（上图）。列侬曾在附近的达科他公寓（Dakota）居住。

7 温室花园（Conservatory Garden）

这座小花园优雅别致，大约有6英亩见方。公园内有喷泉和竞相争艳的花草树木。到了春季，园内野苹果树、郁金香和杜鹃花竞相开放，是花园最美丽的时刻。

8 安徒生铜像（Hans Christian Andersen Statue）

每年夏季的儿童故事大会在这里举行。此外还有其他一些青少年活动项目，包括：自然工作室、葡萄酒会和木偶戏剧。

9 野生动物中心（Wildlife Center）

这座观察中心和儿童动物园共分为三个不同的气候带。这里还有一片室内热带雨林，100多种动物，包括海豹、猴子和企鹅等。

10 德拉寇特剧院（Delacorte Theater）

每年的7月和8月，纽约公共剧院都会上演两出戏剧，主题为“公园里的莎士比亚”。演出当天发放免费门票，但需尽早排队等候。另外还有一些免费的娱乐活动包括夏日流行音乐会和舞会。

中央公园的兴建

中央公园是弗雷德里克·劳·奥姆斯特德（Frederick Law Olmsted）设计的第一座景观公园，当时他已43岁。一反讲究对称美的传统风格，他设计的公园两侧风景截然不同，彼此形成鲜明的对比：一边的风景平静内敛，另一边的则粗犷豪放；一边风景似田园牧歌，另一边则别具一格。动态和静态康乐场地被分隔开来，稠密高大的树木将城市的喧闹挡在外边。中央公园使奥姆斯特德声名鹊起，并为后来的园林设计树立了一个典范。他继而成为美国最多产的园林设计师。

TOP10 大都会艺术博物馆

大都会艺术博物馆是世界大型艺术博物馆之一，馆藏的艺术品来自世界各地，藏品跨越五千多年文明历史，每一间陈列室都展出大量奇珍异宝。博物馆于1870年成立。当时，一些人想在美国建立一所艺术学会，于是博物馆最初的藏品是三位欧洲人的私人收藏品及174幅绘画作品。现在馆内收藏的艺术品超过了200万件。博物馆哥特式风格的旧楼建于1880年，由卡儿夫特·沃克斯（Calvert Vaux）和雅各布·沃瑞·穆德（Jacob Wrey Mould）共同设计，时至今日已进行过多次扩建。最近的一次改建增加了一处带有巨大观景窗的庭院，从这里可以俯瞰中央公园迷人的景色。

大都会艺术博物馆入口

馆内有一家自助餐厅，两家咖啡馆。屋顶花园咖啡馆从一楼可到达。

如果时间不太充足，可着重参观二楼的欧洲绘画，一楼的埃及艺术品以及侧楼的美国馆，这些艺术品可让您领略到博物馆馆藏的丰富博大。

周末晚间游客较少，您还能享受到贴心的酒吧服务和现场音乐表演。

位于第五大道1000号，与第82街交汇

- 地图F3
- 212 535 7710
- www.metmuseum.org
- 开放时间：9:30am-5:30pm（周二至周四，周日）；9:30am-9pm（周五至周六）（闭馆前15分钟开始清洁展室）
- 门票价格：成人20美元，老年人10美元，学生7美元，12岁以下儿童及会员免费。

十大展示

1. 欧洲绘画馆
2. 古埃及艺术馆
3. 侧翼迈克尔·C.洛克菲勒艺术馆
4. 侧翼美洲馆
5. 罗伯特·雷曼收藏馆
6. 服装研究馆
7. 亚洲艺术馆
8. 侧翼丽拉·华勒斯艺术馆
9. 欧洲雕塑和装饰艺术馆
10. 屋顶花园

1 欧洲绘画馆 (European Painting)

馆内收藏有2 500多件古典题材和欧洲绘画作品，是世界上同类藏品最多的博物馆之一，包括很多举世公认的大师精品。馆内收藏的特色艺术品是伦勃朗和维梅尔的绘画，及许多印象派和后印象派画家的作品。

2 古埃及艺术馆 (Egyptian Art)

除埃及的开罗博物馆外，这里是收藏埃及艺术品最多的展馆。馆藏的艺术品有：面具、木乃伊、雕像、珠宝、坡乃布墓（Tomb of Perneb）及辉煌的丹铎神庙（Temple of Dendur），此神庙大约建于公元前15世纪，由尼罗河岸边整体迁移到了大都会艺术博物馆。

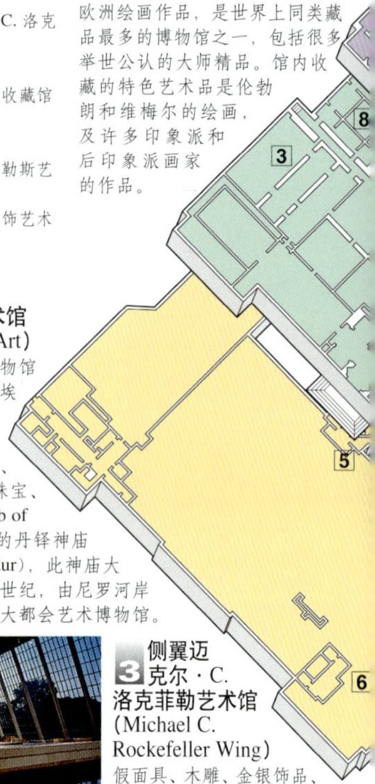

3 侧翼迈克尔·C.洛克菲勒艺术馆 (Michael C. Rockefeller Wing)

假面具、木雕、金银饰品、哥伦布以前的黄金、陶瓷制品、来自墨西哥和秘鲁的陶器与石器，以及来自尼日利亚的贝宁王朝的手工艺品都是这个艺术馆1600件原始艺术中的精品。这些艺术品来自三大洲，时间跨度约三千年之久。

楼层平面示意图

- 一层
- 二层
- 三层

更多纽约博物馆信息，详见40-41页

4 侧翼美洲馆（American Wing）

馆内有几处场地展出蒂凡尼玻璃、绘画作品以及从17世纪到20世纪的不同时期的房间布置。

5 罗伯特·雷曼收藏馆（Robert Lehman Collection）

这些非凡的私人收藏包括文艺复兴时期各大师的艺术作品，荷兰、西班牙和法国艺术家的作品，后印象派和野兽派艺术品及各种陶瓷制品和家具。

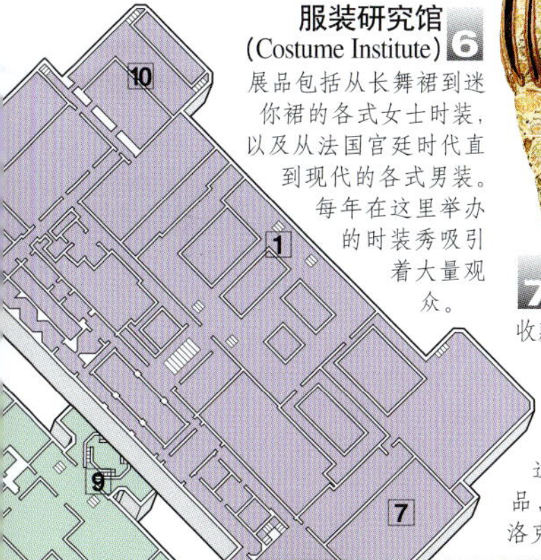

6 服装研究馆（Costume Institute）

展品包括从长舞裙到迷你裙的各式女士时装，以及从法国宫廷时代直到现代的各式男装。每年在这里举办的时装秀吸引着大量观众。

7 亚洲艺术馆（Asian Art）

是西方国家最权威的亚洲艺术品收藏博物馆。

8 侧翼丽拉·华勒斯艺术馆（Lila Wallace Wing）

这里展出的是1900年至今的艺术品，其中包括毕加索和杰克逊·波洛克的作品。

9 欧洲雕塑和装饰艺术馆（European Sculpture and Decorative Arts）

这是大都会博物馆馆藏丰富的艺术馆之一，反映了西欧艺术的发展历程。馆藏艺术品包括建筑、法国和英国各时期的房间装饰、挂毯及罗丹和德加的雕塑。

10 屋顶花园（Roof Garden）

每年的5月到10月，艾里斯与康托尔屋顶花园（Iris and B. Cantor Roof Garden）都会定期展出一些20世纪优秀的雕塑作品。在这里，您可以一边品茶，一边欣赏中央公园及周围的美景。

展厅指南

罗伯特·雷曼的部分藏品和服装研究馆在地下一层，一楼有侧翼美洲艺术馆（部分作品也在二楼展出）、欧洲雕塑和装饰艺术馆和埃及艺术馆，二楼是欧洲绘画馆，展出19世纪欧洲绘画及雕塑作品。

《玩纸牌的人》

《圣阿得列斯花园》

《格特鲁德·斯坦因》

TOP10 大都会艺术博物馆内的绘画作品

1 《自画像》（Self-portrait）

在伦勃朗（Rembrandt，1606-1669）的绘画生涯当中，每隔10年，他便画一幅自画像。作于1660年的这幅作品忠实地记录了54岁的他写满岁月沧桑的脸。

2 《托莱多风景》（View of Toledo）

这是埃尔·格列柯（El Greco，1541-1641）最著名的作品之一。阴沉的乌云将西班牙的昔日都城托莱多笼罩上一层怪诞不安的气氛。

3 《拿水壶的年轻女子》（Young Woman with a Water Pitcher）

这幅画创作于1660-1667年间，在对光线敏感而又精细地运用方面堪称典范，此画作者维梅尔（Vermeer，1632 -1675）也因此成为荷兰最受推崇的大师之一。

4 《收割者》（The Harvesters）

这幅画创作于16世纪，是现实主义艺术大师勃鲁盖尔（Bruegel,1551-1569）的代表作。大都会博物馆收藏了当年保留下来的五幅联画中的一幅，是勃鲁盖尔对光线和细节处理的典范。

5 《X夫人》（Madame X）

这幅油画是该馆美国艺术收藏珍品之一，作者是约翰·辛格·沙金（John Singer Sargent,1856-1926）。这幅画描绘的是19世纪80年代嫁给法国银行家的一位美国贵妇，变成了声名狼藉的巴黎美人。

6 《圣阿得列斯花园》（Garden at Sainte-Adresse）

莫奈（Monet，1840 -1926）用鲜艳夺目的色彩和复杂的笔触勾勒出了这座位于英吉利海峡岸边的休闲小镇。1867年，他在这个小镇度过了夏天。这幅作品是理想与现实的完美结合，由此看出，莫奈无愧为最伟大的印象派画家之一。

7 《格特鲁德·斯坦因》（Gertrude Stein）

这幅肖像画是毕加索（Picasso，1881 -1973）24岁时的作品，这幅作品的风格受非洲雕塑艺术的影响，表现了毕加索的绘画风格从早期的纤细笔触向立体派的转变。

8 《玩纸牌的人》（The Card Players）

塞尚（Cézanne，1839 -1906）以风景画和静物画而闻名于世。一天，塞尚被农民们聚精会神玩纸牌的一幕深深吸引，于是他用画笔描绘了这一刻，这幅画着重表现了玩纸牌人的严肃表情。

《柏树》，1889年

9 《柏树》（Cypresses）

凡·高（Van Gogh，1853-1890）于1889年创作了这幅作品，此后不久，他便自愿前往圣雷米的一家精神病院疗养。这幅作品体现了他在这一时期的作品中典型的漩涡状的厚重笔触。

10 《秋韵》（Autumn Rhythm）

这是抽象表现主义画家杰克逊·波洛克（Jackson Pollock，1912 -1956）的作品，波洛克因其创作的滴画而闻名于世。

更多纽约画廊信息，详见42-43页

修道院博物馆十大名胜

1. 哥特礼拜堂（Gothic Chapel）
2. 波帕德厅（Boppard Room）
3. 莫罗德三幅联画（Merode Triptych）
4. 九英雄挂毯
5. 猎获独角兽挂毯
6. 珍宝馆（Treasury）
7. 伊丽莎白圣殿（Elizabeth Shrine）
8. 来自斯特拉斯堡大教堂的圣母玛丽亚像
9. 圣坛天使（Altar Angel）
10. 中世纪花园（Medieval Garden）

修道院博物馆（The Cloisters）

彩色玻璃格窗细节

除主楼珍藏的中世纪艺术品外，大都会艺术博物馆还设有一家分馆，即修道院博物馆。此博物馆承袭中世纪建筑风格，占地4英亩，位于曼哈顿北端翠亨堡公园（Fort Tryon Park）。从此处可俯瞰哈得逊河（Hudson River）的美景。修道院博物馆于1938年对外开放，馆内收藏有五所中世纪修道院和另一些法国南部修道院的遗物。罗马式和哥特式建筑雕塑是这些藏品中的亮点。此外，藏品还包括已做注解的原稿、挂毯、彩色玻璃、珐琅、象牙及绘画作品。修道院花园是闹市中的世外桃源。小约翰·D.洛克菲勒（见13页）向修道院捐献了其收藏品，并且负担了博物馆的庭院、主建筑和藏品的主要支出。

《被困的独角兽》，1495年

修道院拱廊
修道院拱廊从法国南部的伯尼方特·科曼日修道院（Bonnefonten Comminges Cloister）搬运至此，它们的历史可追溯至13世纪晚期及14世纪初期。

《天使报喜》圣坛装饰画，作者：罗伯特·康平（Robert Campin），1425年

TOP10 所罗门古根海姆博物馆

古根海姆博物馆是20世纪伟大的建筑成就之一，弗兰克·劳埃德·怀特（Frank Lloyd Wright）于1959年设计的螺旋结构使它别具一格。这里主要收藏一些抽象艺术作品，并且馆藏的艺术品因收藏家的捐赠而不断增多。馆内拥有最完整的康定斯基（Kandinsky）作品，重要的藏品还包括布朗库西（Brancusi）、考尔德（Calder）、克利（Klee）、夏卡尔（Chagall）、米罗（Miró）、莱热（Leger）、蒙德里安（Mondrian）、毕加索、奥登伯格（Oldenberg）和劳申伯格（Rauschenberg）等艺术家的作品。当主展厅进行临时展览时，一小部分展品会做定期更换，而唐怀瑟（Thannhauser）的收藏部分，包括塞尚、高更、凡·高及毕加索的大师之作都属于常年展出。在美国，若提及抽象派画家康定斯基的作品，这里的收藏最为完整。他的作品均在永久性展览之列。

古根海姆博物馆外观

位于主层的咖啡屋是您歇脚的好去处。

欣赏古根海姆博物馆的最佳路径是：先乘电梯到达有天窗的顶层，然后从上面迂回而下。

每周六晚有免费爵士音乐会。

每周都有一个固定的讲演与导游表，可向主台查询当下的时间表。

· 第五大道1071号，与第89街交会

· 地图E4

· 212 423 3500

· www.guggenheim.org

· 开放时间：10am-5:45pm（周六至周三），10am-8pm（周五）

· 门票价格：成人15美元，学生和老年人（需持有效证件）10美元，12岁以下儿童和会员免费；每周五6-8pm，不设门票但接受捐款。

十大艺术展品

1. 《熨烫衣服的女人》（唐怀瑟收藏）
2. 《金发女人》（唐怀瑟收藏）
3. 《圣雷米山丘》（唐怀瑟收藏）
4. 《镜前》（唐怀瑟收藏）
5. 《欢迎！》（唐怀瑟收藏）
6. 《静物：瓶子、玻璃杯和水罐》（唐怀瑟收藏）
7. 《采石场》（唐怀瑟收藏）
8. 《彭退斯偏僻住户》（唐怀瑟收藏）
9. 《黑色线条》
10. 《透过窗户看巴黎》

1 《熨烫衣服的女人》（Woman Ironing）

毕加索（Picasso）的早期绘画作品表达了对工人阶级的同情。这幅油画于1904年创作，通过棱角毕现的轮廓和阴冷的层次，丰富的白色与灰色色调，毕加索描绘出穷人所遭受不幸的象征主题。

2 《金发女人》（Woman with Yellow Hair）

这幅令人难忘的肖像是毕加索1931的作品，他在这幅画中描绘了情人玛丽亚·特雷莎（Marie-Thérése）柔软的身躯和金色的秀发，特雷莎是毕加索最喜爱的主题之一。他运用了从前额到鼻翼的连续弧线，这也是他画特雷莎——他年轻的缪斯女神时惯用的手法。

更多纽约博物馆信息，详见40-41页

4《镜前》(Before the Mirror)

爱德华·马奈(Edouard Manet)因其绘画的妓女和交际花而在巴黎遭受唾弃。画中是一位站在镜前上身半裸的少妇(她可能是一位演员),正在欣赏镜中自己的形象。

5《欢迎!》(Haere Mai)

高更(Gauguin)为寻找未被西方文化污染的一方净土,在1891年开始了他的第一次塔西提岛之行。这幅田园诗般的村庄风景画就是在那次旅行中创作的。这些丰富的色彩和简单的构图正表明了他所追求的朴素和简约。在这幅画的左下角写有“Haere Mai”(欢迎)字样。

3《圣雷米山丘》(Mountains at Saint-Remy)

凡·高在1889年7月(即在他自杀前一年)创作了这幅作品,当时他正从一场精神的重创中恢复。画中描绘的是法国南部的阿尔皮耶(Alpilles)山脉的丘陵地带,从他所住的医院可远远眺望。这幅画大胆的笔触充分体现了凡·高晚期绘画的特点。

6《静物:瓶子、玻璃杯和水罐》(Still Life: Flask, Glass, and Jug)

保罗·塞尚(Paul Cezanne)的晚期绘画风格着力体现表象与深度的相互作用关系,在这幅1877年创作的绘画中得到了充分体现。他对空间和深度的驾驭可通过前景中色彩斑驳的苹果略知大概,他也因此成为立体画派的先驱。

7《采石场》(Bibémus)

在法国艾克斯-普罗旺斯地区之外的废弃采石场,塞尚发现了一处人造风景区,非常符合他的几何学绘画风格。在1895-1899年间,他描绘了许多同类题材的作品。

8《彭退斯偏僻住户》(The Hermitage at Pontoise)

这幅不带感情色彩的村庄风景画强调了光与影的应用。画里的村庄是毕莎罗(Pissarro)在1866至1883年间不时居住的地方。当时的某些画家认为这幅画里描绘的村民形象粗俗不雅。

9《黑色线条》(Black Lines)

康定斯基(Kandinsky)希望画面里波动而色彩丰富的椭圆及灵动的黑色线条能在观众心中引起特殊的感觉。创作于1913年的《黑色线条》是他最著名的抽象作品之一。

10《透过窗户看巴黎》(Paris Through the Window)

这幅画是夏卡尔1910年从俄国移居巴黎之后创作的,反映了前卫的先锋派风格。远处的埃菲尔铁塔是对巴黎与现代性的隐喻。

弗兰克·劳埃德·怀特

虽然怀特(1867-1959年)为许多公共建筑做过设计,但是他却因住宅设计而声名显赫。他的“有机建筑”观念主张将住宅建筑与周围自然环境有机融合起来,以及打破传统观念的开放内部空间设计,在世界范围内产生了长久的影响。古根海姆博物馆是怀特的谢世之作之一,他对这个佳作非常满意,当有人告诉他博物馆的墙太矮,甚至撑不起大型绘画作品时,他竟然说道:“那就把画剪成两半!”

更多纽约艺术场所信息,详见43页

TOP 10 美国自然历史博物馆

这座人气颇旺的博物馆每年接待400多万名游客，展出令所有孩子着迷的恐龙化石、实物大小的动物模型及其他一些大自然的奇迹。自1869年成立以来，这座博物馆发展成为一个拥有45间展厅、横跨四个街区的大型博物馆，而其中的13间展厅是在近10年内建成的。馆内收藏有3000多万件标本及文化产物，其中有许多藏品在世界上独一无二。在生物多样性馆、整修一新的化石馆、及罗斯中心（见36-37页）新近推出的展览中，博物馆通过多媒体装置，为游客展示当代前沿的研究成果。

站在第77街上看到的博物馆外观

如果您不介意人群拥挤，可在底层的美食广场用餐，或者选择三家咖啡馆之一。

千万别错过恐龙化石和非洲哺乳动物展览，种类繁多的矿石和宝石也会令您大开眼界。

每月的第一个星期五，都有特色展览免费讲解，同时还可欣赏免费的爵士音乐会。

· 位于中央公园道，第77街与第81街之间

· 地图F2

· 212 769 5100

· www.amnh.org

· 开放时间：每天10am-5:45pm；其中罗斯中心每周五开放至8:45pm

· 门票价格：成人13美元，学生和老年人10美元，儿童7.5美元，会员免费

· 若提前预订太空秀（Space Show）的门票，请致电：212 769 5200

十大展馆

1. 恐龙化石馆
2. 哺乳动物馆
3. 海洋生物馆
4. 生物多样性馆
5. 亚洲人类馆
6. 非洲人类馆
7. 陨石、矿石与宝石馆
8. 美国西北岸印地安人馆
9. 人类生物学与进化馆
10. 全球鸟类馆

1 恐龙化石馆

这是博物馆最具特色的地方，馆内的恐龙化石是世界上最大最完整的收藏。圆形大厅里展示的巨大的重龙是最高的自立支撑模型。

2 哺乳动物馆

栩栩如生的动物标本在模拟的相应自然生存环境中，根据不同的大陆分类展示。展出的野生动物种类繁多，从体形巨大的非洲象到濒临灭绝的亚洲物种，如狮子和美洲豹等。

楼层平面示意图

- 一楼
- 二楼
- 三楼
- 四楼
- 罗斯中心

3 海洋生物馆

米尔斯坦海洋生物馆系统而详细地展示了地球各个水域以及其中的海洋居民。米尔斯坦厅的镇馆之物是一个长94英尺（29米）的蓝鲸模型。

更多纽约博物馆信息，详见40-41页

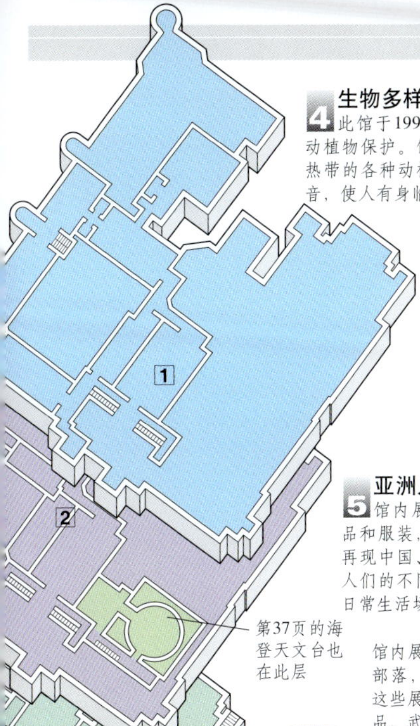

4 生物多样性馆

此馆于1998年对外开放，其初衷是为倡导动植物保护。馆内重现了一片热带雨林及来自热带的各种动植物，还加入极其真实的自然声音，使人有身临其境之感。

5 亚洲人类馆

馆内展出精致细腻的文物、手工艺术品和服装，并且还有各种场景的模型用来再现中国、朝鲜、印度和其他亚洲国家的人们的不同生活方式和不同宗教信仰下的日常生活场景。

6 非洲人类馆

馆内展示了居住在不同环境的非洲部落，反映了100多年来的研究成果。这些展品包括房屋、衣物、面具、纺织品、武器及使用工具。

7 陨石、矿石与宝石馆

馆内展出的珍宝包括一颗重达563克拉的“印度之星”蓝宝石，一块重596磅（270公斤）的黄色水晶石，及一块重34吨的“约克角陨石”，研究结果显示它形成于45亿年之前。

8 美国西北岸印地安人馆

展馆展示了从华盛顿州到南阿拉斯加，居住在不同地域不同部落的美国印第安人的图腾柱，图腾柱显示了各部落的木工雕刻水平。同时展出的还有一艘长63英尺（19米）、于1878年制造的海达独木舟。

9 人类生物学与进化馆

馆内的展览主题是人类的起源和进化过程中的体貌特征。展品包括一个复原的原始人类头骨，使您有机会一睹祖先的尊容。

10 全球鸟类馆

馆内收藏有100多万件鸟类标本，其规模之大，堪称世界之最。这些标本以鸟类栖息地的地理环境不同进行分类，在不同的展厅分别展示大洋洲、北美洲及世界其他地方的鸟类。

博物馆指南

从中央公园西道进入该博物馆二楼，参观重龙模型和非洲、亚洲、美洲中南部人类及动物化石。一楼可参观生物多样性馆、海洋生物馆以及陨石、矿石与宝石馆。北美印第安人展馆，鸟类和爬行动物馆在三楼。四楼展出恐龙及化石。

若想提前购买罗斯帅球与太空研究中心的门票，请拨打：212 769 5200

宇宙通道

宇宙比例尺

宇宙通道

TOP 10 罗斯地球与太空研究中心

1 大楼
于2000年对外开放，用来探索地球内部与太空外层。这座引人注目的建筑由一个巨大的玻璃立方体构成，围成一个三层楼高、87英尺宽的玻璃房，内部设有海登天文台（Hayden Planetarium）。

2 宇宙展厅（Hall of the Universe）
按宇宙、银河系、恒星和行星等分类的不同展品展示了现代天体物理学的新发现。一架数字秤会分别秤出你在土星、木星和太阳上时的体重。

3 生物圈
在宇宙展厅里有一密封的球形玻璃缸，内部由动植物形成一个完整的生态系统，可重复利用营养物质，并且其能量供给仅仅来自太阳光。

4 宇宙公告牌（AstroBulletin）
这个巨大的高分辨率电视屏幕展示最新获得的宇宙图像，这些图像信息由分布在世界各地的天文望远镜以及美国国家航空和宇宙航天局（NASA）提供。

5 地球厅（Hall of Planet Earth）
这里陈列有来自世界各地的地质采样，同时配有录像，用来解释地球形成和不断演变的过程。

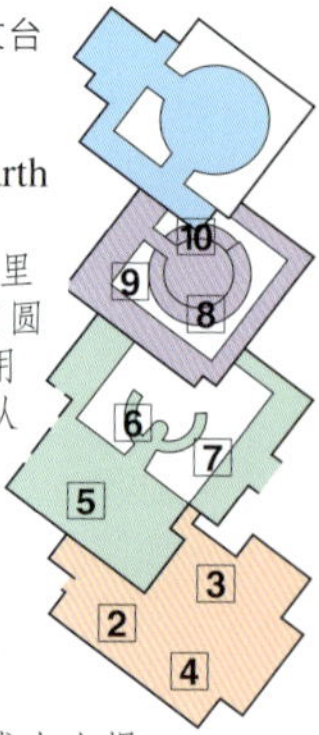

6 动态地球仪（Dynamic Earth Globe）
这个位于地球馆里的地球仪悬浮在圆形的展厅里，利用投影技术再现了从太空观看地球旋转的景象。

7 地球事件墙（Earth Event Wall）
当发生诸如地震或火山爆发等事件时，这些事件就会实时通过电视墙进行转播。其他一些电视台则转播科学家工作时的情景。

8 宇宙比例尺通道
各种各样的模型显示了宇宙、人类和微小物体的相对比例。这些模型包罗万象，大到银河系、恒星和行星，小到人类的大脑和最小的原子。

9 宇宙大爆炸（Big Bang）
透明的玻璃地板环绕着一个圆环状的入口，由此向下望去，您将感受到宇宙原初运动的情景，由著名演员朱迪·福斯特解说。

10 宇宙通道
出了“宇宙大爆炸”，即进入这条倾斜的360英尺长的通道，两侧的天文图像追溯宇宙130亿年的演化轨迹。

更多纽约博物馆信息，详见40-41页

十大特色

1. 三维银河系模型
2. 高速太空模拟器
3. 银河系深度研究
4. 先进的星象仪
5. NASA提供的最新行星数据
6. Onyx 2号终极存在超级计算机
7. 三维银河系地图
8. 恒星位置的连续计算
9. 猎户座星云近距离探测
10. 实时事件模拟器

海登天文台

这是一座新建成的天文台，在研究天文学和天体物理学方面尤其突出。天文台配有精密尖端的数字半球系统（同行业中最先进的高分辨率虚拟现实模拟器）。能容纳429人的太空剧场里上演在精确虚拟的太空中的"太空秀"，让你体会在宇宙中飞行的感觉。新推出的节目主题是："寻找生命——我们是孤单的吗？"这是一次时间和空间之旅，将带您到达宇宙的外围，去其他星球寻找生命。此节目由著名演员哈里森·福特解说；另一个节目"宇宙通行证"则由明星汤姆·汉克斯介绍；同时上档的还有"音速视觉"主题节目，伴随着现代音乐上演迷幻的视觉效果。

虚拟星云
这座天文台以三维动画的形式真实再现了银河系中各恒星和星云活动的情景。利用尖端科学技术创造了一个如此"真实"的宇宙，调动你的多种感官，以至于您浑然忘却了周围的环境，遨游在无垠的宇宙太空之中。

罗斯地球与太空研究中心内的海登天文台

下页图片为时代广场夜景

The
NEW
TIMES
SQUARE
SAMSUNG
SUNTORY
WHISKY
NOVOTEL

The NEW TIMES SQUARE
Chock full o Nuts
RENT
JVC
QUALITY AUDIO AND VIDEO

所罗门古根海姆博物馆

弗里克收藏馆

TOP 10 十佳博物馆

1 大都会艺术博物馆（Metropolitan Museum of Art）

将这座馆藏丰富、展览时常更新的博物馆参观浏览一遍可能要花费几周时间。馆内收藏有3 000多幅欧洲名画。希腊馆、罗马馆、塞浦路斯馆和亚洲馆内刚刚整修一新，而霍华德·吉尔曼（Howard Gilman）摄影艺术馆内的藏品也在日渐增多（见28-31页）。

2 现代艺术博物馆（Museum of Modern Art）

耗资4.25亿的博物馆扩建完工之后，现代艺术博物馆（MoMA）于2004年重新对外开放。这项扩建工程于博物馆成立75周年之际完成，扩建后，馆藏容量比以前扩大了近一倍。MoMA是世界上收藏现代艺术品最全面的博物馆之一，包括毕加索、凡·高和安迪·沃霍的作品。位于西53街11号·地图J3·开放时间：10:30am-5:30pm（周三至周一），周五晚开放至8pm·www. moma.org·须买门票

3 美国自然历史博物馆（American Museum of Natural History）

是世界同类博物馆中规模最宏大的展馆。展品包罗万象，从恐龙化石到中式服装及珍宝异石,无所不有。罗斯中心的天文馆展出，您还可以在三D效果剧场欣赏到有关大自然奇迹的节目（见34-37页）。

4 所罗门古根海姆博物馆

因几位艺术品收藏者的慷慨捐献，古根海姆博物馆馆藏的艺术品日渐丰富。这些艺术品包括贾斯汀·唐怀瑟（Justin Thannhauser）捐献的印象派大师的作品，收藏家佩姬·古根海姆（Peggy Guggenheim）捐献的立体派艺术画、超现实主义画派作品及抽象表现派艺术作品。此外，馆内还收藏有美国极简派作品和概念艺术品，同时还藏有美国最完整的康定斯基的作品（见32-33页）。

5 惠特尼美国艺术博物馆（Whitney Museum of American Art）

这座引人注目的大厦由建筑师马歇·布鲁尔（Marcel Breuer）设计。这里的永久展品囊括了20世纪各个时期和流派的美国艺术精品，也会有当代艺术的临时展。位于麦迪逊大道945号，与第75街交会·地图G4·开放时间：11am-6pm（周三至周四），1-9pm（周五），11am-6pm（周六至周日）·www.whitney.org·1-800-WHITNEY（惠特尼）·须买门票

6 弗里克收藏馆（Frick Collection）

这座私人博物馆曾是工业家亨利·克莱·弗里克（Henry Clay Frick）的宅第，内有花园庭院和喷泉，是弗里克珍藏古代大师艺术

品、法国家具和利摩日瓷器的地方。在西画廊，您可以观赏到伦勃朗、维梅尔和哈尔斯（Hals）的作品。而在起居大厅里，荷尔拜因（Holbein）、提香（Titian）和贝里尼（Bellini）的作品悬挂其中。位于东70街1号，与第五大道交会 · 地图G4 · 开放时间：10am-6pm（周二至周六），1-6pm（周日） · www.frick.org · 须买门票

纽约城市博物馆

7 布鲁克林博物馆（Brooklyn Museum）

博物馆坐落于一幢精美别致的大楼中；不仅经常举办多种多样的短期展览，同时也永久展出来自亚洲、埃及、非洲及美洲的艺术品。2007年3月，伊丽莎白女性艺术展厅向公众开放，这是美国第一个进行此类公共展览的场馆。（200 Eastern Pkwy, Brooklyn） · 地铁2线至3线公园东大道站（Subway Eastern Pkwy） · 开放时间：10am-5pm（周三至周五），11am-6pm（周六至周日），11am-11pm（每月的第一个周六），9月除外 · www.brook lynmuseum.org · 须买门票

8 摩根图书馆（Morgan Library）

这座雄伟壮丽的建筑是亿万富翁J.皮尔庞特 · 摩根（J.Pierpont Morgan）为收藏他的中艺术品而于1902年设计的。这些藏品非常珍贵，其中包括稀有的手稿、书籍和印刷品等，展馆的展品时常更新。它豪华且藏书丰富的书房和图书馆是参观游览的重点。Madison Avenue 225号，与36th St交会处 · 地图K4 · www.themorgan.org · 须买门票

9 纽约城市博物馆（Museum of the City of New York）

该博物馆颂扬了纽约城的历史传承。琳琅满目的艺术品展示了纽约的服饰、建筑、娱乐、文化特性、民族传统及社会历史，像一部记录片般记录了纽约的发展变化，以及日新月异的市容市貌。位于第五大道1220号，与第103街交会 · 地图D3 · 开放时间：10am-5pm（周二至周日） · www.mcny.org · 须买门票

10 美国民间艺术博物馆（American Folk Art Museum）

这是纽约市近30年内首座新建的博物馆。楼高八层，别具一格地采用天窗结构。馆内藏品极富奇思妙想，是全美绘画、雕塑、布艺、风标及家具等诸多艺术品的荟萃。位于西53街45号，第五和第六大道之间；分馆位于哥伦布大道林肯广场2号（2 Lincoln Square at Columbus Av） · 地图J3 · 开放时间：10:30am-5:30pm（周二至周日），10:30am-7:30pm（周五） www.folkartmuseum.org · 须买门票

玛丽·布恩画廊

保拉·库柏画廊

TOP 10 十佳艺术画廊

1 盖葛逊画廊（Gagosian）

在这所最高级别的画廊里，您将有机会欣赏到大师级人物的代表作品。盖葛逊在纽约设有两家画廊，一家位于上城，是一座两层楼的建筑；另一处在切尔西区的某个宽敞的仓库空间，可用来展示大型的艺术作品。馆内收藏有当代艺术家达米恩·赫斯特（Damien Hirst）、安塞尔姆·基弗（Anselm Kiefer）、理查德·塞拉（Richard Serra）和Cy·特翁波里（Cy Twombly）的作品。位于麦迪逊大道980号；另一处位于切尔西区西24街555号·地图E4·开放时间：10am-6pm（周二至周六）·www.gagosian.com

帕斯·怀尔登斯泰恩画廊展出的当代作品

2 马尔堡画廊（Marlborough）

这个世界顶级画廊展出艺术家拉里·瑞福（Larry River）、雷德·葛鲁姆（Red Grooms）、R.B.基塔伊（R. B. Kitaj）及玛莉莎（Marisol）的作品。位于中城区的画廊主要展示雕塑家安东尼·卡罗（Anthony Caro）和雅克·利普史兹（Jacques Lipschitz）的作品。位于切尔西区的画廊则展示一些近期的雕塑和绘画作品。位于西57街40号2楼；另一处位于切尔西区西25街245号·地图H3·开放时间：10am-5:30pm（周一至周六）·www.marlborou ghgallery.com

3 玛丽·波尼画廊（Mary Boone）

玛丽·波尼是艺术界大名鼎鼎的画廊之一。画廊从苏活区搬迁到了时髦的切尔西区，这里地处城区边缘，新秀与名人云集。画廊偶尔会举办一些由独立策展人策划的联合展览，包括雕塑、摄影及绘画作品等。位于第10和第11街之间，西24街541号四楼（第五大道745号）·地图L2·开放时间：10am-6pm（周二至周六）（仅在夏天的周六有提前预约服务）·www. mary-boonegallery.com

4 帕斯·怀尔登斯泰恩画廊（Pace Wildenstein）

在这家久负盛名的画廊里，您可以欣赏到艺术大师毕加索、罗斯科（Rothko）、查克·克罗斯（Chuck Close）和朱利安·施纳贝尔（Julian Schnable）的作品。画廊的经营方向是20世纪现代大师级人物或仍在世的著名艺术家的艺术作品。其中，位于第57街的画廊主要展示照片和印刷品，而位于切尔西区的画廊则展出大型艺术作品。位于东57街32号，4楼；另一处位于切尔西区西25街534号·地图M3·开放时间：9:30am-6pm（周二至周五）；10am-6pm（周六）·www.pacewildenstein.com

5 斯皮罗尼·威斯特沃特画廊（Sperone Westwater）

在这里，您可欣赏到一些最新创作的极富创意的作品。此画廊于1975年成立，主要展示一些在美国没有知名度的欧洲艺术家的作品。许多

空间巨大的保拉·库柏画廊

蜚声国际的艺术家曾在这里举行过作品展，其中包括布鲁斯·瑙曼（Bruce Nauman）和他的夫人苏珊·罗森伯格（Susan Rothenberg）的作品。位于西村第13街415号（415 13th Street, West Village）·地图M3·开放时间：10am-6pm（周二至周六，夏季周一也开放）·www.speronewestwater.com

6 绘画中心（The Drawing Center）

这家非赢利性画廊展出1800多幅画坛新秀的作品，同时也展示早期绘画大师的佳作。此画廊每月都出版一本阅读刊物，以介绍新作品。位于伍斯特街35号（35 Wooster Street）·地图P4·开放时间：10am-6pm（周二至周五），11am-6:00pm（周六）；每年11月25、26日、以及12月24日至1月1日闭馆·www.drawing center.org

7 迪亚艺术中心（Dia Center for the Arts）

自20世纪70年代以来，非营利性质的迪亚艺术中心就一直倾力支持大型艺术作品。目前该中心正在切尔西区寻觅新址。大型艺术作品则继续在其纽约比肯镇分别展出（见120页）。

8 马修·马克斯画廊（Matthew Marks）

画廊改建自一个旧车库，于1994年对外开放，是切尔西区首家商业画廊。马克斯画廊主要展示名家作品，如艾尔斯沃兹·凯利（Ellsworth Kelly）、威廉·德·库宁（Willem de Kooning）、卢希安·弗洛伊德（Lucian Freud）和布莱斯·马顿（Brice Marden）的作品。如今画廊在第24街又开了一处有两层楼高的新店，此处原本是一家刀具工厂。这里展出的是一些画家、摄影家及雕塑家的新近作品（见120页）。

9 保拉·库柏画廊（Paula Cooper Gallery）

这座空间巨大，设计巧妙的画廊是展示概念派和极简抽象派艺术作品的不二之选——如教堂般的天花板穹顶正好使自然光线可以照射进来，表现效果极佳。1996年，这所苏活区开业的首家画廊迁址至切尔西区（见120页）。

10 保罗·卡斯明画廊（Paul Kasmin）

卡斯明是一位放荡不羁的伦敦商人的后裔。他继承了家族传统，在一些新人群展上寻找能一炮而红的艺术新秀。而已成名的艺术家，包括雕塑家和摄影师在内，经常在这里举办个人作品展。1999年，卡斯明画廊随画廊界的搬迁风潮迁到了切尔西区（见120页）。

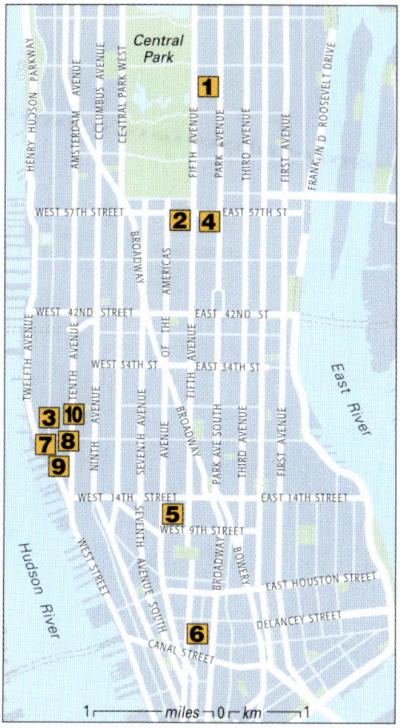

克莱斯勒大厦

从游艇港远眺世界金融中心

TOP10 纽约十大摩天大楼

1 帝国大厦

帝国大厦（建于1930-1931年）是纽约市最高建筑，虽然在后来的27年中，世界贸易中心双子楼的高度曾令帝国大厦一度黯然失色，但是2001年9月，世贸中心大楼在9.11恐怖袭击中被摧毁。帝国大厦86层高的观景台每年吸引大约350万游客来此参观（见8-9页）。

2 G.E.大厦（G. E. Building）

雷蒙德·胡德（Raymond Hood）于1931-1933年间设计了这座摩天大楼（见13页）。大楼高70层，宽度随楼层上升而依次递减。高耸的大厦和洛克菲勒中心周围的建筑群形成强烈的对比，这正是胡德设计的成功之处。位于第50和51街之间，洛克菲勒广场30号·地图J3·不对公众开放

3 克莱斯勒大厦（Chrysler Building）

克莱斯勒大厦的尖顶上错落排列的不锈钢片在阳光照耀下闪烁发光，为城市的天际线增添了一道亮丽的风景。这座装饰艺术经典杰作由建筑师威廉·范·艾伦（William Van Alen）于1928至1930年间设计。整栋大楼的设计有如对克莱斯勒汽车的一种变相致敬，大厦尖顶的纹饰来源于标准轮胎罩的纹路，而大厦中部装饰的银色怪兽状滴水嘴，正如克莱斯勒汽车的散热盖形状（见123页）。

4 熨斗大厦（Flatiron Building）

1902年，丹尼尔·伯恩翰（Daniel Burnham）设计建造了熨斗大厦。这座21层楼高的三角形大厦自建成之初便为纽约人所津津乐道。因熨斗大厦的外形不同寻常，人们常常对其坚实牢固性怀有疑虑。这座大楼历经百年风霜仍傲然屹立的秘诀在于使用了轻巧的钢架结构，而非笨重的石头框架。这种建筑特点也预示着摩天大楼时代的到来（见112页）。

5 伍尔沃思大厦（Woolworth Building）

1913年，建筑师卡斯·吉尔伯特（Cass Gilbert）负责设计建设这座华丽的哥特式大厦。在建成后的二十年之内伍尔沃思大厦一直是世界第一高楼。丰富的陶砖装饰突出了这座大楼的钢架结构。大楼有50层楼高，耸立在百老汇大街上。大厦的大堂不大，但却有曼哈顿区最奢侈豪华的全大理石室内装潢。位于公园街和巴克利大街之间，百老汇233号（233 Broadway, between Park PL & Barclay St）·地图Q4·免费参观

6 利华大厦（Lever House）

这座建于1952年、24层高的大厦是设计师戈登·邦协夫（Gordon Bunshaft）的杰作。它体现了对现代建筑的传承与超越，是纽约市第一座由玻璃和钢筋混凝土建成的摩天大楼。自利华大厦建成之日起，公园大道两旁的玻璃幕墙塔楼日渐增多。位于第53街和54街之间，公园大街390号（390 Park Avenue, between 53rd and 54th Street）·地图J4·开放时间：办公时间对外开放

7 西格拉姆大厦（Seagram Building）

这座大厦是建筑设计师密斯·范·德·罗厄（Mies van der Rohe）

在纽约设计的第一栋大楼。这是一个“玻璃房”，用青铜条框架和烟色玻璃共同建构而成，屹立在开阔的广场上，非常引人注目。大厦的全玻璃大堂由著名建筑设计师菲利普·约翰逊（Philip Johnson）设计，使室内外浑然融为一体。大厦内还有一家餐厅，名为“四季饭店”（the Four Seasons），提供美式快餐。位于第52街和第53街之间，公园大道375号(375 Park Avenue, between 52nd & 53rd sts)·地图J4·开放时间：办公时间对外开放·免费

花旗集团中心

8 花旗集团中心 (Citigroup Center)

这座59层高的大厦于1978年建成，是纽约第一座具有后现代风格的摩天大楼。这座大楼顶部外形呈三角形，轻巧灵动。这样设计的原意是希望它能收集太阳能能源，然而这种功能从没真正实现过，所幸这种独特的顶部设计使这座大厦别具一格颇为抢眼。大厦的底部由四根高大的明柱支撑，而铝合金玻璃的外观使其庞大的身躯显得格外轻盈灵巧。位于东53街153号，与莱克星顿道交会处（153 East 53rd Street at Lexington Av）·地图J4·不对外开放

9 世界金融中心 (World Financial Center)

中心于1985年建成，由著名建筑师恺撒·佩里（Cesar Pelli）设计，是一座后现代综合中心。四座高楼围绕一个长满棕榈树的冬日花园，使这个商业中心显得格外优雅别致。此外，中心内还有一处可以承办音乐会或其他活动的公共场所，以及一处配有游船停泊处的室外水上广场，在这里可以远眺自由女神雕像（见74页）。

世界金融中心的冬日花园

10 环球广场 (World Wide Plaza)

这座48层高的大厦由Skidmore, Owings & Merrill（SOM）公司于1989年设计建成。大厦用青铜铺设顶部，尖顶处则采用磨砂玻璃，为这座后现代主义风格的大厦平添了一份传统的浪漫色彩。大楼还有一个环形回廊，可作为另一个入口。这个环球广场综合建筑群还包括两座公寓楼和一个大型开放式广场，极大地带动了周围的环境发展。位于第八和第九大道及第49和第50街之间·地图J2

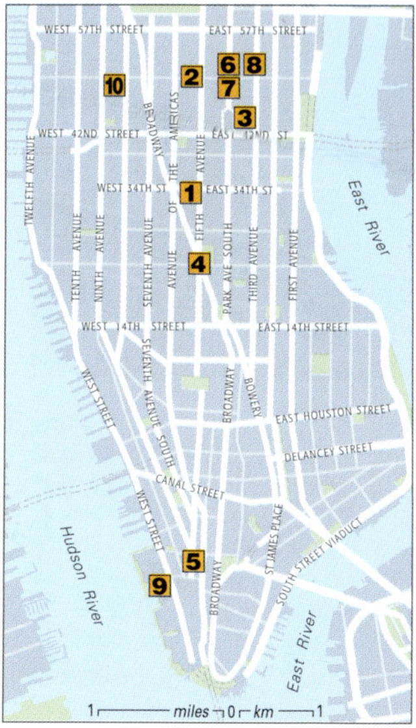

更多纽约建筑信息，详见46-47页

中央车站

美国海关大楼

TOP10 十大历史建筑

1 圣保罗小礼拜堂（St. Paul's Chapel）

教堂建于1767-1768年，内部装饰有辉煌的乔治亚风格的沃特福德枝形吊灯。乔治·华盛顿就职美国总统后曾来此教堂作过祈祷，他祈祷时坐过的排椅被保留至今（见80页）。

2 市政厅（City Hall）

市政厅于1802-1812年间建造。这座深受法国文艺复兴风格影响的乔治亚风格建筑，是纽约最完美的建筑物之一。大楼内部是一圆形大厅，四周用科林斯式圆柱支撑，大厅门口连接双螺旋式大理石楼梯。

市政厅的雄伟外观

3 三一教堂（Trinity Church）

这座秀丽的方形塔楼状的教堂建造于1839-1846年间。教堂的青铜大门由建筑师理查德·莫里斯·亨特（Richard Morris Hunt）设计，教堂尖顶曾是曼哈顿区的最高点，现在却隐迹在了华尔街的高楼中。亚历山大·汉密尔顿（Alexander Hamilton）（见48页）和罗伯特·富尔顿（Robert Fulton）安眠于此（见73页）。

三一教堂

4 圣帕特里克教堂（St. Patrick's Cathedral）

此教堂由小詹姆斯·伦威克（James Renwick Jr.）设计，是美国最大的天主教教堂（于1878年建造）。教堂沿袭法国哥特式建筑风格，两座塔楼高330英尺（100米）。教堂内有供奉圣徒以及圣物的圣坛、小礼拜堂及彩色玻璃窗（见124页）。

5 卡内基大厅（Carnegie Hall）

1891年，慈善家安得鲁·卡内基（Andrew Carnegie）筹措资金建造了纽约市第一家大型音乐厅。1996年对音乐厅进行了修葺，修复了大厅内部精美绝伦的青铜包厢及一些石膏装饰品，并新建了一家博物馆。走廊两边摆放着曾在这里演出过的伟大艺术家的纪念品（见50页和125页）。

6 圣约翰大教堂（Cathedral of St. John the Divine）

圣约翰大教堂是世界上最大的教堂，于1892年开始兴建，至今仍未竣工。交杂了罗马式和哥特式两种建筑风格的教堂拥有令人惊叹的石雕工艺、恢弘的教堂中殿以及圣坛凸窗和玫瑰窗。教堂位于大主教管辖区中心，是许多先锋派音乐与戏剧的演出场地（见145页）。

7 纽约证券交易所（New York Stock Exchange）

这座17层楼高的大厦于1903年建成，建筑外观依稀使人联想到罗马神庙。大楼的正面外观庄重宏大，无愧是美国经济的中心。山形墙上的雕塑图案代表贸易活动。“黑色星期四”即美国经济大萧条的开始，就是于1929年在这里引发（见73页）。

8 美国民俗大楼 (U. S. Custom House)

纽约市最出色的新古典主义建筑物之一。这座建于1907年的8层大楼以其复杂精美的双重斜坡屋顶和上乘的雕塑而著称，这些雕塑品中包括丹尼尔·切斯特·法兰奇（Daniel Chester French）的四件作品。椭圆形大厅内装饰有雷吉纳·马什（Reginald Marsh）于1927年创作的航海壁画（见74页）。

9 纽约公共图书馆 (New York Public Library)

这座布杂艺术风格的白色大理石建筑于1911年建成。大楼内外富丽堂皇，华丽的楼梯、阳台和喷泉令人肃然起敬，而期刊阅览室里一片安静祥和。这里经常举办一些演讲与活动（见124页）。

10 中央车站 (Grand Central Terminal)

经整修后，车站恢复了往日的风采。自1913年建成以来，中央车站就一直因其漂亮的外观而倍受瞩目。车站的中央大厅采光充分，蔚蓝色的拱顶天花板上面饰满闪烁的星星（见123页）。

十大教堂与神庙

1 圣马克福音路德教会锡安堂 (Zion St. Mark's Evangelical Lutheran Church)

建于1888年，是上东城德国移民历史的缩影。位于东84街339号 · 地图F5

2 圣乔治乌克兰天主教堂 (St. George's Ukrainian Catholic Church)

是一座建于当代的、拜占庭建筑风格的教堂。位于东7街30号 · 地图M4

3 圣尼古拉俄罗斯东正教大教堂 (St. Nicholas Russian Orthodox Cathedral)

五个圆葱形圆顶昭示着这座教堂的俄罗斯巴洛克式风格。位于东97街15号 · 地图E4

4 圣萨瓦塞尔维亚东正教大教堂 (St. Sava Serbian Orthodox Cathedral)

建于1856年，拜占庭式窗户值得一看。位于西25街15号 · 地图L3

5 圣韦登亚美尼亚大教堂 (St. Vartan Armenian Cathedral)

教堂饰以金箔的圆顶传承于亚美尼亚地区教堂的装饰风格。位于第二大道630号 · 地图K4

6 匈牙利圣伊丽莎白教堂 (St. Elizabeth of Hungary Church)

这座新哥特式风格教堂的拱顶上绘有图画。位于东83街211号 · 地图F4

7 圣三一希腊东正教教堂 (Greek Orthodox Cathedral of the Holy Trinity)

建于1931年的拜占庭风格建筑，位于主教教区。位于东74街319号 · 地图G5

8 艾玛纽尔犹太礼拜 (Temple Emanuel)

建于1929年，是世界上最大的犹太教教堂。位于东65街1号 · 地图G4

9 中华基督教长老会 (First Chinese Presbyterian Church)

这座石头砌成的教堂建于1819年。位于亨利街61号（61 Henry Street）· 地图P5

10 伊斯兰文化中心 (Islamic Cultural Center)

从拱顶垂下一圈悬挂着灯泡的铜杆，组成圣洁的光环。位于第三大道1711号 · 地图E4

亚历山大·汉密尔顿

迪威特·克林顿

小约翰·D. 洛克菲勒

TOP10 纽约十大历史名人

1 彼得·米纽伊特（Peter Minuit）

1626年彼得·米纽伊特（1580-1638）由荷兰政府派往新阿姆斯特丹掌管当地政权。在他统治期间民怨载道，人们转而拥护英国人的统治。

2 亚历山大·汉密尔顿（Alexander Hamilton）

亚历山大·汉密尔顿（1755-1804）是一位革命领袖，并且是美国第一任财政部部长。汉密尔顿的商业友好政策使纽约迅速崛起成为美国的金融中心。他在与政界宿敌阿龙·伯尔（Aaron Burr）的决斗中不幸身亡，被安葬在三一教堂的墓地里。

3 “大佬”威廉·特威德（William “Boss” Tweed）

特威德（1823-1878）是坦慕尼协会的头目，他是美国历史上政治腐败、吃回扣、收贿赂的典型。据估算，特威德及其合伙人在纽约共贪污了两亿多美元。特威德为掩盖罪行，建造了许多孤儿院、公共浴室和医院等公益设施，但最终他却死在狱中。

“大佬”
威廉·特威德

4 迪威特·克林顿（DeWitt Clinton）

迪威特·克林顿（1769-1828）曾经历任纽约市市长、纽约州州长、参议员，他因参与谈判修建伊利运河（1817-1825）而被人们铭记在心。运河将北美五大湖和哈得逊河连接起来，纽约也因此成为一个主要的港口城市。

5 雅各布·里斯（Jacob Riis）

里斯（1849-1914）是一位社会改革家、作家，同时也是一名

摄影师。移民们的生活窘况深深地触动了他，里斯用一幅幅照片来增强故事的感染力，这一切令中产阶级们大为震惊，并促使他们采取相应的行动。里斯1888年发表的名为《来自贫民窟的亮光》的文章，以及著作《另外一半的居民是如何生活的》，引起了全国性的关注。

6 小约翰·D. 洛克菲勒

小约翰·D. 洛克菲勒（1874-1960）在哈莱姆区、布朗克斯区和皇后区慷慨解囊，投资兴建了许多住宅，修建了翠亨堡公园（Fort Tryon Park）及修道院博物馆。此外，他还提供了建设联合国总部用的地皮。在经济大萧条时期最严重的那段岁月，洛克菲勒中心的兴建（见12-15页）为上千人创造了就业机会。而之后洛克菲勒中心成为纽约市永久的标志。

7 菲欧雷洛·拉加迪亚（Fiorello LaGuardia）

菲欧雷洛·拉加迪亚（1882-1947）被认为是纽约市最伟大的市长。1933年，拉加迪亚被选为纽约市市长后，采取了一系列改革措施，其中包括杜绝浪费、统一运输系统、申请联邦基金改建城市，这些举措将一个混乱无序的纽约转变成一个现代化、权利相对集中的城市。拉加迪亚被誉为人民之子，有关他的最被人津津乐道的故事是他曾在一次报纸罢工期间亲自在电台广播中为听众读喜剧故事。

8 罗伯特·摩斯（Robert Moses）

罗伯特·摩斯（1888-1981）是一位强硬但颇有争议的人物。上世纪30年代到50年代期间他曾是城市建设的负责人，也是公园管理处处长。在他任职期间，城市的娱乐休闲设施得到了明显改善。但也正是在他的提议下纽约修建了遍布全市的高速公路，而没有发展公共交通系统；他还负责实施城市复兴计划，许多地区被夷为平地以修建高楼大厦。

9 唐纳德·川普（Donald Trump）

唐纳德·川普（1946年出生）是一位精明的房地产商人，他对纽约的影响不可磨灭。巨大的川普广场可以俯瞰哈得逊河；而在世界上最高的住宅公寓“川普世界大楼”中，最便宜的公寓单元要价也将近100万美元。

10 鲁道夫·朱利安尼（Rudolph Giuliani）

鲁道夫·朱利安尼（生于1944年）在担任纽约市市长期间（1993-2001），纽约市的犯罪率有了大幅度的降低，市容得到整治，大部分市民的生活质量也有了提高。也因此朱利安尼得到了广泛的认同。他强硬的个性及攻击异己的行为曾一度招致非议，但在世贸中心遭受恐怖袭击后，他帮助纽约市民及时恢复了安定生活，因此赢得了海内外人士的赞誉。

纽约历史大事记

1 1626年
彼得·米纽伊特以价值约24美元的珠子与货品向当地的土著印第安人买下了纽约的曼哈顿岛。

2 1664年
英国人从荷兰人手中接管曼哈顿，新阿姆斯特丹改名为纽约。

3 1789年
乔治·华盛顿举行就职典礼，成为美国历史上第一位总统，并在联邦大厅进行就职宣誓，纽约成为首个美国首府。

4 1792年
纽约证券交易所开业，24位商业巨头在华尔街的一棵大树下签署协议。纽约成为一个金融中心。

5 1876年
中央公园对外正式开放，每年吸引游客达百万人。

6 1886年
自由女神像举行了揭幕仪式，成为千百万移民眼中自由的象征，这些移民组成了纽约这个“民族大熔炉”。

7 1898年
五大分区组成纽约市，纽约成为世界第二大城市。

8 1931年
帝国大厦为纽约赢得了“世界摩天大楼中心”称号。

9 1952年
纽约成为联合国总部所在地。

10 2001年
恐怖分子劫持飞机摧毁了世贸中心大楼。

麦迪逊广场花园

无线电城

布鲁克林音乐学院

TOP10 十大艺术表演场所

1 卡内基大厅 (Carnegie Hall)

音乐厅于1891年营业，揭幕演出也是柴可夫斯基在美国的初次登场。世界上最伟大的音乐家都曾在这座具有历史意义的音乐厅内演奏乐曲。1969年，林肯中心（见139页）成立后，卡内基音乐厅面临被拆除的危险。这时，小提琴家伊萨克·斯特恩（Isaac Stern）发起了一场保护运动，音乐厅才免遭被拆除的厄运（见125页）。

2 大都会歌剧院 (Metropolitan Opera House)

这是林肯中心造型最优雅的表演场。从拱形窗户向内望去，可欣赏到由马克·夏卡尔（Marc Chagall）创作的巨幅壁画。在每次表演之前，精美的星星状的枝形吊灯便被升至天花板，照亮大厅。美国芭蕾舞剧团和许多巡回演出的团体以及大都会歌剧院著名的歌剧公司常在此举办演出（见139页）。

3 艾佛瑞·费雪厅 (Avery Fisher Hall)

多亏艾佛瑞·费雪慷慨解囊，爱乐大厅的音响问题终于得以解决，达到了纽约爱乐乐团的演出水准。纽约爱乐乐团是美国历史最悠久的交响乐团。大厅西面竖立着由罗丹雕塑的前爱乐乐团指挥家、作曲家古斯塔·马勒（Gustav Mahler）的半身塑像，是林肯中心最完美的公共雕塑作品之一（见139页）。

4 纽约州剧院 (New York State Theater)

剧院建于1964年，完全按照传奇的芭蕾舞编舞家、纽约市立芭蕾舞团的创办人乔治·巴兰钦（George Balanchine）的要求而建。每年的冬季和春季纽约市立芭蕾舞团都会在这里演出。演出质量上乘，票价比邻近的大都会歌剧院便宜得多（见139页）。

5 艾丽丝·杜利厅 (Alice Tully Hall)

杜利厅是专门为林肯中心室内乐团兴建的演出地，其建筑风格给人一种欢快、亲切的感觉。除去举办一些室内乐音乐会或演唱会外，朱利亚音乐学院的师生也在这里演出，其中的许多演出对公众免费（见139页）。

6 纽约市中心剧院 (City Center Theater)

这座摩尔式风格的建筑装饰华丽，屋顶镶嵌有西班牙式瓷砖。在1924年建成之初它是圣地兄弟会的聚会场所。纽约市长拉加迪亚（La-Guardia）（见48页）从开发者手中

更多娱乐场所信息，详见24页及52-53页

将这座建筑购买下来，纽约市中心剧院才得以幸存。剧团在林肯中心带给市场的强大压力下设法生存下来。剧院现在已经成为巡回舞蹈团体的主要表演场地。位于第六和第七大道之间，西55街131号 · 地图H3 · 212 581 1212 · 须买门票 · www.citycenter. org

7 乔伊丝剧院（Joyce Theater）

剧院由一家1941年建造的具有装饰艺术风格的电影院精心改造而成，现在已经成为一处惬意的舞蹈艺术的乐园。来自世界各地的中、小型舞蹈团带来风格各异的激动人心的表演，是曼哈顿区一道独特的风景。每周三晚表演结束后，有艺术家现场回答问题的环节。位于第八大道175号，与第19街交会（175 8th Avenue at 19th Street）；乔伊丝苏活区剧院位于默瑟街155号（155 Mercer Street）· 地图L2 · 212 242 0800 · 须买门票 · www.joyce.org

纽约市中心剧院

8 无线电城音乐厅 (Radio City Music Hall)

无线电城音乐厅于1932年开业，是美国最大的剧院，室内采用了华丽的装饰艺术风格。这里曾经是电影院，现在则主要举办一些音乐演出和特殊的庆典活动。每年的圣诞节表演都在这里以36人的踢踏舞表演开场，这已经成为纽约市的一项传统。位于第六大道1260号，与第50街交会 · 地图J3 · 212 247 4777 · 参观游览开放时间：11am-3pm（周一至周六）· 须买门票 · www. radiocity. com

9 布鲁克林音乐学院（BAM） (Brooklyn Academy of Music)

布鲁克林音乐学院建于1908年，是一栋庄严肃穆的新意大利风格建筑。这里上演纽约最前卫的国际性音乐、戏剧、舞蹈等节目。其中最为著名的是“下一波艺术节”（Next Wave Festival）。位于布鲁克林区拉法叶大道30号（30 Lafayette Avenue, Brooklyn）· 地铁至亚特兰大大道地铁站（Subway Atlantic Av）· 718 636 4100 · 开放时间：12pm-6pm（周一至周六）· 须买门票 · www.bam.org

10 麦迪逊广场花园 (Madison Square Garden)

麦迪逊广场花园是纽约尼克斯篮球队和巡逻兵曲棍球队的比赛主场。这座20 000个座位的广场也是摇滚乐演出、冰上表演、网球运动、拳击比赛、狗狗秀选赛及马戏表演的场所。位于第七大道与第32街交会处（7th Avenue at 32nd St）· 地图K3 · 212 465 6741 · 须买门票 · www. thegarden.com

鸟园

蓝调之音

铱元素爵士乐俱乐部

TOP 10 十大音乐表演场所

1 比肯剧院（Beacon Theatre）

只要叫得上名字的明星，几乎都曾在比肯剧院登台演出，例如我们熟知的美国著名音乐人鲍勃·迪伦、斯丁以及B.B.金。欧曼兄弟乐队也是此地的常客。位于百老汇与第74街交会处·地图G2·开放时间：每次演出前一小时·须买门票

2 前卫村（Village Vanguard）

自1935年，这个地下俱乐部一直是爵士乐的传奇圣地。起初这里的音乐风格比较折衷，还有哈利·贝拉方提（Harry Belafonte）等民歌手的民谣演出。自20世纪50年代以来，前卫村便是爵士乐的天下了。位于第七大道南178号·地图M3·开放时间：8pm-深夜·须付服务费

杰克·麦肯林在前卫村演出

3 鸟园（Birdland）

鸟园是另一个爵士乐界的传奇。现在的鸟园已经迁离了1949年由查理·帕克（Charlie Parker）开设的原址。经过一番风风雨雨，鸟园终于在时代广场附近重新有了一片落脚之地。园内提供味美可口的饭菜。从周二到周日都有大牌乐队在此演出。位于西44街315号，第八与第九大道之间·地图J2·开放时间：5pm-3am·需付服务费

4 蓝调之音（Blue Note）

此处主要上演爵士乐，但蓝调布鲁斯、拉丁乐、灵歌以及大乐队演出也是特色之一。位于西3街131号，麦克道格街和第六大道之间·地图N3·开放时间：7pm-2am（周日至周四），7pm-4am（周五至周六）·须买门票并付服务费

5 S.O.B.s

这三个大写的字母是巴西之音的缩写，但实际上涵盖的音乐种类非常广泛，从非洲音乐到雷鬼乐、灵歌以及爵士乐等。音乐节奏动感强劲，台下舞池里人潮汹涌。周一晚是热情奔放的萨尔萨舞之夜。位于威瑞克街204号，与休士顿街交会·地图N3·开放时间不固定·须付服务费

6 标准爵士（Jazz Standard）

这家俱乐部品味独特，音效一流，上演从传统到前卫风格的音乐。强烈推荐这里的餐馆蓝烟（Blue Smoke）。位于东27街116号，公园大道南与莱克星顿大道之间·地图L4·开放时间：7pm-3am（周二至周六）；6pm-3am（周日）·须付服务费

7 铱元素爵士乐俱乐部（Iridium Jazz Club）

表演与林肯中心如出一辙。俱乐部的装饰风格令人叫绝；食物可口且酒品选择丰富。吉他大师莱斯·保罗（Les Paul）每周一在这里做现场演出。位于百老汇1650号，与第

更多纽约娱乐场地信息，详见50-51页

51街交会 · 地图J3 · 开放时间：7pm-2am（周五至周六），5pm-午夜（周日至周四）· 须买门票

8 乔俱乐部（Joe's Club） 无论是成名以久的大腕还是新近崭露头角的艺人，你都能在这个紧靠公共剧院（Public Theater）的时尚之地里欣赏他们的表演。通常最后会由DJ打碟直到关门。位于

拉法叶大街425号，东8街和东4街之间 · 地图N4 · 开放时间：6pm-4am · 须买门票并付服务费

9 编织工厂（Knitting Factory） 这个多层的综合娱乐场所包括四家酒吧和四个表演场地。这里的咖啡馆和酒吧里供应的手工酿造啤酒深受欢迎。位于莱昂纳

德大街74号，百老汇和教堂街之间 · 地图P3 · 开放时间：6pm-4am · 须买门票

10 包厘舞厅(Bowery Ballroom) 于1998年开业，促进了下东区的音乐复兴。此处原本是一个歌舞杂耍的场所（兼营鞋子），因此音响效果极佳，视野也相当开阔。位于地兰西街6号，包厘街和克里斯特街之间 · 地图N4 · 开放时间不定 · 须买门票

十大热舞俱乐部

1 Avalon
Avalon的前身是一家由教堂改造而成的街舞俱乐部，名曰Limelight。位于第六大道660号 · 地图L3

2 Skreo
令人回到20世纪80年代充满街道涂鸦和手提双卡收录机的纽约。位于西29街512号 · 地图L2

3 Lotus
这是一家集餐厅、酒吧、休闲茶座和舞池于一身的综合俱乐部。位于西14街409号 · 地图L2

4 Crobar
这家在建成几年间迅速窜红的大型俱乐部是迈阿密Crobar在纽约的分店。位于第28西大街530号（530 West 28th Street）· 地图L2

5 Marquee
如果你身边没有一位模特身材的美女陪伴，很难进入这家俱乐部，但这里的确值得一去。舞曲风格是货仓乐（House）及嘻哈乐（hip hop）。位于第十大道289号 · 地图L2

6 Copacabana
每周二到周六，这里聚集着萨尔萨斯舞爱好者，这是佳拉丁音乐俱乐部之一，绝没有行为鬼祟的家伙。位于西34街560号 · 地图K2

7 Roxy
著名DJ轮番驻场，Roxy绝对是周五夜晚的首选之地。周六是狂欢舞会，周三则是滚轴滑轮者的天下。位于西18街515号 · 地图M2

8 40/40吧
兰柏 · 杰伊的一流运动吧，它包括一间雪茄酒吧及三个VIP专区，位于西25街6号 · 地图L3

9 Cielo
这里深情低沉的货仓音乐（House）吸引着一群时髦人士。位于小西12街18号（18 Little West 12th St）· 地图M2

10 Discotheque
八十年代的装饰风格，音响效果无与伦比。这里的一切都吸引着年轻的派对爱好者们。位于西19街17号 · 地图L3

笛子酒吧

Pen-Top酒吧

猴子酒吧

TOP 10 十大酒吧和休闲茶座

1 柯尔王酒吧和休闲茶座 (King Cole Bar and Lounge)

纽约最著名的酒店酒吧之一。装饰有雍容华贵的桃花心木镶板的墙壁上，挂着插画家麦克斯菲尔德·派黎思（Maxfield Parrish）的著名壁画“老柯尔王”，还有奢侈豪华的座椅。自1950年后，此处才接待女性顾客。这里的环境美妙、奢华并且价格不菲，是谈生意或浪漫的好地方。位于东55街2号圣里吉斯酒店（St. Regis Hotel），第五大道与麦迪逊大道之间 · 地图H4 · 212 753 4500

柯尔王酒吧和休闲茶座

2 美仑大酒店44号 (44 at the Royalton)

这家别致时髦的酒吧餐厅位于曼哈顿中城的中心地带，美仑大酒店的大厅内。这里引以为豪的雅致的装饰曲线来自菲利浦·斯塔克（Phillippe Starck）的后现代设计。前卫的设计加上奢侈的气氛，使之成为广受欢迎的酒吧。位于西44街44号美仑大酒店（Royalton）· 地图J3 · 电话：212 944 8844

3 猴子酒吧 (Monkey Bar)

这是一个颇为另类的以猴子为主题的酒吧—猴子壁画、猴子灯饰，甚至设有一道名为“紫猴子”的鸡尾酒（Purple Monkey）。这家酒吧一直很受欢迎，最近又刚刚进行了整修，吸引着许多香鬓华服的人士蜂拥而至。位于东54街60号爱丽舍酒店（Hotel Elysee），麦迪逊大道与公园大道之间 · 地图J4 · 212 838 2600

4 笛子酒吧 (Flute)

酒吧的酒窖里藏有多达100多种香槟酒，其中还有很多可以点单杯品尝。酒吧成功地将丰富奢靡的菜肴佳酿和浪漫的气氛及周到的服务结合起来。位于西54街205号，第七大道与百老汇之间 · 地图H3 · 212 265 5169

5 坎贝尔公寓 (Campbell Apartment)

这是中央车站内的一颗明珠，在20世纪20年代曾是铁路运输业大亨约翰·W. 坎贝尔的办公室。这家酒吧的窗玻璃以铅条镶嵌，天花板饰以美丽的图案，木制的阳台刻有漂亮的花纹，这些灵感都源自佛罗伦萨的宫殿造型。在这里，喝一杯苏格兰单麦芽威士忌或一杯好年份的葡萄酒，点一根上等雪茄烟，简直就是绝美的享受。位于范德比尔特道15号，与第42街交会处，中央车站西阳台（West balcony, Grand Central Terminal, 15 Vanderbilt Avenue at 42nd St）· 地图J4 · 212 953 0409

6 Pen-Top Bar and Terrace

曼哈顿区能够欣赏城市美景的户外酒吧屈指可数，而Pen-Top酒吧则是其中的一家，这也是Pen-Top酒吧广受欢迎的原因，每当夜晚，从它23层高的阳台（或者由玻璃墙）向外看，可欣赏到

更多纽约餐馆信息，详见68-69页

整个城市的美丽夜景。虽然价格不菲但光顾此地的人仍然络绎不绝。位于第五大道700号半岛酒店(Peninsula Hotel)，与第55街交会 · 地图H3 · 212 956 2888

7 Plunge

酒吧位于肉类加工区的甘斯沃特酒店屋顶，从这里可以欣赏到纽约的摩天大楼与哈德逊河。尽管比较贵，但绝对是消暑的好场所。位于甘斯特酒店，第九大道185号（与13大街交会处）· 地图M2 · 212 206 6700

8 双喜酒吧 (Double Happiness)

这家酒吧坐落在唐人街心脏地带。正如这里迷人的混合特饮“绿茶马提尼”，这家酒吧是意大利文化和中国文化的完美结合。从酒吧的音乐选择就能体现出它多元文化交杂的独特底蕴，在这里你能听到老爵士、灵歌、乡村音乐、20世纪80年代的中国流行乐以及强调鼓与贝斯节奏的trip-hop音乐等。位于莫特街173号，与布鲁米街交会（173 Mott Street at Broome St）· 地图P4 · 212 941 1282

9 船屋酒吧 (Boathouse Bar)

这家户外酒吧位于中央公园的湖

从船屋酒吧望去的公园景致

边。在这里，您可以坐看日落，欣赏余辉一点点融入天际。夏日傍晚，当一叶轻舟划过时，景色迷人如入画境。位于中央公园内，靠近东72街 · 地图G2 · 212 517 2233

10 Ñ

这颗明珠坐落在苏活区一个偏僻的街区，墙壁上是艳俗的圆点花纹，但是饮料价格公道。来一碟西班牙式餐前小吃，喝一杯雪利酒或果味桑格利亚汽酒，听一首弗拉门科民歌，所有这一切都会令您回味无穷。要提前来这里占座位，地方虽小，但人气很旺。位于哥士比大街33号，格兰街与布鲁米街之间（33 Crosby Street, between Broome and Grand sts）· 地图P4 · 212 219 8856

Danny's Skylight Room　芝加哥城市边界剧院　Stand-up New York

TOP 10 十大卡巴莱餐馆

1 卡莱尔咖啡馆(Café Carlyle)

这家时髦而经典的卡莱尔咖啡馆是纽约市一流餐馆之一，其服务费之高也无可厚非了。钢琴歌手鲍比·萧特（Bobby Short）经常光顾此地，伍迪·艾伦（Woo-dy Allen）也经常在周一晚上在这里玩票演出。位于东76街35号，与麦迪逊大道交会处，卡莱尔酒店（Carlyle Hotel, 35 East 76th Street at Madison Av）·地图G4·须付服务费

2 皮埃尔咖啡馆(Café Pierre)

这是一家优雅别致的酒吧，天才的钢琴歌手凯瑟琳·兰迪斯（Kath-leen Landis）在此驻场表演，偶尔也有客座表演，演出百老汇或流行热门歌曲。这里的菜肴虽然昂贵，但是味美至极。位于第五大道与第61街交会处，皮埃尔酒店（Pierre Hotel, 5th Avenue at 61st Street）·地图H3·免入场费

橡树屋

3 橡树屋（The Oak Room）

您可以坐在这家餐馆舒适的软长椅上等待诸如玛莉·麦高文（Maureen McGovern）、茱莉·威尔逊（Julie Wilson）等超级娱乐红人的到来。这里的保留曲目常常是美国古典作品，例如著名作曲家格什温（Gershwin）、柏林（Berlin）及科尔·波特（Cole Porter）等人的乐曲。也别忘了参观一下阿尔冈昆酒店（Algonquin），这里因作家聚会的“阿尔冈昆圆桌”而闻名。位于西44街59号，第五大道与第六大道之间，阿尔冈昆酒店·地图J3·须付服务费

4 Don't Tell Mama

这家有意思的餐馆位于剧院区，常有歌手、喜剧演员以及魔术师出没。上台表演的是业余演员以及很有明星潜质的新人，有时甚至连服务员也上台表演节目。位于西46街343号，第八与第九大道之间·地图J2·须付服务费

5 Feinstein's at the Regency

这是一家富丽堂皇的餐馆，您可以欣赏到艺人们精彩的表演，包括吉他艺术家约翰·皮查瑞理（John Pizzarelli）以及曾获格莱美歌手奖及词曲作者奖的范斯坦（Feinstein）的现场表演。位于公园大道540号，与第61街交会，摄政酒店（Regency Hotel）内·地图H4·须付服务费

6 Café Sabarsky

每周四的夜晚，这家维也纳风格的精致餐厅成为纽约市最迷人、最具浪漫气息的歌舞表演餐

更多娱乐信息，详见50-51页

馆。每晚7点供应套餐，9点演出正式开始。位于第五大道1048号，与第86街交会，Neue画廊（Neue Galerie, 1048 5th Avenue at 86th Street）· 地图F3 · 免入场费

7 Danny's Skylight Room
这家泰国餐馆位于剧院区，表演从令人陶醉的爵士乐到百老汇经典音乐无所不包。位于西46街346号，第八与第九大道之间 · 地图J2 · 通常须付服务费

8 The Hideaway Room @Helen's
这是家整修一新的餐馆，有歌舞表演以及侍者皆可开唱的钢琴酒吧。位于第八大道169号，第18与19街之间 · 地图L3 · 须付服务费

The Duplex

9 The Duplex
这是纽约市最古老的歌舞表演餐馆，表演节目从早期的“胡说八道”和“马克·吐温之夜”节目到歌唱家、喜剧演员、男扮女装的大个子“邦尼女士”及“搞笑男同志”剧团的表演。位于克里斯朵夫街61号，与第七大道南交会（61 Christopher Street at 7th Av South）· 地图L3 · 须付服务费

10 Reprise Room at Dillons
餐馆的氛围令您重温20世纪50年代夜总会的感觉。餐馆举办的顾客秀节目非常受欢迎，您可以将自己事先录制好的音乐或者创作的活页乐谱带来，请餐馆的音乐家演奏自己的佳作。位于西54街245号，Dillons Restaurant · 地图J2 · 须买门票

十大喜剧俱乐部

1 喜剧现场表演秀 (The Comic Strip Live)
这是演艺界新秀一展身手的首选场地，艾迪·墨菲（Eddie Murphy）和杰瑞·辛菲尔德（Jerry Seinfeld）曾在这里锤炼过演技。位于第二大道1568号 · 地图E4

2 卡罗琳喜剧俱乐部 (Caroline's Comedy Club)
俱乐部位于剧院区中心地带，此处的演出者有著名笑星也有新手。位于百老汇1626号 · 地图J3

3 丹泽菲尔德俱乐部 (Dangerfield's)
这是最老牌和最好的喜剧俱乐部之一，主人丹泽菲尔德有时也会一显身手。位于第一大道1118号 · 地图G5

4 愚人村喜剧俱乐部 (Gotham Comedy Club)
这里有来自喜剧中心电视台（Comedy Central）的喜剧及其他表演节目。位于西22街34号 · 地图L3

5 地下喜剧俱乐部 (Comedy Cellar)
许多大人物，包括演员罗宾·威廉斯和著名rap歌手Ice T都曾在这里登台亮相。位于麦克道格街117号（117 MacDougal Street）· 地图N3

6 喜剧村俱乐部 (Boston Comedy Club)
这是另一家地下俱乐部，名流聚集但酒水便宜。位于西3街82号 · 地图N3

7 Stand-up New York
在这家俱乐部里演出的既有新手也有专业演员，气氛亲切。位于西78街236号 · 地图F2

8 NY喜剧俱乐部 (NY Comedy Club)
上演这个城市里最棒的喜剧，但服务费低廉。有两个上演脱口秀的房间。位于东24街241号 · 地图L4

9 正派人剧场（Upright Citizens Brigade Theater）
该俱乐部的其中一位创始人固定参加周六现场秀。位于西26街307号 · 地图L2

10 芝加哥城市边界剧院 (Chicago City Limits Theater)
在固定剧目中也有即兴创作。位于西53街318号 · 地图H2

中央公园的马车之旅

斯坦登岛渡轮

TOP 10 十大浪漫之旅

1 中央公园的马车之旅

行走在中央公园边上的观光马车是纽约市一道浪漫的风景。马车夫身着古装，头戴高帽。他会热情地扶您舒适地坐定，马车一路小跑，穿过公园只需20分钟（见26-27页）。

2 在“河”咖啡馆进餐

“河”咖啡馆（River Café）坐落在布鲁克林区的东河（East River）河畔。从这家咖啡馆远眺曼哈顿，看不尽霓虹闪烁。菜肴美味可口，物美价廉（见157页）。

3 从帝国大厦观望黄昏美景

这里曾是许多浪漫影片的拍摄场地，也是无数情侣山盟海誓的圣地。薄暮时分，您可欣赏到

位于布鲁克林大桥下的“河”咖啡馆

纽约市夕阳西下、华灯初上的动人景色（见8-9页）。

4 塔顶小酌

从这座标志性的装饰艺术风格大厦的26层向外望去，可看到最美的城市风景，还可远眺东河

美景。点杯香槟，静静欣赏如画的美景吧。位于米歇尔地3号，第一大道与第49大街交会处，比克曼塔楼酒店(Beekman Tower Hotel, 3 Mitchell Place at 1st Av & 49th St) · 地图J5

5 泛舟畅游中央公园

当威尼斯的贡多拉小船载您滑过湖面时，中央公园美景和城市大厦的倒影随着水波一圈圈荡漾开去，会令您感到无比的惬意，贡多拉划船人也许会突然唱起歌来。位于中央公园，与东74街交会，洛布船屋（Loeb Boat House）· 地图G3 · 收费

6 修道院花园漫步

大都会博物馆的分馆远离城市的喧嚣，有一种宁静安详之美。漫步其间，能感受到来自历史的荣誉。公园里有250多种中世纪时期的植物，但博物馆最具特色的植物品种出现在“独角兽挂毯”上（见31页）。

7 在“One if by Land...”进晚餐

餐厅在改装前原本是18世纪格林威治村的马车房。这里全部采用烛光照明，配上轻柔的钢琴乐曲，不愧为曼哈顿最诱人的餐厅。位于第七大道与西4街之间，巴罗街

更多纽约特殊节日，详见62-63页

17号（17 Barrow St）·地图N3·212 228 0822·www.oneifbyland.com

8 斯坦登岛渡轮之旅

站在上层甲板上看渡船驶过公共图书馆、艾利斯岛以及总督岛，身后曼哈顿的摩天大楼逐渐远去。回程则站在汽车甲板层，利于拍照（见155页）。位于白厅车站，白厅与南街之间（Whitehall Terminal, Whitehall and South sts）·地图R4·每15分钟到1小时一班轮船，24小时服务·免费

9 漫步布鲁克林大桥（Brooklyn Bridge Stroll）

漫步在布鲁克林大桥之上，透过

桥身错综复杂的缆索，展现在您眼前的是令人兴奋的摩天大楼远景。记得带上相机捕捉这绝世无双的美景。大桥始自市政厅，位于百老汇与公园道之间·地图Q4

10 圣保罗小礼拜堂音乐会（Concert at St. Paul's Chapel）

这是纽约最古老的公共建筑，步入小礼拜堂，您便置身于一个优雅宁静的虔诚之地。每周一的下午1点，这里都会举办音乐会，令参观者陶醉在庄严的建筑与音乐之中（见80页）。

十大城市绿地

1 塞缪尔·派莉广场（Samuel Paley Plaza）
在这里飞泻而下的瀑布旁小憩，可以暂时远离中城的喧闹。位于东53街3号·地图J4

2 绿里公园（Greenacre Park）
这是一个“袖珍”公园，由小约翰·D. 洛克菲勒的女儿捐赠。位于东51街217-221号·地图J4

3 布莱恩特公园（Bryant Park）
这是公共图书馆后面的一条狭长整齐的绿色植物带。位于第六大道，在第41与42街之间·地图K3

4 大都会博物馆屋顶花园（Metropolitan Museum Roof Terrace）
在这里，您可以小酌一杯，或仅仅欣赏中央公园的绝妙景色及城市高楼大厦。位于第五大道与第82街交会处·地图F3

5 温室花园（Conservatory Garden）
温室花园是指位于中央公园内的三座整齐的花园。位于第105街与第五大道交会处·地图D4

6 西奥多·罗斯福公园（Theodore Roosevelt Park）
西奥多·罗斯福公园是美国自然历史博物馆后一片绿树成荫的好去处。位于哥伦布大道（Columbus Avenue），在第77街与81街之间·地图F2

7 约翰·杰公园（John Jay Park）
穿过一片游乐场，来到这片宁静的区域。在这里，您可坐观东河的美景。位于东77街与FDR道之间（East 77th Street and FDR Drive）·地图F5

8 Wave Hill
这是一座带有花园和温室的庄园。位于布朗克斯区，西252街675号

9 恩典会教堂（Grace Church）
这是著名建筑师伦威克的杰作，建于1846年，位于安静的格林威治村里。位于百老汇802号·地图M4

10 圣约翰天主教堂（St. John the Baptist Church）
这里的圣堂和祈祷花园中有雕像和喷泉。位于西31街210号·地图K3

变装秀中餐馆

克里斯多福街

Next杂志

TOP 10 十大另类聚集场所

1 石墙酒馆（Stonewall Pub）

石墙酒馆位于石墙旅馆（Stonewall Inn）的隔壁。1969年6月27日，聚集在石墙旅馆的同志们因无法容忍警察的拘捕和折磨而愤起反抗，这就是著名的"石墙骚乱"。现在，这家酒吧非常平和安宁。本酒馆2007年进行了全部的装修。位于克里斯多福街53号（53 Christopher Street）·地图N3

2 克里斯多福街（Christopher Street）

在第六大道和第七大道之间充斥着各类酒吧和商店。地图N3

3 奥斯卡·王尔德纪念书店（Oscar Wilde Memorial Bookstore）

这是纽约最古老的男女同性恋书店，早在同性恋权利运动兴起之前的1967年就已开业。这家书店在一片公开的漫骂甚至暴力攻击中生存下来。位于克里斯多福街15号（15 Christopher Street）·地图N3

4 蓝丝袜书店（Bluestockings Book Store）

这家位于下东城的书店由18世纪某个女性主义团体而得名。书店不但提供广泛庞杂的妇女文学，而且也是一处社交场所，这里有咖啡馆、画廊、阅读会并举办各种活动。位于艾伦街172号，与史坦顿街交会（172 Allen Street at Stanton）·地图N5

5 同性恋社区服务中心（Lesbian and Gay Community Service Center）

中心一直活跃在公共教育、卫生、心理咨询等公益事业，并且也是社会活动的中心。中心还设有历史档案馆和一个涉猎甚广的图书馆。中心还向游客提供各种信息指南。位于西13街208号（1 little West 12th Street）·地图M2·开放时间：9am-11pm

6 出版物

《HX》和《Next》是两本周刊杂志，评论一周内的俱乐部和娱乐信息。其他出版物包括：《Gay New City News》，这是一份有关政治、健康和艺术的报纸，免费小报《New York Blade》，有关生活方式的杂志《Metro-Source》，以及随处可见的《Ti-me Out New York》周刊。

《HX》与《Time Out》杂志

7 俱乐部夜生活（Club Nights）

许多俱乐部都有专门的派对夜，例如，"飞溅"（Splash）周日晚的派对就相当热门；还有"克罗巴"（Crobar）的周五派对夜；"罗克西"（Roxy）的周六派对；以及阿瓦伦（Avalon）的周日派对。

8 女同性恋历史档案馆 (Lesbian Herstory Archive)

它是全世界规模最大、历史最久的女同志档案馆。这座由志愿者管理的档案馆收藏有许多有关的艺术品、书籍、照片、期刊、录像，以及有关生活的电影录像等。位于布鲁克林区，第14街484号·乘地铁至第15街，展望公园（Subway 15th St, Prospect Park）·718 768 3953·开放时间：需要提前预约

9 美国健身中心 (American Fitness Center)

这座两层楼高的健身房配有最先进的力量训练和循环训练设备以及纤体健身课程，是切尔西的肌肉男们最喜欢的锻炼场所。在这里也可以进行桑拿浴及享受按摩服务。中心内还设有一家咖啡厅，提供健康的膳食和零食。位于第八大道128号，与第16街交会·地图M2·开放时间：6am-12pm（周一至周五），8am-9pm（周六周日）·须买门票

10 变装秀 (Drag Shows)

"Lucky Cheng"是纽约最不同寻常的中餐馆，这里的男服务生全部变装成夜店皇后。在"La Nueva Escuelita"餐厅感受拉丁节奏，以及在"Stingy Lulu's"餐馆边观看表演边享受美食。

十大用餐和聚会场所

1 Big Cup
这家咖啡屋人气很旺，人来人往，昼夜不息。位于第八大道228号·地图L2

2 Food Bar
美味的菜肴和身形健美的顾客吸引许多人光顾这家位于切尔西区的小餐馆。位于第八大道149号·地图M2

3 Therapy
这家时髦的两层休闲吧内有歌舞表演，到了晚上有DJ打碟。位于西52街348号·地图H2

4 G
有DJ现场打碟的时尚休闲吧，有圆形的不锈钢吧台和一个谈话间。位于西19街225号·地图L3

5 Splash Bar
在这里，可观看在装有喷头的舞台上的戈戈舞表演。位于西17街50号·地图M3

6 Boiler Room
这里是东村最好的休闲去处，平日的夜晚较为安静，周末晚上则人满为患。位于东4街86号·地图N4

7 Cattyshack
这是一个受女性同性恋者欢迎的酒吧。有一个屋顶露台位于布鲁克林区第4大道249号

8 The Works
上西城附近的青年人都喜欢聚集在这里。位于哥伦布大道428号（428 Columbus Avenue）·地图F2

9 Henrietta Hudson
这是一家位于格林威治村的热闹又实惠的女同志大本营。位于哈得逊大街483号（483 Hudson Street）·地图N3

10 The Cubby Hole
这是一家舒适自然的酒吧，她们常常随自动唱片点唱机轻轻歌唱。位于西12街281号·地图M2

复活节游行

圣热内罗节

TOP 10 十大节日与庆典

1 圣帕特里克节游行 (St. Patrick's Day Parade)

在节日当天，人们都要身着绿色的传统爱尔兰节日盛装。由乐队、政客和可爱的少女们组成的游行队伍沿第五大道前进，表达他们对绿宝石岛（即爱尔兰岛）的热爱。成千上百万人前来观看游行，庆祝活动一直持续到深夜。位于第五大道 · 游行时间：3月17日上午11点 · 核对报纸以掌握确切的游行路线。

2 复活节游行（Easter Parade）

根据传统惯例，复活节这天第五大道禁止车辆通行。纽约家庭合家漫步在第五大道上，女士们的帽子争奇斗艳，既有传统的礼帽也有夸张式样的。位于第五大道 · 地图H3-J3 · 游行时间：复活节星期天上午11点

3 第九大道美食节

这是纽约规模最大的食品盛宴，它始于1974年。卖主从四面八方云集于此，食品种类应有尽有，从墨西哥玉米煎饼到萨莫萨三角饺，堪称食品“联合国”。每年都有一百多万人在这里品尝美食。位于第9大道，第37街与第57街之间 · 地图H2-K2 · 时间：5月中旬

4 7月4日焰火汇演

当天，东河（East River）上禁止通航，成千上万人走出家门观看东河上空壮观的焰火盛会。梅西百货公司每年出资100多万美元赞助焰火，以此向美国国旗红白蓝三色分别代表的勇气、自由和正义致敬。位于东河 · 地图R3 · 烟火时间：7月4日晚9:30

7月4日东河上空的焰火汇演

5 西印度狂欢节

布鲁克林区的西印度人群会在这天游行以庆祝他们的传统节日。游行队伍里有巨大的充气气球，人们身穿彩虹颜色的夸张的羽毛服装。乐队奏起富有感染力的加勒比乐曲，街头小店也出售加勒比特产。位于布鲁克林区公园东路（Eastern Parkway, Brooklyn） · 乘地铁至富兰克林大道站（Subway to Franklin Av） · 时间：劳动节（9月的第一个周一）

西印度狂欢节

6 圣热内罗节

人们抬着那不勒斯守护神穿过小意大利区的街道。而在这些日子里穆尔贝里街昼夜不息，有音乐、游戏棚及各种丰富的传统美味。意大利香肠和胡椒三明治是这个长

达10天庆典节日的主角，但是也有其他美食满足不同的口味。位于穆尔贝里街（Mulberry Street）·地图P4·9月的第三个星期，延续10天

7 纽约市马拉松比赛

每年总共有30,000人参加长达26.2英里（42公里）的马拉松大赛。参赛者们从斯坦登岛出发，途经纽约市的五大区，终点设在中央公园。纽约市民站在跑道两边，一边给参赛者加油，一边给他们递水喝。位于第59街之上的第一大道是观看比赛的好位置·地图H5·比赛时间：11月第一个周日的上午10:45

8 梅西百货复活节游行

每年的这个时候纽约市民都会走向街头，美国其他地方的观众也会守在电视机旁观看游行。游行队伍中有卡通人物的巨型气球，行进乐队和仪仗队，彩车上坐着电视和电影明星。踢踏舞表演宣告圣诞季节的开始。乘坐雪橇的圣诞老人是最后一个登场的大气球。从中央公园西道与第77街交会处开始，沿着百老汇到第34街·地图G2·游行时间：复活节早晨9点

9 圣诞树点灯仪式

这棵美国最高的圣诞树树立在洛克菲勒中心溜冰场的旁边，装饰它的灯泡足有数英里长。海峡花园里吹长号的天使雕像和第五大道商场琳琅满目的橱窗更增添了节日气氛。位于洛克菲勒中心·地图J3·12月的第一个星期

10 新年夜降球仪式

子夜时分，当一个体型巨大、明亮闪烁的沃特福德水晶球从空中降落时，早在几小时前就聚集围观的人群开始欢呼雀跃，庆祝新年的正式到来。其他“新年夜”庆典还包括：在中央车站或帝国大厦跳舞狂欢，或在中央公园举行午夜烟火盛会。位于时代广场（Times Square）·地图K3·12月31日午夜12点

十大体育赛事

1 美国网球公开赛
这是年度最后一个大满贯赛事。位于皇后区，美国国家网球中心（USTA National Tennis Center）·8月-9月

2 纽约扬基队和大都会棒球队
观看两队之间持续不断的竞争是美国人最喜欢的休闲娱乐节目之一。位于布鲁克林区的扬基棒球场（Yankee Stadium），皇后区的谢尔棒球场（Shea Stadium）·4月-9月

3 纽约尼克斯篮球队
这里的门票总是一售而空。位于第七大道，麦迪逊广场花园（Madison Square Garden）·10月-4月

4 纽约自由篮球队
这是支女子职业篮球队。位于第七大道，麦迪逊广场花园·6月-8月

5 纽约喷气机队和巨人队
两支橄榄球队都在新泽西比赛，一票难求。位于新泽西的巨人体育场（Giants Stadium）·9月-12月

6 纽约巡逻兵曲棍球队
在冰上比赛，需要速度和娴熟的技术。位于第七大道，麦迪逊广场花园·9月-4月

7 米尔罗斯运动会（Millrose Games）
美国的“飞毛腿”们将在这个室内赛道上决一高下。位于第七大道，麦迪逊广场花园·2月

8 活特纪念锦标赛（Wood Memorial）
种马特征与肯塔基州赛马会类似。位于皇后区，艾克达克跑道（Acqueduct Raceway, Queens）·4月中旬

9 贝尔蒙特有奖赛（Belmont Stakes）
这是美国三个主要赛马盛事的最后一个。位于长岛的贝尔蒙特公园（Belmont Park, Long Island）·6月的第二个星期六

10 纽约/红牛队（New York/New Jersey MetroStars）
这里的足球比赛越来越受欢迎，吸引了许多忠实的球迷。位于新泽西州的巨人体育场（Giants Stadium）·4月-10月

布鲁明戴尔百货

巴尼百货

亨利·邦杜百货

TOP 10 十大商店

1 梅西百货（Macy's）

这家百货公司的规模之大，可称得上世界第一。百货公司内商品种类繁多，从食品到蒲团，无所不有。公司承办着从每年的春季花展到狂热的踢踏舞表演等多项活动。成千上万的踢踏舞舞者聚集在哈罗德广场表演踢踏舞，场面甚是壮观（见119页）。

2 布鲁明戴尔百货（Bloomingdale's）

这是继梅西百货之后，纽约最知名的百货公司了。它带给时尚男女们最前卫的潮流物品。位于莱克星顿道1000号，与第59街交会（1000 Lexington Avenue at 59th St）·地图H4

萨克斯第五大道

3 第五大道百货（5th Avenue Department Stores）

博格多夫·古德曼（Bergdorf Goodman）、萨克斯第五大道（Saks Fifth Avenue）以及罗德&泰勒（Lord & Taylor）里面出售知名的男装、女装以及儿童服装，还有质量上乘而昂贵的家居装饰品出售。还可以从这些百货公司的橱窗了解当季时尚风格。位于博格多夫·古德曼,位于第五大道754号；萨克斯第5大道位于第五大道611号；罗德&泰勒位于第五大道424号·地图H3-K3

4 巴尼纽约（Barney's New York）

如果你的荷包鼓鼓，您可以在这里买到最新潮的服装设计师的品牌。巴尼纽约能满足时尚而富有的年轻顾客的欲望。这里每隔半年便有一次打折活动，吸引大批的顾客前来购买降价的时髦服装。位于麦迪逊大道660号，与第61街交会·地图H

5 亨利·邦杜百货（Henri Bendel）

这家百货公司里知名的设计师专卖店云集，为站在潮流前端的顾客展示创新而风趣的女性时尚用品。这里的导购人员态度非常友善。商场的棕白两色购物袋就像是身份的象征，某些装饰品甚至用购物袋的图案做花纹。位于第五大道712号，与第55街交会（712 5th Avenue at 55th St）·地图H3

6 高岛屋（Takashimaya）

这是一座五层楼高颇为讲究的后现代建筑，是一家日本人开设的百货公司，经营服装、艺术品、亚麻制品及家具等。所有具有东方特色的商品，都堪称设计考究而价格不菲。位于第五大道693号，第54与55街之间·地图H3

7 亨内斯－毛里茨（H&M）

亨内斯及毛里茨百货公司

更多纽约购物信息，详见165页

(H&M) 是一家瑞典零售商，于2000年在第五大道开业后，赢得了巨大的成功。秘诀何在？因为这里的男装、女装以及童装款式

新颖，价格却是低到不能再低，让人忍不住掏钱就买。位于第五大道640号，与第51街交会；第34街与哈罗德广场（Herald Square）交会处；百老汇558号）·分别见地图J3、K3及N4

8 麦迪逊大道精品店

纽约的精品店早期汇集在第五大道和麦迪逊大道之间的第57街上，例如现在仍然在这里的巴宝莉（Burberry）。但是当耐克（Nike）、李维斯（Levi's）这样的品牌店开始瓜分第57街的地盘后，那些设计师，例如乔治·阿玛尼（Giorgio Armani）以及伊夫·圣洛朗（Yves Saint Laurent）等，就将精品店搬迁到了麦迪逊大道。在这里，门类繁多的商店和精品店从第59街一直延续到第79街。乔治·阿玛尼，位于麦迪逊大道760号；伊夫·圣洛朗，位于麦迪逊大道855-859号（855-59 Madison Avenue）·地图F4-H4

9 苏活区精品店

二三十岁年纪的人喜欢在苏活区的时尚精品店购物。这里有安娜·苏（Anna Sui）、A.P.C.、Miu Miu和Cynthia Rowley等品牌。这些商店都汇集在汤普森大街与百老汇之间，以及王子街和格林街之间，并且你在这个范围内的任何一个街区内都有可能淘到心仪之物。这里也是寻找家居陈设的首选之地，有Portico以及Armani Casa等众多家居用品商店。安娜·苏，位于格林街113号(113 Greene Street)；A.P.C.，位于默瑟街131号（131 Mercer Street）；Miu Miu，位于王子街100号（100 Prince Street）；Cynthia Rowley，位于伍斯特街120号（120 Wooster Street）；Portico，位于春街72号（72 Spring Street）；Armani Casa，位于格林街97号(97 Greene Street)·地图N3-N4

10 第6大道超级市场

坐落在第18与23街之间的那些铸铁大楼是另一处购物天堂，早在19世纪晚期这里就被称为“时尚大道”，而现在则是一些超级市场和时尚折扣店的地盘了。例如专营家居用品的BBB公司（Bed, Bath, and Beyond），休闲服装品牌老海军（Old Navy），及T.J.Maxx折扣店和费林百货公司的地下打折商场（Filene's Basement）。BBB公司，位于第六大道620号；老海军，位于第六大道610号；T. J. Maxx，位于第六大道620号（620 6th Avenue）；费林地下商场：第六大道620号·地图L3

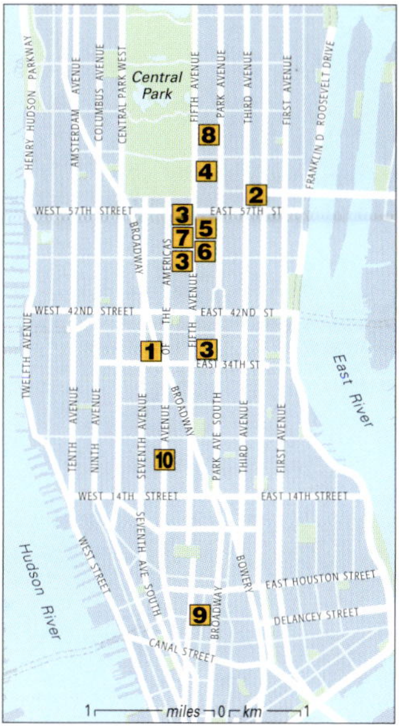

康尼岛

中央公园的旋转木马

儿童博物馆

TOP10 十大儿童游乐之地

1 中央公园

有各种各样的活动让小朋友玩个痛快，比如故事会、旋转木马、骑自行车、划船、滑冰、各种接触大自然的活动以及在向导带领下的徒步活动等。中央公园的野生动物中心（Wildlife Center）虽然规模不大，却是孩子们的好去处，其中儿童动物园（Tisch Children's Zoo）允许孩子们抚摸和喂食一些温驯的农场动物（见26-27页）。

2 布朗克斯动物园（Bronx Zoo）

这是美国最大的城市动物园，为来自不同地区的动物提供了适宜的生存条件和环境。动物园内有重现的喜玛拉雅高地环境、非洲平原环境、丛林世界、刚果大猩猩森林和雄伟壮观的新老虎山等。你可以乘坐四通八达的小巴士和高架车参观这些地方（见151页）。

中央公园中的儿童动物园里的北极熊

3 曼哈顿儿童博物馆（Children's Museum of Manhattan）

这是一座五层楼高的建筑，通过一些有趣的展览，让孩子们在参与玩乐中学到知识。比如，"人体探险"就是要小朋友爬过一个巨大的人体内部，使孩子们对人体的构造便有了感性认识。在发明家中心，孩子们可以利用扫描仪和数字图像随意拼出自己喜欢的图形。在电视演播室，孩子们可以制作自己的节目。四岁以下儿童设有专门的游乐场地（见140页）。

4 美国自然历史博物馆

纽约市许多父母都会带孩子参观这座博物馆。馆内有世界闻名的野生动物立体模型，并且真实地模仿了这些动物的栖息环境，但更令人着迷的是恐龙化石展览。西北岸印地安人的图腾和大运河、巨型陨石及矿物样品等展览同样令人惊叹不已。年龄稍大些的孩子则会对罗斯中心（Rose Center）发生浓厚兴趣（见34-37页）。

5 新胜利剧院（New Victory Theater）

这座新胜利剧院建于1900年，堪称一座历史性的里程碑，是纽约第一家主要上演家庭娱乐节目的剧院。来自世界各地的团体在这里上演戏剧、马戏表演及其他一些节目，深受小观众的欢迎。演出前，通常安排家庭观众与工作人员及演员的互动活动，您可通过此活动了解有关剧院内部如何运作的有趣内幕。位于西42街209号，第七与第八大道之间 · 地图J3 · 开放时间：中午-7pm（周二至周六），11am-5pm（周日至周一） · 须买门票

6 F.A.O.施瓦茨玩具店（F.A.O. Schwarz）

这家神奇的玩具帝国由德国人弗雷德里克·奥盖斯都·奥托·施瓦茨（Frederick August Otto Schwarz）于1862年创立，现在已经在美国各地建立了40多家旗舰店。这里的玩具种类繁多，从巨大的填充毛绒动物到最新的电动玩具，孩子们非常喜欢观赏这些玩具，但常常经不住诱惑，总是满载而

归。位于第五大道767号，与第58街交会·地图H3

7 康尼岛/纽约水族馆（Coney Island/New York Aquarium）

虽然现在康尼岛已经不复20世纪初期游人如织的胜景，但标志性的大观览车和过山车依然运行着，狭长的沙滩和海滨的木板路依然如初。沿木板路而建的纽约水族由室内和室外两部分组成，有鲸鱼、海象和海豚等动物表演。此外，还有从鲨鱼到海马之类的有鳍动物。水族馆是值得一去的好地方，特别适合合家出游（见155页）。

8 帆船之旅

在曼哈顿港乘船旅行总是令人兴奋不已。但没有什么比在南街海港乘坐1885年建造的“先锋号”纵帆船（Schooner Pioneer）游轮遨游大海更激动人心的了。90分钟的午餐航行很适合注意力不太集中的小孩；而在下午和傍晚有为时两小时的海上航行。位于南街海港博物馆（South Street Seaport Museum）：南街海港16号码头（Pier 16, South Street Seaport）·地图Q4·开放时间：5月至9月的每周四至周日·须买门票

9 马戏团表演

大苹果（Big Apple）是纽约一个非赢利性的马戏团。每年的10月到12月份，大苹果马戏团都会在林肯中心的丹姆罗斯公园（Damrosch Park）搭建他们巨大的圆形帐篷，为孩子们带来单一场地的表演。如果你想看传统的三场地马戏表演，每年的三四月份传统的玲玲马戏团（Ringling Bros. and Barnum & Bailey）都会来纽约市表演。大苹果马戏团，位于林肯中心广场（Lincoln Center Plaza）；玲玲马戏团，第七大道与第32街交会处，麦迪逊广场花园（Madison Square Garden）·地图H2及K3·须买门票

F.A.O. 施瓦茨玩具店

10 儿童艺术博物馆（Children's Museum of the Arts）

当孩子们厌倦了观光旅游时，可带他们去苏活区的儿童艺术博物馆。在这里，孩子们可以参加一些互动性的活动，10岁以下的儿童可以用颜料、拚贴纸、粉笔等创作自己的艺术作品，也可以在游乐场里消耗旺盛的精力。五岁以下的孩子则可参加“奇思妙想与探索”艺术家探访环节。博物馆同时也展示其他国家儿童的一些艺术作品。位于拉法叶大街182号，布鲁米街与格兰街之间（182 Lafayette Street, between Broome & Grand sts）·地图P4·开放时间：中午-5pm（周三至周日），中午-下午6pm（周四）·须买门票·www.cmany.org

多瑙河餐厅

“信”餐厅

TOP 10 十佳餐馆

1 联合广场咖啡屋 (Union Square Café)

这是丹尼·梅耶（Danny Meyer）开设的第一家餐馆。自从1985年开业以来它就是纽约市最热门的餐馆之一。这里服务热情周到，环境优雅舒适，菜肴美味可口，深受老饕们的喜爱。主厨麦克·罗曼诺（Michael Romano）坚持采用美国餐厅新标准，包括从餐厅附近联合广场的绿色市场中选取最新鲜的原材料（见115页）。

Union Square Café

2 Gotham Bar and Grill

这里一年四季顾客如潮。主厨Alfred Portale是第一批推出垂直造型菜肴（vertical food）的厨师之一，各种美味材料一层层地叠放，精心做成漂亮的垂直造型，令人不忍动刀叉。这里的新美式菜肴堪称一流，而用餐环境宽敞，四周以圆柱支撑，环境舒适典雅。包括三道菜的午餐套餐仅售20美元，真是物超所值。位于东12街12号，在第五大道与大学道（University PL）交会处·地图M3·212 620 4020·$$$

3 “信”餐厅（Nobu）

餐厅的主厨松久信幸（Nobu Matsuhisa）将日本菜和秘鲁菜完美地融合起来，烹制出令人垂涎欲滴的美味佳肴。餐厅实在太受欢迎，你几乎很难订到位子。向餐厅服务员说一声“Omakase”（由您决定吧！），厨师便会为选择适合您的最可口的饭菜。而设计师大卫·罗克韦尔（David Rockwell）的古怪设计风格也将为您增添一份异国风情的体验。餐厅隔壁的休闲风格的“信”邻家餐馆不需要预约（见103页）。

4 让·乔治 (Jean Georges)

名厨让·乔治（JeanGeorges Vongerichten）早期开设的JO JO餐厅和Vong餐厅已名声大噪。而这家以主厨命名的餐馆提供纽约顶级的美食，配以主厨秘制的美味酱汁和富有创造力的菜品搭配。亚当·提汉（Adam Tihany）设计的餐厅风格优雅而几乎不加修饰，绝不会喧宾夺主，让人忽略这里精美的菜品（见143页）。

5 丹尼尔（Daniel）

丹尼尔餐馆是餐饮业的另一朵奇葩。丹尼尔·布鲁德（Daniel Boulud）不仅在菜式上具有非凡的天分，他的餐厅布置也很独特。用鲜花装饰的房间，灵感源于威尼斯文艺复兴风格。餐馆的季节性菜肴美味可口，其中烤乳鸽配调汁凤梨或者块菌黑鳕鱼是菜肴中的极品。这里供应的午餐价格相对比较便宜，您可借此机会品尝大师的手艺（见137页）。

6 多瑙河（Danube）

David Bouley拥有的这家非比寻常的餐厅氛围可算刚刚好。餐厅环境古色古香，室内装饰有克利姆特风格的绘画作品，然而供应的“新奥地利”菜肴却令人耳目一新食指大动。餐馆气氛如此温馨美妙，令人久久不愿离去。这里烹制的维也纳炸肉排和鸡蛋面疙瘩堪称一流（见103页）。

若想去上述餐厅就餐，必须提前2个月预订，午餐也要预订

7 波色餐馆（Per Se）

想要到这家Thomas Keller的新餐馆进餐，你必须提前两个月预约座位。这家餐馆在《纽约时报》上得到非常难得的四星评价，迄今为止得到四星评价的餐厅屈指可数。食客们纷纷被这里的美食、周到的服务以及能欣赏到中央公园美景的广阔视野所吸引。一些常客还可能被邀请参观厨房（见143页）。

8 Le Bernardin

这家法国餐馆装饰豪华气派，是纽约最好的海鲜餐馆，它烹饪鱼类的方法别具特色。主厨Eric Ripert一直备受赞誉，当然，您要为他高超完美的烹饪技术付出昂贵的代价。但是，鲜美的食物一旦入口，便会满口噙香，令您回味无穷（见129页）。

9 葛莱美西小筑（Gramercy Tavern）

这是丹尼·梅耶的另一个成功之作。这也许是纽约市最低调的好餐馆了。汤姆·柯里齐奥（Tom Colicchio）富有创意的美国风味的烹调手艺广受赞誉。在这家餐馆的室内区域用餐无需预订（见115页）。

10 四季（Four Seasons）

餐饮业的起起落落似乎永远不会影响到这家餐馆，由菲利普斯·约翰逊（Philip Johnson）设计的餐厅风格鲜明，已经成了纽约尽人皆知的地标性建筑。餐厅供应一流的欧洲大陆菜系美食。餐厅的烧烤屋（Grill Room）仍然是商务午餐的首选之地，而池塘屋（Pool Room）是举行特殊场合宴会的绝妙选择（见129页）。

十佳便宜小吃店

1 Lombardi's Pizza
餐馆的薄皮碳烤比萨饼味道独一无二，广受欢迎（见89页）。

2 Salaam Bombay
这是一家一流的印度餐馆，有特价午餐和早午餐。位于格林威治大街319号（319 Greenwich Street）· 地图Q3 · 212 226 9400

3 Carass Arepa Bar
这里有可口的委内瑞拉风味小吃。位于东7街93号 · 地图M5 · 212 529 2314

4 Nyonya
不错的马来西亚风味快餐店。位于格兰街194号（194 Grand Street）· 地图P4 · 212 334 3669

5 Sweet-n-Tart
这里提供亚洲风味的小吃、正餐、茶饮、煲汤。据说这里特制的糖水（Tong Shui）可以平衡身体的阴阳二气。位于莫特街20号（20 Mott Street）· 地图P4 · 212 964 0380

6 Flor de Mayo
餐馆融合了秘鲁、古巴和中国菜肴的烹调手术。秘鲁风味的烤小鸡是这家餐馆的特色菜。位于百老汇2651号 · 地图D2 · 212 595 2525

7 Republic
这里主要供应各种面条，餐厅里以亚洲人为主，环境比较嘈杂。位于联合广场西37号（37 Union Square West）· 地图M4 · 212 627 7168

8 Il Bagatto
位于东村的意大利风味餐馆，物美价廉，很多住在上城的人都专程来解馋。位于东2街192号 · 地图N5 · 212 228 0977

9 La Bonne Soupe
这家餐馆有中城最好的洋葱汤、蛋奶酥及其他特色菜（见129页）。

10 Pomaire
这家气氛活跃的智利餐馆是剧院区性价比最高的去处。位于西46街371号 · 地图J2 · 212 956 3056

更多餐馆介绍和价格提示，详见77、83、89、95、103、109、115、121、129、137、143、149、157页

纽约十佳

分区逍遥游

联邦储备银行

联邦大厅国家纪念堂

炮台公园城

下曼哈顿

新旧纽约在岛屿的顶端汇合。这座城市在荷兰人的统治下诞生，并成为美国革命战争（1775-1783）胜利后首座美国首府。联邦大厅历史纪念馆坐落于宽街和华尔街的交会处，1789年，乔治·华盛顿总统曾在这里宣誓就职。1817年，金融业的巨头纽约证券交易所也在这里正式成立，对世界经济产生了不可估量的影响。20世纪是摩天大楼的时代，为城市增添了一道靓丽的风景线。2001年，世贸中心大楼虽然被毁，但下曼哈顿却毫发未损，历史性建筑、高耸的大楼、室外雕塑及海滨散步场所仍然完美如初。无数座博物馆和画廊使纽约更具魅力。

炮台公园城的步行街

十佳景点

1. 纽约证券交易所
2. 三一教堂
3. 联邦大厅国家纪念堂
4. 美国民俗大楼
5. 炮台公园城
6. 世界金融中心
7. 犹太传统博物馆
8. 联邦储备银行
9. 古那德大厦
10. 炮台公园

1 纽约证券交易所(New York Stock Exchange)

这座新古典主义风格的交易所建成于1903年，是美国金融业的心脏。起初的地方商业股票交易所现今已经成长为一个全球性企业。在所有的股票交易活动都通过电脑完成的今天，证交所虽然看起来气氛平静，但在最繁忙的时候，有2000多家公司股票在这里交易，股票交易额高达2亿美元。这里总共设有17个交易站，每个交易站内设有22个经纪人部门，处理十几家公司的股票交易。位于宽街20号，与华尔街交会（20 Broad Street at Wall St）·地图R4·www. nyse.com·不对公众开放

纽约证券交易所藏品

2 三一教堂（Trinity Church）

这座备受瞩目的哥特建筑风格教堂所属的教区是美国最古老的英国国教教区之一，三一教堂是该教区内的第三座教堂。自1846年建成后，教堂的规模不断扩大，包括后建的圣器收藏室、小礼拜堂和曼哈顿侧厅。教堂的青铜大门为纪念约翰·雅各·艾斯特（John Jacob Astor）三世而修造。三一教堂因其上演的音乐节目而享有盛誉，每周一和周四下午一点钟，这里都举办音乐会，有时，星期天也举办唱诗班音乐会。三一教堂还监管在圣保罗小礼拜堂举办的演出节目。位于百老汇与华尔街交会处（Broadway at Wall St）·地图R6·开放时间：教堂7am-6pm；教堂墓地7am-4pm；每天下午2：00以及周日上午11：15宗教活动结束后有参观向导·免费

3 联邦大厅国家纪念堂(Federal Hall National Memorial)

美国第一任总统乔治·华盛顿的青铜雕像仍然屹立在大厅的楼梯之上，表明这里曾是他就职宣誓的地方，但是原来那座大楼已荡然无存，取而代之的是这座具有希腊复兴时期风格的建筑。纪念堂建于1842年，楼体以圆柱支撑，甚是雄伟壮观。在1955年成为博物馆之前，纪念馆曾是美国海关大楼和联邦储备银行的分部。这里展示美国宪法及权利法案，还有介绍性的录像片和相关的解说，详细说明了发生在这里的历史事件。位于华尔街26号，与拿梭街交会（26 Wall Street at Nassau St）·地图R4·开放时间：每天上午10点至下午4点·免费

纽约证券交易所

三一教堂

4 美国民俗大楼 (U.S. Custom House)

1994年对大楼进行了修缮，围绕这座经典建筑的圆形大厅，修建了一条明暗相间的游廊。现在这里是史密森美国印地安人国家博物馆（Smithsonian National Museum of the American Indian）的乔治·盖斯塔·海中心（George Gustav Haye Center），中心定期更换的展览从不同方面表现了美国原住居民的生活情况，内容包括服饰和精美手工艺品等。研究室里有很多篮仪式用品、小饰品及乐器等，可以通过电脑对这些物品进行测试和深入研究（见47页）。位于草地保龄球场1号，州街与白厅街之间 · 地图R4 · 开放时间：10am-5pm(周五至周三)，10am-8pm(周四) · 免费

5 炮台公园城（Battery Park City）

几位享有声誉的建筑师参与设计建造了这座公园城。政府用修建世界贸易中心时挖出的泥土在哈德逊河畔填埋出面积达92英亩的土地，四周环绕着商业与住宅建筑。炮台公园城就建在这片土地上。漫步在一条长两英里（3公里）的河滨大道上，远处自由女神像清晰可见。公园城的一部分建筑被倒塌的世贸中心大楼毁坏，但是拔地而起的丽兹-卡尔顿酒店（Ritz-Carlton Hotel）和摩天大楼博物馆（Skyscraper Museum）预示着更加辉煌的未来。位于炮台街到钱伯斯街，下西街 · 地图Q3-R3

乔治·华盛顿在纽约

华盛顿总统的雕像树立在他宣誓就职之地——联邦大厅国家纪念堂（见73页），用来让人们缅怀他曾在纽约市度过的那段岁月。同样的纪念地还有圣保罗小礼拜堂（St. Paul's Chapel）中他在祈祷时曾坐过的长椅和位于弗朗萨斯客栈（Fraunces Tavern）的博物馆（1789年，他曾在这里向官员们告别）。

6 世界金融中心 (World Financial Center)

之前在9.11恐怖袭击事件中遭到破坏的一些美国金融业大公司，现在将总部设在世界金融中心。建筑群的腹地是冬园（Winter Gar-den），内有长120英尺（37米）的中厅，厅内有棕榈树及大理石台阶（见45页）。位于炮台公园城与西街交会处 · 地图Q3 · 每天开放 · www.worldfinancialcenter.com

7 犹太传统博物馆（Museum of Jewish Heritage）

20世纪犹太人在遭遇大屠杀之前、之中、之后的经历历史应铭记在心。馆内共收藏有2 000多幅照片、上百件人工制品及原版记录胶片，详细描述了这场惨无人道的大屠杀。位于炮台公园城，炮台街36号 · 地图R3 · 开放时间：10am-5:45pm（周日至周二、周四），10am-8pm（周三），10am-3pm（周五和犹太教节前夕）· 须买门票 · www.mjhnyc.org

世界金融中心大厅

联邦储备银行

美国民俗大楼

古那德大厦内部穹顶

8 联邦储备银行(Federal Reserve Bank)

虽然国家之间不再用黄金转移支付，但全世界大量的黄金被储备在这座五层楼高的拱形建筑之下。从这里流出的所有钞票票面上都在联邦储备标志的中心印有字母“B”，代表钞票来自这个支行。位于自由大街33号，在威廉街与拿梭街之间·地图Q4·导游时间：9:30am，10:30am，11:30am，1:30pm，2:30pm·免费，需提前预约

9 古那德大厦（Cunard Building）

美国的邮政大楼。大厦的内部装潢是纽约市最恢弘的内景之一。大厅是半球形的天穹设计，饰以精美的壁画和壁饰。它曾是古那德公司的玛丽皇后号客轮及其他远洋客轮的售票厅。位于百老汇25号·地图R3·开放时间：8am-6pm（周一至周五）

10 炮台公园（Battery Park）

这座公园建在18和19世纪填海而成的陆地上。公园位于纽约港，人们来此主要是参观克林顿城堡，此城堡建于1807年，当年是一处军事要塞，现在则是乘船去往艾利斯岛和自由女神像的始发地。炮台公园这片绿地也因园内诸多的纪念碑和雕像而备受青睐。位于百老汇和炮台广场·地图R3 4·开放时间：每天·免费

下曼哈顿一日游

早晨

先参观炮台公园，欣赏海滨的美景，然后游览克林顿城堡（见16页），这是建于1807年的一座军事要塞。之后，参观位于美国民俗大楼内的美国印地安人博物馆。穿过民俗大楼，来到草地宝龄球场（Bowling Green），这是纽约市第一座公园。然后在白厅街（Whitehall）右转，到珍珠大街（Pearl Street）向左拐便到弗朗萨斯客栈博物馆，这是一幢建于1719年的老建筑，乔治·华盛顿曾在这里向他的官员友人们告别。

沿着宽街（Broad Street）前进，到达坐落于华尔街的纽约证券交易所，这里的交易场地熙熙攘攘，热闹非凡。在其附近是联邦大厅（见73页），美国第一任总统曾在这里宣誓就职。然后你可以像个地道的华尔街人一样，在华尔街14号法式餐厅（14 Wall Street，见77页）享用一顿丰盛的午餐，这家餐厅绝不会让你失望。

下午

继续沿位于拿梭街（是宽街的延续），参观蔡斯广场（Chase Plaza）著名的雕塑。在通向自由大街（Liberty Street）的广场边上，您将看到装饰华丽的联邦储备银行，还有路易丝·奈佛逊广场（Louise Nevelson Square），此处立有这位艺术家的雕塑作品，名为《阴影和旗帜》（Shadows and Flags）。

返回自由大街然后转向百老汇，此处坐落有三一教堂（见73页）和古那德大厦。在莉兹—卡尔顿酒店内的炮台公园广场西街2号餐厅（见77页）享用晚餐，消解一天的劳顿。

移民

四大洲

四棵树

TOP10 十大室外雕塑

1 移民（The Immigrants）
这组雕塑作品反映了自1855年至1890年间美国移民背景的复杂多样性。位于炮台公园 · 地图R3

2 吉欧维尼 · 瓦罗扎诺（Giovanni da Verrazzano）
瓦罗扎诺是第一位于1524年到达纽约港的欧洲人，意大利同乡埃塔 · 西斯曼于1909年为瓦罗扎诺创作了这幅雕像。位于炮台公园 · 地图R3

3 四大洲（The Four Continents）
这组雕塑群反映了18世纪普遍流行的美国人的观念。冥想的亚洲人雕像和奇异独特的非洲人雕像位于两侧，庄严凛然的欧洲人雕像和活泼开朗的美国人雕像位于中间。位于草地宝龄球场1号，美国民俗大楼 · 地图R4

4 阴影和旗帜（Shadows and Flags）
这组由路易丝 · 奈佛逊于1977年创作的雕像放置于一座交通岛上，为这座交通岛增添了不少活力。位于梅登街、威廉街和自由大街之间（Between Maiden Lane, William, & Liberty streets） · 地图Q4

5 沉陷花园（Sunken Garden）
这尊雕塑由日本雕塑家野口勇（Isamu Noguchi）于20世纪60年代创作。位于拿梭街和自由大街之间，大通曼哈顿银行广场（Chase Manhattan Bank Plaza, between Nassau & Liberty sts） · 地图R4

6 四棵树（Group of Four Trees）
这种蘑菇状的雕塑笼罩在附近行人的头顶之上。位于拿梭街和自由大街之间，蔡斯曼哈顿广场1号 · 地图R4

7 乔治 · 华盛顿
这尊雕像于1883年设计并制作，华盛顿总统的青铜雕像置于一巨大的花岗岩基座之上。位于华尔街26号，联邦大厅国家纪念堂 · 地图R4

8 红色立方体（Red Cube）
这个红色立方体由日本雕塑家野口勇于1967年创作。位于百老汇140号，马林 · 米兰德广场（Marine Midland Plaza, 140 Broadway） · 地图Q4

9 双重检查（Double Check）
这尊青铜雕塑是位坐着的男子，拿着订书机、计算器，以及偶尔有路人塞到“他”手里的三明治。位于自由广场，在百老汇和教堂街之间（Liberty Plaza, between Broadway & Church St） · 地图Q4

10 杨英风雕塑（Yu Yu Yang Sculpture）
这尊中文名为“东西门”的雕塑由艺术家杨英风创作。他创作了一个令人匪夷所思的形象：从一个“L”形的厚钢板中截出一个圆形的钢盘。位于松树街88号，东方海外大楼（Orient Overseas Building, 88 Pine Street） · 地图R4

St. Maggie's Café

Vine

价格分类

供单人享用的三道菜、	$	25美元以下
一杯普通葡萄酒，	$$	25-50美元
各种不可避免的	$$$	50-80美元
收费（含税）	$$$$	80美元以上

TOP 10 十佳餐馆

1 炮台花园（Battery Garden）
在这里，您可以品尝到受亚洲风味影响的新美式菜肴，并可以欣赏港湾的美景。位于炮台公园，斯泰特街17号对面（Battery Park, opposite 17 State St）·地图R4·212 809 5508·$$

2 Gigino's at Wagner Park
这家餐馆提供来自阿马尔菲海岸的正宗意大利菜肴。餐厅优雅别致，从阳台望去，海滨迷人的景色尽收眼底。位于炮台街20号，靠近犹太传统博物馆，（20 Battery Place, next to the Jewish Heritage Museum）·地图R3·212 528 2228·$$$

3 华尔街14号（14 Wall Street）
这是一家经营法国美食的高级餐厅。位于华尔街14号，在宽街和百老汇之间（14 Wall Street, between Broad St and Broadway）·地图R4·212 233 2780·$$$

4 Vine
供应美式食品，还有非常棒的酒单。建于1898年的布杂艺术风格老建筑，是这一带的地标性建筑。位于宽街25号，与交易广场交会处（25 Broad Street at Exchange Place）·地图R4·212 344 8463·$$$

5 弗朗萨斯客栈（Fraunces Tavern）
曾是乔治·华盛顿总统的故居，所以现在这里既是一家餐厅，又是博物馆。位于珍珠街54号，与宽街交会处（54 Pearl Street at Broad St）·地图R4·212 968 1776·$$

6 St. Maggie's Café
这是一家标准美式餐厅，是繁忙金融区中的一个避风港。位于华尔街120号，在前街与南街之间（120 Wall Street, between Front and South sts）·地图R4·212 943 9050·$$$

7 Bayard's
餐馆位于整修一新的地标性建筑印度小屋（India House）里。厨师用最新鲜的菜蔬烹饪菜肴，餐厅的酒单不错。位于汉诺威广场1号，与珍珠大街交会处（1 Hanover Square at Pearl St）·地图R4·212 514 9454·$$$$

8 Les Halles
这是一家位于金融区的巴黎小酒馆风格的餐厅，气氛亲切，由著名的厨师安东尼·巴顿（Anthony Bardain）在此掌勺。位于约翰街15号，在百老汇与拿梭街之间（15 John Street between Broadway and Nassau st）·地图Q4·212 285 8585·$$

9 Joseph's
如果华尔街的金融家们想吃意大利菜，Joseph's一定是他们的首选。位于汉诺威广场3号（3 Hanover Square）·地图R4·212 747 1300·$$$

10 西街2号(2 West)
餐厅位于丽兹－卡尔顿酒店内，是一家具有法国特色的牛排房。位于炮台公园西街2号（2 West Street, at Battery Park）·地图R3·917 790 2525·$$$

注意：除特别说明外，各家餐厅均可使用信用卡并可提供素食食品

遗嘱检验法庭

AT&T大楼浮雕（局部）

警察局广场

市政中心和南街海港

市政中心是纽约市政府的总部，一些最杰出的建筑物都汇集在这里。坐落在这里的建筑物历史悠久，跨越几个世纪——从18世纪的圣保罗小礼拜堂到20世纪的先驱伍尔沃思大厦。附近是著名的布鲁克林大桥，及纽约市的海运中心——南街海港。这里的码头和建筑经过重新修缮后，变成了各种咖啡馆、餐厅和博物馆。

TOP 10 十佳景点

1. 南街海港
2. 布鲁克林大桥
3. 伍尔沃思大厦
4. AT&T大楼
5. 圣保罗小礼拜堂
6. 市政厅
7. 市政大楼
8. 纽约郡法院
9. 遗嘱检验法庭/记录大厅
10. 警察局广场

伍尔沃思大厦

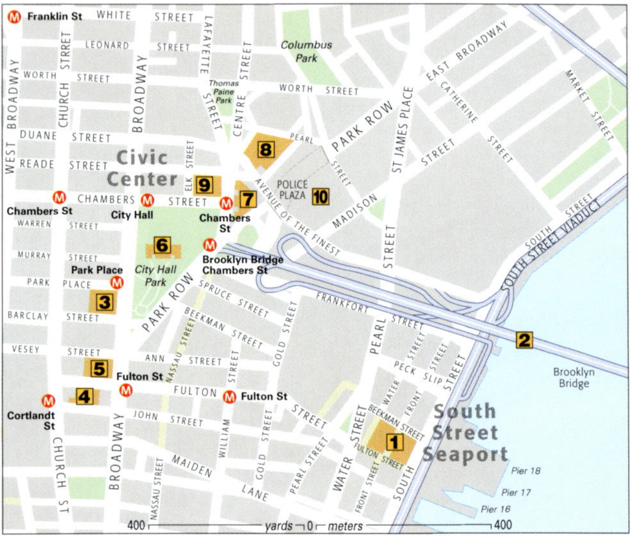

1 南街海港 (South Street Seaport)

这些鹅卵石街道、四周的建筑物及码头曾共同组成了19世纪纽约航海业的中心——当时被称为“帆船之街”，现在已整修成了一个旅游中心。这里有商店、食品售货摊、餐馆、一座拥有各种航海主题展览的博物馆、一个可登上参观的高桅横杆船舰队以及许多室外娱乐活动。地图Q4·开放时间：11月至3月，10am-7pm（周一至周六），11am-6pm（周日）；4月到10月，10am-9pm（周一至周六），11am-8pm（周日）·www. southstseaport. org

2 布鲁克林大桥 (Brooklyn Bridge)

这座连接曼哈顿与布鲁克林区的大桥于1883年建成，建成时它是世界上最大的吊桥，并且是第一座由钢筋建成的大桥。修建这座大桥共动用了600名工人，耗时16年。建筑期间造成20人殉难，包括设计工程师约翰·奥盖斯塔斯·罗布林（John A. Roebling）。现在，布鲁克林大桥是纽约的象征。走在这条一英里长的大桥上面，透过错综复杂的钢缆，您可以欣赏到令人叹为观止的城市摩天大楼景象。靠近曼哈顿的一端，位于邻近市政大楼的公园道（Manhattan side） Park Row near Municipal Building）·地图Q4·免费

3 伍尔沃思大厦 (Woolworth Building)

大厦建于1913年。迈进这座大楼，您可以欣赏到美国伟大的室内装饰设计之一：大理石墙壁、青铜细丝装饰、镶有马赛克的天穹和彩色玻璃，所有这些形成一种不可思议的奇异效果。大楼的设计师卡斯·吉尔伯特还颇具幽默感，他设计的雕塑包括被描绘成小卖部的店主伍尔沃思正在数硬币，以及以设计师本人环抱着大楼模型的雕塑。它为20世纪20和30年代随之而起的摩天大楼树立了标准（见44页）。位于百老汇，在公园路与巴克雷街之间（Broadway, between Park PL & Barclay St）·地图Q4

4 AT&T大楼 (AT&T Building)

大楼建于1922年，绝对是摩天大楼史上一座里程碑式建筑，同时这座大楼的设计确实很有趣。大楼外观的圆柱数量堪称世界第一，而内部巨型大厅里更是圆柱如林。在AT&T大楼附近的百老汇大街120号，建于1915年的公正大楼（Equitable Building），是另一座摩天大楼典型。大楼超大的体

布鲁克林大桥

伍尔沃思大厦里的雕塑

积催生了美国第一个摩天大楼分区制的法令。位于百老汇195号·地图Q4·开放时间：办公时间·免费

5 圣保罗小礼拜堂 (St. Paul's Chapel)

这座曼哈顿最古老的教堂建于1766，当初是作为三一教堂在上城的小礼拜堂。在1776年那场著名的大火之后，三一教堂进行了重建，圣保罗小教堂也因此变得更加重要。这座小礼拜堂与世贸大厦遗址相对，外观模仿伦敦的圣马丁教堂（St. Martin-in-the-Fields），里面设有九.一一纪念展馆。位于百老汇209号，在富尔顿街与维奇大街之间（209 Broadway, between Fulton & Vesey sts）·地图Q4·主教仪式时间：周日上午8点、10点，周三下午12点30分·音乐会演出时间：周一1pm，须捐赠2美元·www.saintpaulschapel.org

6 市政厅（City Hall）

自1812年以来，市政厅一直是纽约市政府的所在地。它也是公认的19世纪早期美国最美丽的的公共建筑之一。在1802年的市政厅设计竞标中，建筑师曼金（Mangin）和小麦库姆（Mc Comb, Jr.）共同设计的方案胜出，这座美妙的建筑得以呈现在我们面前。建筑物顶上有一尊正义之神雕像。大厅的后部（朝北向）一直到1954才以大理石覆盖，因为建筑师们没有料到城市会继续向北扩张。位于百老汇与公园道交会处（Broadway and Park Row）·地图Q4·仅向提前预约的游客开放·免费

市政厅

7 市政大楼 (Municipal Building)

市政大楼于1914年建成，高25层。这座建筑位于市政中心的腹地，并横跨钱伯斯街，是建筑师麦金、米德和怀特共同设计建造的第一座摩天大楼。大楼顶部设计是极具梦幻色彩的城堡尖塔造型，尖顶立有一尊著名的雕像，名为“市政之光”（Civic Fame），由阿道夫·威曼设计制作。位于中央大街1号，与钱伯斯街交

“大佬特威德”法院（The “Boss Tweed” Courthouse）

“大佬特威德”法院位于钱伯斯街52号，是纽约郡第一座法院，由于特威德（见48页）于1881年建成。特威德是一名政治腐败分子，他花费巨额资金建造这座大理石建筑，为自己树碑立传。大楼内部及其圆形大厅都被整修一新，但其未来的用途难以预料。

圣保罗小礼拜堂的内景

市政大楼

会（1 Center Street at Chambers Street）·地图Q4

8 纽约郡法院（New York County Courthouse）
建成于1926年的纽约郡法院比邻1933年落成的楼高31层、有着金字塔式尖顶的美国法院（U.S. Courthouse）。沿着纽约郡法院前的宽大台阶拾阶而上，步入雄伟的大理石柱圆厅，大厅天花板上饰有描述法律与正义的壁画。这座六角形的建筑在六个侧翼都各设有一个法庭。位于中央大街60号（60 Center Street）·地图P4·开放时间：9am-5pm（周一至周五）·免费

9 遗嘱检验法庭/记录大厅（Surrogate's Court/Hall of Records）
遗嘱检验法庭建于1907年。受巴黎歌剧院风格影响的内部设计，是这座布杂艺术风格建筑佳作引以为豪的特色之一。建筑正面的雕像，分别代表正义、四季、商业、著名的纽约人及不同的生活场景。位于钱伯斯大街31号（31 Chambers Street）·地图Q4·大厅开放时间：9am-5pm（周一至周五）·免费

10 警察局广场（Police Plaza）
广场建于1973年，是一个宽敞的步行广场，纽约市的警察总部就建在这里。这里有一尊重达75吨的抽象派雕塑，由托尼·罗森塔丽（Tony Rosenthal）设计。雕像由五个环环相连的圆盘组成，分别代表纽约市五个行政区。位于公园道与珍珠大街交会处·地图Q4

市政中心和南街海港一日游

早晨

大多数地铁线路都通往市政厅。从地铁口出来后，沿百老汇大街向前走，沿途您可以欣赏伍尔沃思大楼大厅的内部装饰艺术（见79页），同时还可以参观游览AT&T大楼（见79页），圣保罗小礼拜堂的乔治亚建筑风格内景也不容错过。

从公园道（Park Row）返回，公园道曾被称为报纸道，因为此处遍布新闻报社。印场广场立有一尊本杰明·弗兰克林（Benjamin Franklin）手拿一份宾夕法尼亚州报的雕像。公园道西侧是市政府公园。1776年的7月，乔治·华盛顿曾在这里宣读《独立宣言》。最近，公园被重新整修，并增设了一个花岗岩计时轮盘，诉说着纽约的历史。沿钱伯斯大街走，可欣赏到雄伟壮观的市政大楼。

下午

正午时分，向西行在“桥”咖啡馆（Bridge Café，见83页）享用一顿海鲜午餐。这是1794年建造的一座木制房子。东河（East River）距离这里只有几里之遥，漫步在东河边，您可以欣赏到下曼哈顿迷人的风光。

在南街海港（见79页）度过整个下午，参观博物馆及海运工艺中心，或者乘坐轮船游玩一番。在17号码头用晚餐，在卡巴纳餐馆（Cabana，见83页）享用加勒比风味菜肴，或者在港口之光餐馆（Harbour Lights，见83页）品味新美式菜肴。

舍默尔霍恩排屋

南街海港博物馆

17号码头

TOP 10 十佳海上景点

1 南街海港博物馆（South Street Seaport Museum）
通过艺术品、照片、工场及船只等展品歌颂了纽约市的海运传统。位于富尔顿街12号（12 Fulton St）·地图Q4·开放时间：4月至10月，每日10am-5pm；11月至3月，10am-5pm（周五至周日）·须买门票

2 舍默尔霍恩排屋（Schermerhorn Row）
这个具有联邦式建筑风格的排屋，是由彼得·舍默尔霍恩（Peter Schermerhorn）于1811至1812年间设计建造。排屋内有各种餐馆和商店。位于富尔顿街，在前街与南街之间（Fulton St, between Front & South sts）·地图Q4·免费

3 历史名船
这里共展出7只经典轮船，其中有几只可以上船游览。位于南街海港，15号及16号码头（Piers 15, 16, South Street Seaport）·地图Q4·开放时间：10am-6pm·须买门票

4 鲍恩公司（Bowne & Company）
这里再现了一处19世纪印刷工业水平的印刷厂。位于水街211号（211 Water Street）·地图Q4·开放时间：10am-5pm（周二至周六）·免费

5 海运工艺中心（Maritime Crafts Center）
这里展出做工精湛的木雕艺人的艺术作品，创作船模和船头雕塑等。位于南街海港15号码头·地图Q4·开放时间：10am-6pm·免费

6 领航室（Pilot House）
南街海港的票务和信息中心位于领航室内。此领航室来自一个蒸汽拖船（于1923年由纽约中央铁路公司制造）。位于南街海港·地图Q4·开放时间：10am-6pm

7 17号码头（Pier 17）
从这里可以远眺东河和布鲁克林大桥。位于南街海港·地图Q5

8 港口短途游览（Harbor Excursions）
1885年制造的“先锋”号（Pioneer）纵帆船带您进行90分钟的家庭航行，下午和晚上还可乘坐“先锋”号进行两个小时的海上巡航。位于南街海港，16号码头·地图Q4·须买门票

9 泰坦尼克号纪念（Titanic Memorial）
这座灯塔用来纪念沉没的泰坦尼克号。位于富尔顿街，与水街交会处（Fulton Street at Water St）·地图Q4

10 水手教会组织协会（Seaman's Church Institute）
协会于1834年成立，位于一座1991年建成的豪华大楼内。协会拥有一座画廊，还可以观赏海景。位于水街241号，毕克曼街和派克斯里普街之间，（241 Water Street, between Beekman St & Peck Slip）·地图Q4·免费

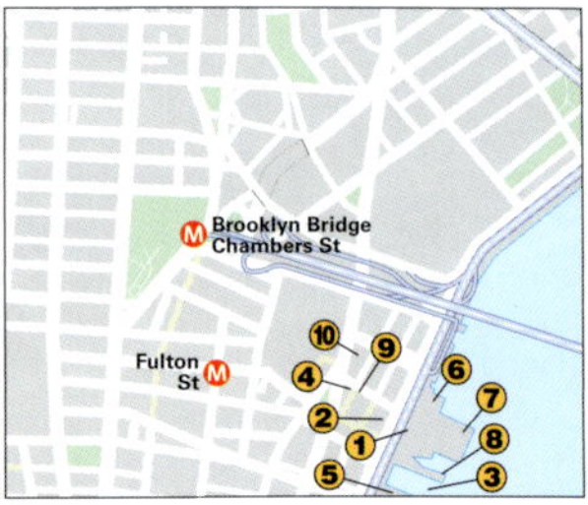

更多纽约历史建筑信息，详见44-45页

“桥”咖啡馆　　小意大利比萨

价格分类

供单人享用的三道菜、	$	25美元以下
一杯普通葡萄酒，	$$	25-50美元
各种不可避免的	$$$	50-80美元
收费（含税）	$$$$	80美元以上

TOP 10 十佳餐馆

1 “桥”咖啡馆（Bridge Café）
餐馆于1791年开业，是纽约市最古老的建筑物之一。在这个考究的餐馆里，铺着格子花纹的桌布，餐馆的美式菜单可以看出是经过精心设计的。位于水街279号，与多弗街交会处（279 Water Street at Dover St）· 地图Q4 · 212 227 3344 · $$

2 港口之光（Harbour Lights）
虽然这里的海味水准实在一般，但仍有大批的顾客被这里绝佳的港口和大桥美景吸引来用餐。如果不想点海鲜，牛腰肉是个不错的替换选择。位于南街海港17号码头第三层 · 地图Q5 · 212 227 2800 · $$$

3 红杉树（Sequoia）
航海装饰风格、鲜美的海味、令人窒息的海港美景使这家美式餐馆具有得天独厚的优势，是附近的首选用餐之地。位于南街海港17号码头 · 地图Q5 · 212 732 9090 · $$

4 Acqua
供应美式意大利菜肴，采用有机食品烹饪，天花板内拱形结构、暖灯照明。位于派克斯里普街 21-23号（21-23Peck Slip） · 地图Q4 · 212 349 4433 · $$

5 海港卡巴纳餐馆（Cabana at the Seaport）
这家拉丁风味的餐馆生意非常红火。这里供应古巴和加勒比风味的菜肴，桑格利亚汽酒和自发的桑巴舞都值得期待。位于南街海港17号码头第三层 · 地图Q5 · 212 406 1155 · $$

6 核心酿造（Heartland Brewery）
酒吧的佐酒食品主要是海味，但真正吸引顾客的是Heartland自酿的季节性啤酒。位于南街93号（93 South Street） · 地图Q4 · 646 572 2337 · $

7 Cosi Sandwich Bar
您可以在热腾腾的皮塔饼里夹一些喜欢的食物，比如火腿、鸡肉、烤胡椒等。这是家连锁酒吧。位于松树街54号，与威廉街交会（54 Pine Street at William St） · 地图Q4 · 212 809 2674 · $

8 欧罗巴咖啡馆（Café Europa）
这也是纽约的一家咖啡连锁店。咖啡馆供应热饮、汤、沙拉、自创口味的三明治和比萨。位于水街199号，在富尔顿街与圣约翰街之间（199 Water Street, between Fulton & St. John sts） · 地图Q4 · 212 422 0070 · $

9 红（Red）
这里常常聚集着华尔街西服革履的精英和游客打扮的人们，他们在这个德州与墨西哥风格的小店中享受血橙色的玛格丽特鸡尾酒。位于富尔顿街19号，在前街与水街之间（19 Fulton Street, between Front & Water sts） · 地图Q4 · 212 571 5900 · $

10 太平洋烧烤（Pacific Grill）
这是一家泛亚洲风味的餐馆，主要供应海鲜食品，包括天富罗和椰香虾仁。户外的座位可以远眺布鲁克林大桥的美景。位于南街海港，17号码头 · 地图Q5 · 212 964 0707 · $$

注意：除特别说明外，各家餐厅均可使用信用卡并可提供素食食品

警察局总部大楼

主显圣容会教堂

购买食品

唐人街和小意大利

这两个外来民族聚集的区域是纽约市最有特色的地方。两个地区都由早期移民聚居而兴起，这些移民在这里仍然保留着自己的语言、风俗及饮食习惯。小意大利的面积比以前大大缩小了，仅剩几个街区。但是在这里，您仍然可以品尝到正宗的意大利菜肴，感受到浓厚的异国情调。特别是在暖风习习的夜晚，坐在路边的咖啡桌旁，欣赏那波利民歌，那份惬意真是难以言表。唐人街的面积却在日益扩大，这里居住着20多万中国人，住房很拥挤。商店和路边市场里销售中式风味的食品和草药，还有从长柄扒到精美古董的各式送人好礼。这里的餐馆星罗棋布，据估计，唐人街共有200多家餐馆。

唐人街街景

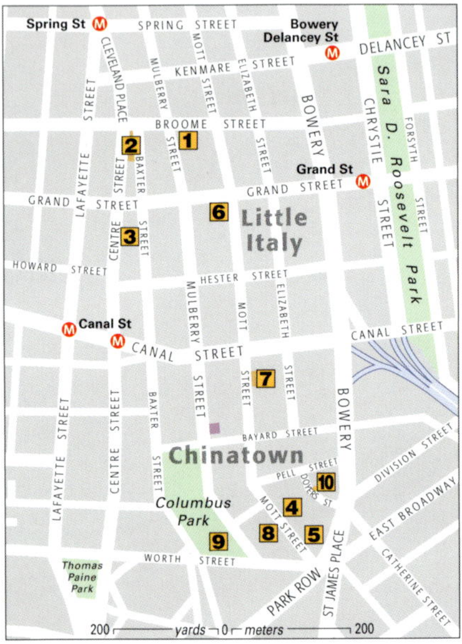

TOP 10 十佳景点

1. 穆尔贝里街
2. 警察局总部大楼
3. 美洲华人博物馆
4. 恭喜发财礼品店
5. 莫特购物街
6. 珠江中国货商场
7. 美东佛教总会
8. 主显圣容教堂
9. 哥伦布公园
10. 血巷

小意大利的II Palazzo餐厅

1 穆尔贝里街（Mulberry Street）

穆尔贝里街从休斯顿街（Huston Street）开始到春街（Spring Street）结束的一段有许多引领时尚的商店。并且虽然唐人街已经侵占了小意大利的大块地盘，但是从布鲁米街（Broome）到柯乃尔街（Canal）之间的这几条街仍然属于意大利人。这里遍布餐馆和咖啡馆，意大利糕点令人垂涎欲滴。商店里有各种各样的物品，包括制作意大利通心粉的器具、圣徒的雕像，和印有“吻我，我是意大利人”的T恤。每年九月的圣热内罗节（The Feast of San Gennaro）期间，小意大利区的街道上人山人海，热闹非凡。位于穆尔贝里街，在布鲁米街与柯乃尔街之间（Mulberry Street, between Broome & Canal sts）·地图P4

2 警察局总部大楼（Police Headquarters Building）

1898年，五大行政区合并成一个纽约大都市，警察局的规模也随之迅速扩大。1905年，建在小意大利区附近的警察局总部就是此趋势的明证。这座具有纪念意义的巴洛克式建筑，堪称“纽约最佳”建筑物之一。大楼华丽的圆顶高大宏伟，从国会山便能远远望见。大楼的形状颇为奇特，呈楔形。在警察局总部于1973年迁址之后这栋大楼曾闲置了10多年。之后被改造成一家豪华的合作机构—警察大楼公寓（the Police Building Apartmen-ts）。位于中央大街240号（240 Centre Street）·地图P4·不对外开放

3 美洲华人博物馆（Museum of Chinese in the Americas）

这座博物馆面积虽小但魅力无穷。博物馆的第一层主要展示了中国人在西方国家的经历。展览的主题为“哪里是家乡？”通过各界精挑细选的私人故事、照片、诗歌等，充分体现了展览的主题。其他展览的主题包括妇女地位、宗教及“光棍社会”等。临时展会包罗万象，无所不包。馆内也提供与中国文化有关的书籍、地区导游及近期文化活动的免费传单。位于穆尔贝里街70号，与贝涯街交会（70 Mulberry Street at Bayard St）·地图P4·开放时间：正午-6pm（周二至周四）；正午-7pm（周五）·须买门票，周五免费·www.moca-nyc.org

4 恭喜发财礼品店 (Mott Street General Store)

恭喜发财礼品店是唐人街最古老的商场，建于1891年。起初被称为权云信公司（Quong Yeun Shing & Company）。此商场曾是中国男

警察局总部大楼局部

美洲华人博物馆

人的社交活动中心。这些男人由于旧移民法的规定，不能带他们的妻子同来美国。位于莫特街32号（32 Mott Street）·地图P4

5 莫特购物街

许多东方中国产品的商店汇集在这段街区。制作精美、由漂亮的东方花瓶制作的灯具是东方之珠画廊（Pearl of the Orient Gallery）的特色产品；新时代设计师精品店（New Age Designer）则为您量身定做有宝石般光泽的丝绸服装；中国古玩店（the Sinotique Gallery）是古董收藏家的必去之地。中国丝绸和工艺品商店，位于莫特街18号（18 Mott Street）；中国古玩店，位于莫特街19号A座（19A Mott Street）；东方之珠商行，位于莫特街36号（36 Mott Street）；新时代精品店，位于莫特街38号（38 Mott Street）·地图P4

6 珠江中国货商场(Pearl River Chinese Products Emporium)

这是唐人街最大的百货商店，有两家连锁店。店内出售的商品种类繁多：有各种各样的中国乐器、纸灯笼、风筝、干香料、绣花丝绸上衣、旗袍领的上衣和睡衣、钱包、玩具、枕头、檀香和茉莉花香味的香皂等。两家商店分别位于百老汇477号及格兰街200号（477 Broadway & 200 Grand Street）·地图P4

7 美东佛教总会（Eastern States Buddhist Temple）

迈入香烟缭绕的寺内，首先映入眼帘的是祭台上堆积如山的新鲜果蔬，还有在烛光下熠熠生辉的100多尊金佛像。寺庙为了方便来唐人街的旅游者，在前门附近提供一美元一次的命运解说。位于莫特街64号B座（64 B Mott Street）·地图P4·开放时间：9am-6pm·免费

早期的唐人街

1882年美国制定的“排华法案”禁止华人劳工的家属入境，所以由比利街（Pell），朵伊尔街（Doyers）和莫特街（Mott）三条街环绕形成的原先的唐人街几乎都是男“光棍”的天下，大小帮会割据。这些帮会有些是社交俱乐部，有些则是罪恶的兄弟会，早期唐人街也因此被认为是个危险的地方。

8 主显圣容教堂（Church of the Transfiguration）

这座教堂于1801年由英国路德教教会兴建。1853年，教堂又被转手卖给罗马天主教耶稣显容教会。这座乔治亚风格的石头教堂装饰有哥特风格的窗户，这种结合形象地说明了纽约移民间不同文化的碰撞与融合。教堂的所属权不断更替：先是爱尔兰人接管，然后是意大利人，现在则属华人掌管。作为华人罗马天主教社区的中心，教堂负责培训新入教的学员，分别用汉语普通话和广东话授课。位于莫特街29号（29 Mott Street）·地图P4·开放时间：7:30am-9pm，11:30am-1pm（每日）；以及5:30pm-7pm（周六），8am-2pm（周日）·免费

珠江中国货商场

美东佛教总会

唐人街的“血巷”

9 哥伦布公园 (Columbus Park)

这是唐人街唯一的一座公园，建于19世纪90年代末期。这座公园的落成是新闻记者雅各布·里斯(Jacob Riis)和其他一些社会改革家努力的结果。公园的原址是纽约市条件最恶劣的贫民窟，里斯每星期至少会报道一起发生在这里的刀伤或枪击案。虽然这座公园的绿地面积很小，但还是很受欢迎。人们在这里进行各种各样的休闲活动：华裔小孩们在这里嬉戏，大人们有的玩麻将牌，有的练太极拳和武术。周末，在这里有时能碰到算命先生。位于贝涯街与穆尔贝里街之间（Bayard and Mulberry sts）·地图P4

10 血巷 (Bloody Angle)

血巷位于朵伊尔街。20世纪20年代，盗匪和黑社会帮派火拼曾在这里层出不穷，一家报纸因此将之命名为“血巷”。那是一个黑社会帮会盛行的年代，（Hip Sing）与（On Leong），争相控制唐人街的鸦片生意和赌场。这些帮会之间的争斗时断时续，一直持续到20世纪40年代，甚至在现在的团伙中，这种敌对情绪仍然存在。位于朵伊尔街，靠近比利街的地段（Doyers Street near Pell St）·地图P4

唐人街和小意大利一日游

早晨

乘坐6号地铁，到春街(Spring Street）下车，路过拉法叶大街（Lafayette），然后拐向穆尔贝里街（见85页），便到达小意大利区，在这里可以小逛片刻。不要错过位于格兰街的意大利风味的老牌食品店，例如：阿利维干酪店（Alleva Dairy）（位于穆尔贝里街188号，与格兰街交会处）和皮耶蒙特面食店（Piemonte Co.）（位于格兰街190号），这里有二十多种形状和种类各异的意大利面食共你挑选。在格兰街206号还有一家干酪店DiPalo Dairy，您在这里可以观看新鲜干酪的加工程序。找一家地道的意大利咖啡馆小憩片刻，例如罗马咖啡馆（Caffè Roma）（位于布鲁米街385号）或菲拉拉咖啡馆（Ferrara's）（位于格兰街195-201号）就是不错的选择。

继续沿穆尔贝里街向前走，来到贝涯街，您将看到有关美洲华人博物馆的介绍标志（见85页）。向东走一个街区，来到唐人街的中心—莫特街，在金丰大酒店（Jing Fong）或麒麟金阁(Golden Unicorn）享用一顿美味的点心（见89页）。

下午

继续在莫特街逗留一段时间，浏览街道两边的各种商店、中式食品店、市场和画廊等。然后去极品茶室（位于莫特街51号）品尝由台湾进口的时下非常流行的珍珠奶茶。

最后，参观美东佛教总会里的金佛像，还可以在这里占卜命运，试试您的好运气哦！

街市

天仁茗茶

华埠雪糕行

TOP 10 唐人街十佳食品店

1 街市
柯乃尔街（Canal Street）和赫斯特街（Hester Street）一带的很多街区的街道两边都是拥挤的街边摊位，摊位贩卖中国人常吃的各种蔬菜、水果和干货。位于唐人街，包括柯乃尔街和赫斯特街 · 地图P4

2 蛋糕女士（Egg Cake Lady）
塞西莉亚 · 谭（Cecilia Tam）夫人的天分和手艺让她脱颖而出，成为这一带同业的佼佼者。她的红色路边小摊售卖最可口的乳蛋糕。位于莫特街，与莫斯科街交会处（Mott Street at Mosco St） · 地图P4

3 金禾中草药（Kamwo Herb and Tea）
是唐人街著名的中药店之一，据说能治好从关节炎到阳萎之类的疑难病症。店内也出售人参茶和补品。位于格兰街209-211号（209-11 Grand Street） · 地图P4

4 飞达西饼（Fay Da Bakery）
这里美味的猪肉馅或牛肉馅小包子——售价还不到1美元！位于莫特街83号，与柯乃尔街交会（83 Mott Street at Canal Street） · 地图P4

5 天仁茗茶（Ten Ren Tea & Ginseng Company）
一排金黄色的茶叶罐里盛有各种中国茶叶，知识渊博的售货员会向您耐心介绍各种茶叶的特性，并且告诉您正确的泡茶方法。位于莫特街75号 · 地图P4

6 金门食品超市（Kam Man Food Products）
这是唐人街最大的食品商店之一。这里出售各种滋补品、茶叶、明胶、人参、各式蔬菜及千奇百怪的调味品。位于柯乃尔街200号（200 Canal Street） · 地图P4

7 万昌超级市场（Dynasty Supermarket）
在这里，各种美国不常见的蔬菜整齐地贴着标签摆放在柜台上。位于伊丽莎白大街68号（68 Elizabeth Street） · 地图P4

8 大伟食品超市（CDeluxe Food Market）
中国人常来此购买热食、腌肉等。伊丽莎白大街79号 · 地图P4

9 美美食品公司（May May Gourmet Chinese Bakery）
这家食品店位于旧唐人街的一条街道上，因制作的点心味美可口而远近闻名。位于比利街35号（35 Pell Street） · 地图P4

10 华埠雪糕行（Chinatown Ice Cream Factory）
这里生产的冰激凌口味众多，其中有姜汁、荔枝、南瓜、芒果和红豆等受大众欢迎的口味，是年轻人的最爱。位于贝涯街65号，与莫特街交会处（65 Bayard Street at Mott St） · 地图P4

更多纽约购物信息，详见165页

利口福

麒麟金阁

价格分类

供单人享用的三道菜、	$	25美元以下
一杯普通葡萄酒，	$$	25-50美元
各种不可避免的	$$$	50-80美元
收费（含税）	$$$$	80美元以上

TOP10 十佳餐馆

1 利口福（Great N. Y. Noodletown）
餐馆的装饰风格和菜谱设计简洁明了。各种羹汤、面条和肉菜都非常可口。这里的海鲜菜做法也富有新意。位于包厘街28½号，与贝涯街交会（28½ Bowery Street at Bayard St）· 地图P4 · 212 349 0923 · 不接受信用卡 · $

2 鹿鸣春（Joe's Shanghai）
这是在法拉盛附近的鹿鸣春餐馆的唐人街分店，这里的汤包非常出名（在菜单上的蒸笼点心那页）。位于比利街9号，与包厘街交会（9 Pell Street at Bowery）· 地图P4 · 212 233 8888 · 不接受信用卡 · $$

3 大四川菜馆（Grand Sichuan）
这是一家外观朴素的川菜馆，饭菜当然以辛辣为特点，味道正宗。位于柯乃尔街125号，与百老汇交会（125 Canal Street at Broadway）· 地图P4 · 212 625 9212 · 不接受信用卡 · $$

4 巴士多越南餐馆（New Pasteur）
这家越南餐馆小而简陋，供应面条及一系列亚洲风味的饮料，价格便宜上菜迅速。位于巴士达街85号，在贝涯街与柯乃尔街之间（85 Baxter St, between Bayard & Canal sts）· 地图P4 · 212 608 3656 · 不接受信用卡 · $

5 麒麟金阁（Golden Unicorn）
虽然这里以点心可口而著称，但实际上所有菜都做得很够水准。位于东百老汇18号，与凯瑟琳大街交会（18 East Broadway at Catherine St）· 地图P4 · 212 941 0911 · $

6 金丰大酒楼（Jing Fong）
每逢周末这里明亮的餐厅大堂都会挤满喝早茶的客人，因为这里的点心种类繁多，当推车经过顾客时，可随意选择。很受欢迎。位于伊丽莎白大街20号，在贝涯街与柯乃尔街之间 · 地图P4 · 212 964 5256 · $$

7 New Green Bo
这家上海餐馆以饺子闻名，生意兴隆，服务质量一般，但上菜速度很快。地址：Bayard街（在Mott街与Elizabeth街之间）地图 · P4 · 电话212 625 2359 · 无信用卡

8 Lombardi's
这家老字号比萨店很低调，但制作的薄胚比萨却无出其右。位于春街32号，在莫特街与穆尔贝里街之间（32 Spring Street, between Mott & Mulberry sts）· 地图P4 · 212 941 7994 · 不接受信用卡 · $

9 Da Nico
乡村风格的餐馆供应16种比萨。它有一处漂亮的庭院花园，格外受顾客欢迎。位于穆尔贝里街164号，在布鲁米街与格兰街之间（164 Mulberry Street, between Broome & Grand sts）· 地图P4 · 212 343 1212 · $$

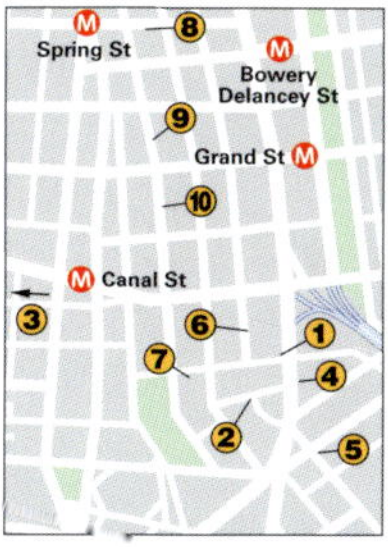

10 Il Palazzo
这是穆尔贝里街所有餐厅中的上选之一，这里囊括了意大利所有美味菜式。位于穆尔贝里街151号，与格兰街交会处 · 地图P4 · 212 343 7000 · $$

注意：除特别说明外，各家餐厅均可使用信用卡并可提供素食食品

奥查德街

街景一瞥

下东城和东村

曼哈顿下东城的每一个角落都充满着对旧日时光的回忆，周围仿佛仍然回响着出租房中移民们的喊叫声，小贩们拉着手推车时的叫卖声，以及孩子们在街道上的玩耍声，因为这里是当时唯一可供他们自由活动的空地。1880到1920年间，犹太人蜂拥而至，早期的一些教堂便成为犹太教堂。但是近年来，拉丁美洲人和华人逐渐迁入下东城，使下东城的历史更加丰富多彩。同时，奥查德街上出售的廉价商品诱惑着人们，时髦新潮的新一代年轻人重新发现了这座老城的魅力。附近的东村也有其独特的历史，其所属权几经更迭：起先东村属荷兰人管辖，然后又落入德国人手中，随后被犹太人占领。直到20世纪60年代，东村成为嬉皮士的乐园，并且在这里诞生了朋克摇滚乐。东村中有一个乌克兰人社区，历经东村的变迁沧桑，包括最近中产阶级的迁入潮。

乌克兰博物馆的油画作品

十佳景点

1. 下东城移民公寓博物馆
2. 奥查德街
3. Bialystoker犹太教堂
4. 爱尔瑞吉街犹太教堂
5. Beth Hamedrash Hagadol犹太教堂
6. 盖斯腌瓜
7. 圣马克街
8. 包厘街圣马克教堂
9. 伦威克三角区
10. 乌克兰博物馆

移民公寓博物馆展示的手推货车

1 下东城移民公寓博物馆（Lower East Side Tenement Museum）

在这个博物馆里会有导游带领你参观曾居住在这里的三个家庭之一的生活复原场景，他们分别是：1874年居住在此的一位德国犹太籍女裁缝，1918年一个从立陶宛移民至此的正统犹太人家庭，以及20世纪30年代美国经济大萧条时期居住在这里的一个西西里岛天主教家庭。位于奥查德街90号（90 Orchard Street）· 地图N5 · 212 431 0233 · 导游时间：1:20-4:45pm（周二至周五），11am-4:30pm（周六至周日）；需提前预订 · 须买门票

2 奥查德街（Orchard Street）

1940年，纽约市长菲欧雷洛 · 拉加迪亚（Fiorello La Guardia）宣布市内禁止使用手推车销售货物。因此，奥查德街成了一条商店街，也是挑选便宜货的大本营。每逢周日，许多商家仍然将货物摆放在人行道上，以低于品牌商品20%-30%的价格吸引来往的顾客。在4月到12月之间，下东城游客中心（Lower East Side Visitor Center）每周日都向游客提供免费的奥查德街导游服务。位于布鲁米街261号，下东城游客中心（261 Broome Street）· 地图P4 · 212 226 9010 · 开放时间：10am-4pm · www.lowereastsideny.com

3 Bialystoker犹太教堂（Bialystoker Synagogue）

此教堂建于1826年，原为卫理公会教堂，整个建筑由散石砌成。1905年，教堂成为一个来自贝里斯多克的波兰社区的集会地。最近，耗时两年的修缮完工后，教堂内部重现了往日生机勃勃的景象，教堂内部色泽粗犷的油画表现了摩尔式风格主题、圣经的场景画和黄道十二宫的象征符号，这些场景曾在犹太教经文中出现过。根据正统犹太教堂的惯例，只有男性才可进入教堂的主厅，女性只能坐在楼上的走廊里观看。位于威列特街7-11号（7-11 Willett Street）· 地图P6 · 开放时间：周六举行仪式时可参观（或提前预约）· 免费 · www.bialystocker.org

4 爱尔瑞吉街犹太教堂（Eldridge Street Synagogue）

这座教堂堪称一座国家历史纪念碑，建于1887年。教堂为摩尔风格，是犹太移民在美国建造的第一座教堂，这些移民大部分来自东欧（大约占美国犹太移民的80%之多）。在2000年世纪之交，大约有1000人参加了教会仪式。但是，

奥查德街上待售的艺术品

爱尔瑞吉街犹太教堂中的彩色玻璃

随着信徒搬离下东城，来这里参加仪式的人越来越少，教堂最终于20世纪50年代关闭。教堂的修复工程正在进行之中，昔日的这座犹太教堂现在已经成为一个充满活力的文化中心。位于爱尔瑞吉街12号（12 Eldridge Street）·地图P5·开放时间：11am-4pm（周二至周四，周日）·导游时间：11am，1pm，2pm，3pm·须买门票·www.eldrifgestreet.org

5 Beth Hamedrash Hagadol犹太教堂

在这座教堂前面，经常有画家给这座小巧、独特的建筑画素描。教堂建于1850年，最初是诺福克大街浸信会教堂，但是当周围环境改变，教会成员都迁往上城住宅区，这座教堂也闲置不用了。1885年，美国历史最久的俄罗斯东正犹太教徒将这座教堂改为犹太教会堂。这座教堂仍保留最初的铁栅栏和哥特式木制构件。位于诺福克大街60-64号（60-64 Norfolk Street）·地图P5·开放时间：需预约·免费

6 盖斯腌瓜（Guss' Pickles）

这家泡菜店已有80年的历史，是下东城犹太人旧日时光所保留下来的印迹之一。盖斯腌瓜相当有名气，甚至在电影《挡不住的来电》中亮过相。每到周末，泡菜爱好者们便排起长队，站在盛有泡菜的大桶旁边，选择自己最爱的口味。盖斯腌瓜生意非常兴隆，泡菜通过邮购销往美国各地。位于奥查德街85-87号（85-87 Orchard Street）·地图P5·开放时间：9:30am-6pm（周日至周四），9:30am-5pm（周五）

纽约巨变

不断创新是纽约市的一大特色，下东城便是这一特点的明证，一跃成为纽约最新兴起的潮流区域。这里汇集了许多夜总会、餐馆及时尚的精品店。一些居民甚至搬入了父辈们避之不及的出租公寓。要想领略当今下东城的风貌，路得洛街（Ludlow Street）是最佳选择。

7 圣马克街（St. Mark's Place）

圣马克街曾经是嬉皮士的地盘，现在，您仍然会在这里感到一股反文化潮流，现在也是东村青年活动的中心。街上人群熙熙攘攘入夜不散，这里有前卫爵士酒吧和朋克酒吧，还有诸多贩卖书籍、音乐、T恤、二手古董衣、项链、海报及各式黑色皮衣等的商店。这里还有打耳孔和文身等服务。位于东8街，在第三大道与A大道之间（East 8th Street, between 3rd Av & Av A）·地图M4

8 包厘街圣马克教堂（St Mark's-in-the-Bowery Church）

这是纽约第二古老的教堂，这块地方曾是荷兰官员彼得·斯图文森特的私人小礼拜堂，斯图文森特也埋葬于此。20世纪60年代，

犹太教堂

盖斯腌瓜

伦威克三角区

这里的教会曾是一个最效忠于政府的教会组织，并且直到现在仍起着先锋作用。位于东10街131号（131 East 10th Street）·地图M4·开放时间：8:30am-4pm（周一至周五）；举行仪式时间：10:30am（周日）·免费

9 伦威克三角区 (Renwick Triangle)

这些外形漂亮的联排建筑是1861年由当时非常著名的建筑师小詹姆斯·伦威克设计建造的。联栋房屋所在的位置曾经是荷兰官员彼得·斯图文森特的农场，之后就被彼得的后裔开发建设成为这片时尚漂亮的住宅区。位于东10街114-128号，斯图文森特街23-25号，在第二与第三大道之间（114-128 East 10th Street, 23-25 Stuyvesant Street, between 2nd & 3rd avs）·地图M4

10 乌克兰博物馆 (Ukrainian Museum)

博物馆已经迁至一处舒适时髦的新址。这里陈列一些精美的收藏品，包括乌克兰民族服饰，刺绣图案的农夫上衣、色彩艳丽的腰带、精美的羊皮和毛皮背心及用纱和丝带制作的婚礼花冠等。这里同时展出陶瓷制品、珠宝和制作精美的乌克兰复活节彩蛋。位于东6街226号，在第二与第三大道之间（226 East 6th St, between 2nd and 3rd avs）·地图P4·开放时间：1-5pm（周三至周日）·须买门票

东城一日游

早晨

从地兰西街（Delancey Street）地铁站出发，向南走，来到格兰街的克萨洋葱面包店（Kossar's Bialys Bakery，位于格兰街367号），这家面包店制作的洋葱面包卷非常有名。您还可以品尝一下糖纳子蛋糕店（Doughnut Plant，位于格兰街379号）制作的超级大蛋糕，据说这里的糕点深受美食家的欢迎呢。然后向西前行，您会发现两座具有历史意义的宗教建筑——Beth Hamedrash Hagadol犹太教堂和Bialystoker犹太教堂（见91页）。

向回走，沿着东百老汇经过亨利街社区服务中心（Henry Street Settlement，281号，位于三座修复完好的联邦大楼里）。教育联盟大楼（Educational Alliance，197号）里有不错的画展和摄影作品展。然后到奥查德街的盖斯腌瓜，并在这条街上的商店里淘些便宜货。如果您觉得有些热，试试Le Laboratorio del Gelato冷饮店，店内共有50种不同口味的冰淇淋。或者继续走到东休斯顿街，在凯兹熟食馆（Katz's Delicatessen，见95页）里用午餐。

下午

午饭后，沿第2大道向上城方向走，走到东6街左拐，参观乌克兰博物馆，这里展出乌克兰人的服饰和文化。到圣马克街（St. Mark's Place）逛逛这里的酒吧和商店，然后继续向东至斯图文森特街上，欣赏伦威克三角区漂亮的联栋房屋。此次旅行的终点站是包厘街圣马克教堂，在这里，您可以瞻仰斯图文森特的墓地。

Lismore Hosiery内衣店

Kleins of Monticello

TOP 10 十佳折扣商店

1 Harry Zarin 针织品批发店
自1936年以来，这家前店后场的超级大商店就以批发价格向大众出售纺织品及家居用品等。位于格兰街318号（318 Grand Street）· 地图P5

2 Fishkin Knitwear
这里打折出售由美国、意大利、法国等设计师设计的女用针织品、女装和女鞋。位于格兰街314号，与艾伦街交会处（314 Grand Street at Allen St）· 地图P5

3 Americam Intimates
专营各大品牌折扣女式内衣，男士及儿童内衣也有出售。Gramd Street 326号 · 地图N5

4 Friedman袜店
一间典型的小店，这种店铺在附近社区也日渐稀少。出售各种各样的袜子。Grand Street 326号 · 地图N5

5 Fine & Klein
这家商店以其种类齐全、做工精美的手提包和服饰配件而闻名遐迩，大部分商品都打折销售。位于奥查德街119号（119 Orchard Street）· 地图N5

6 Giselle
共四层的商店，出售欧洲著名设计师瓦伦蒂诺（Valentino）、艾斯卡达（Escada）和Ungaro设计的服装，并提供20-30%的折扣。位于奥查德街143号（143 Orchard Street）· 地图N5

7 Lismore Hosiery内衣店
这里各种品牌的男女内衣、袜子堆积成箱，而且均以折扣价出售。购物前您需清楚想要的品牌及内衣或袜子的尺码。位于格兰街334号（334 Grand Street）· 地图P5

8 Jodamo
店面很大，出售各种昂贵的欧洲名牌男装，如范思哲、瓦伦蒂诺、米索尼等，以及皮货和鞋类。Grand Street 321号 · 地图N5

9 Altman箱包商店
这里出售各式各样的箱包，从电脑箱到手提包无所不有。名牌箱包如Lark、Travelpro、American Tourister等在这里打折出售。位于奥查德街135号（135 Orchard Street）· 地图N5

10 Harris Leby
这里出售亚麻桌布、床单、浴巾等。欧洲亚麻布和家具装饰品是此商店的特色产品。位于格兰街278号（278 Grand Street）· 地图P5

更多纽约购物信息，详见64-65页

Katz's Delicatessen

价格分类

供单人享用的三道菜、	$	25美元以下
一杯普通葡萄酒，	$$	25-50美元
各种不可避免的	$$$	50-80美元
收费（含税）	$$$$	80美元以上

TOP 10 十佳餐馆

1 Schiller's Lignor Bar
这是一家法式风格的餐馆，菜谱兼容并包，是基斯·麦克内利（Keith McNally）的最新奉献，晚餐应尽早前往，以免等候。早午餐也十分出色。Rivington Sreet 131号（Norflol街角）·地图N5·212 677 9489·$$

2 Katz's Delicatessen
品尝一块熏牛肉黑麦三明治，您就会明白为何纽约的熟食店如此有名了。位于东休斯顿街205号，与拉德洛街交会（205 East Houston Street at Ludiow St）·地图N5·212 254 2246·$

3 Sammy's Roumanian
每天晚上这家餐馆的气氛都如犹太人举行婚礼般热闹非凡。在这里，您一边品尝着精心烹饪的动物肝脏，一边欣赏略显伤感的音乐位于克里斯特街157号（157 Chrystie Street）·地图N4·212 673 0330·不提供素食·$$

4 WD-50
这是一家美食家青睐的时尚咖啡馆，因主厨怀利·杜弗瑞斯（Wylie Dufresne）令人期待的创新菜肴而声名远扬。位于克林顿街50号，在利威顿街与史坦顿街之间（50 Clinton Street, between Rivington & Stanton sts）·地图N5·212 477 2900·$$$

5 Le Pére Pinard
这是一个休闲放松的绝佳去处。在餐厅户外的小花园里，您可以一面品尝美酒，一面享用法国风味简餐。位于路得洛街175号，在休斯顿大街与史坦顿街之间（175 Ludlow Street, between Houston & Stanton sts）·地图N5·212 777 4917·$$

6 Veselka
这家时尚别致的乌克兰小餐馆供应罗宋汤、薄饼卷、饺子形馅饼等，而且价格便宜。位于第二大道144号，与第9街交会（144 2nd Avenue at 9th St）·地图M4·212 228 9682·不接受信用卡·$

7 Daily Chow
这是一家泛亚洲大餐馆，供应亚洲各地特色菜肴。位于东2街2号，与鲍威利街交会（2 East 2nd Street at the Bowery）·地图N4·212 254 7887·$

8 La Palapa
这里供应正宗地道的墨西哥风味菜肴及醇香美味的玛格丽特酒。位于圣马克街77号，在第一大道与第二大道之间(77 St Mark's Place, between 1st & 2nd avs)·地图M4·212 777 2537·$$

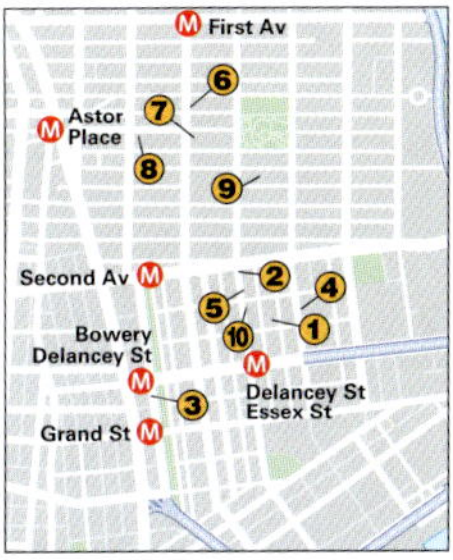

9 Le Tableau
这是一家舒适的烛光装饰的法国餐馆，饭菜均采用上乘原料烹制。位于西5街511号，在A与B大道之间·地图N5·212 874 2742·$$

10 Teresa's
这家波兰风味的餐厅供应的饺子形馅饼和土豆薄饼美味可口。位于第一大道103号，在东6与东7街之间·地图N5·212 228 0604·不接受

注意：除特别说明外，各家餐厅均可使用信用卡并可提供素食食品

GE

NANTUCKET

格林街的壁画

豪渥特大楼

苏活区和翠贝卡区

翠贝卡区以其地域的外形命名，是TRIangle BElow CAnal的缩写，即意为“位于Canal Street以南的一片三角形区域”。过去，这里曾遍布废弃的仓库。自罗伯特·狄尼洛成立翠贝卡电影中心后，时尚餐馆相继开业，旧仓库巨大的空间也吸引了社会名流来这里定居。现在，翠贝卡是纽约市最炙手可热的地区之一，夜生活丰富。这里主办翠贝卡电影节，使之成为纽约电影业的中心。苏活区（休斯顿街以南）的发展也经历了一次完整的轮回。先是一些艺术家被这里大空间的仓库吸引定居。随后，这里兴建了许多画廊，接着为之服务的餐饮业也兴旺发达起来。随着房屋租金的高涨，一些画廊被迫搬出苏活区。现在，苏活区仍有些画廊留了下来，但街道两旁遍布设计师服装店和家居用品精品店，使这里成为纽约市民最爱的周日逛街地点。这两个地区里都有铸铁建筑，是纽约的一大特色。

怀特街上的画廊

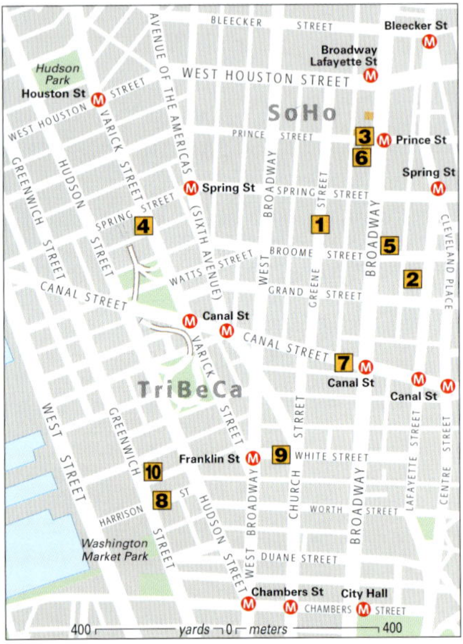

十佳景点

1. 格林街
2. 新当代艺术博物馆
3. Prada专卖店
4. 纽约市消防博物馆
5. 豪渥特大楼
6. “小”胜家大楼
7. 柯乃尔街
8. 哈里森街
9. 怀特街
10. 翠贝卡电影中心

前页图片为纽约夜景

1 格林街（Greene Street）

19世纪晚期，纽约市的铸铁建筑非常盛行。这种建筑的楼体较轻，通常可以添加一些装饰性因素，比如圆柱和拱形门窗等。铸铁大楼虽然外观漂亮迷人，建筑成本却较普通大楼低廉。位于柯乃尔街和格兰街之间及布鲁米街和春街之间的格林街共有50座铸铁大楼。一排排由圆柱装饰的建筑成为一道美景。地图N4

2 新当代艺术博物馆（New Museum of Contemporary Art）

自1977年成立以来，这家颇有争议的博物馆就展出许多通常被其他艺术馆所忽视的实验作品，特别是新兴的多媒体形式作品。博物馆临时安置在切尔西艺术博物馆（Chelsea Art Museum），并将于2007年年底搬入位于包厘大街235号的新馆。位于西22街556号，与第十一大道交会（556 West 22nd Street at 11th Ave）·地图L2·开放时间：12-8pm（周四），12-6pm（周二、周三、周五、周六）·须买门票

3 Prada专卖店

大楼前的标牌上写着："Guggenheim SoHo"（古根海姆苏活），但是这栋大楼的新主人是身价为4000万美元的意大利顶级时尚品牌Prada，这里是它在纽约的旗舰店。大楼的易主是苏活区的主流风格从艺术向时尚转变的标志。荷兰建筑师雷姆·库哈斯（Rem Kookhaas）设计了超新潮的无支架楼梯、波浪形的墙壁、未来派的电梯及高科技更衣室。Prada旗下拥有的所有产品线商品都能在此找到。位于百老汇575号，与王子街交会（575 Broadway at Prince St）·地图N4·开放时间：11am-7pm（周一至周六），12-6pm（周日）

4 纽约市消防博物馆（New York City Fire Museum）

所有这些令人怀旧的历史珍宝都安置在一座建于1904年的消防站里。馆内收藏包括：各种消防车、消防设备、消防服及自18世纪至今的大事记。在一个显示屏上展示滚动的照片展，描绘了世贸大厦被恐怖分子袭击的场景，并高度赞扬了在这场救助中失去宝贵生命的消防队员们。位于春街278号（278 Spring Street）·地图N3·开放时间：10am-5pm（周二至周六），10am-4pm（周日）·须买门票·www.nycfiremuseum. org

新当代艺术博物馆

Prada专卖店

5 豪渥特大楼 (Haughwout Building)

这栋大楼是铸铁建筑的代表作，建于1857年，是一家销售时髦的瓷器和玻璃器具的商场。以柱廊支撑的拱形门侧面竖立有更高些的科林斯式圆柱，这种设计灵感源自威尼斯桑索维诺图书馆(Sansovino Library)。在大楼正面共立有92个拱门。1995年的修复计划使大楼洗去了岁月的沧桑，恢复了大楼原本优雅的白色调。豪渥特大楼是率先安装了奥的斯(Otis)安全电梯的建筑，这项革新使建设摩天大楼成为可能。位于百老汇488-492号,与布鲁米街交会(488-92 Broadway at Broome St)·地图P4

豪渥特大楼

6 "小"胜家大楼 ("Little" Singer Building)

在20世纪早期，铸铁建筑被钢架结构的砖瓦建筑所代替，其中最具代表性的就是由爱内司特·佛莱格（Ernest Flagg）设计建造的"小"胜家大楼（曾经另有一座更高的塔楼建筑命名为"胜家大楼"，后被拆毁）。受当时巴黎建筑风格的影响，大楼正面高12层，并配有优雅美观的铸铁阳台。位于百老汇561-563号，在王子街与春街之间（561-3 Broadway, between Prince & Spring sts）·地图N4

翠贝卡区的电影业

翠贝卡区被誉为"东部好莱坞"。虽然许多电影交易都在幕后进行，但还是有不少电影在这里放映。许多大牌明星常被看到出入翠贝卡酒店（TriBeCa Grand Hotel）（见177页）的大银幕厅（Grand Screen Room）。翠贝卡电影节（始于2002年5月）更是一个群星荟萃的节日。

7 柯乃尔街 (Canal Street)

柯乃尔街位于苏活区和翠贝卡区的交界处，它自成一体，是纽约巨大差异性的最好体现。街头小贩们手拿假冒的劳力士表、古琦（Gucci）包及新旧不明的电子产品吆喝叫卖。廉价商店里出售帆布鞋、牛仔裤及跳蚤市场上才能见到的商品。继续向东走，便到达唐人街，街道两边摆满的货物就变成了蔬菜和鱼。地图P3-4

8 哈里森街 (Harrison Street)

这组珍贵的联邦联栋房屋群建成于1796年至1828年间。1975年，纽约实施城市重建项目，在夷平大片土地的同时，将许多联栋房屋搬迁至此一条完整的联栋房屋街道。在这段街区的尽头的6号，有一座安妮女王风格建筑，是纽

"小"胜家大楼

柯乃尔街

哈里森街

约商业交易所（New York Mercan-tile Exchange）的前址。1884年至1977年间，交易所一直在此处运营，之后迁至世界金融中心（见45页）。地图P3

9 怀特街（White Street）

翠贝卡区被称为铸铁建筑的典范，是因为在这里有多种风格的铸铁建筑并存。其中怀特街2号是联邦风格特色，并有复斜式屋顶；8-10号则由亨利·费恩巴赫（Henry Fernbach）于1869年设计建造，夸张地运用了托斯卡纳式圆柱和拱形门窗，并采用了新文艺复兴风格的设计，将大楼上部的楼层体积稍微缩小，以使整个建筑显得高大雄伟。位于怀特街38号的建筑则与众不同，这里有霓虹灯设计师鲁迪·斯特恩（Rudi Stern）的画廊，名为“Let There Be Neon”（霓虹灯在这里闪烁）。地图P3-4

10 翠贝卡电影中心（TriBeCa Film Center）

此中心的办公场所由一座建于19世纪末20世纪初的咖啡仓库改建而成。该中心的精神领袖是罗伯特·德尼罗（Robert De Niro），他于1988年成立了翠贝卡电影制片公司。米拉麦克斯电影公司（Miramax）在这里设有办公室，由罗伯特·德尼罗和餐厅老板德鲁·聂波仑（Drew Nieporent）共同经营的翠贝卡烧烤店（TriBeCa Grill）也在这里。10多年来，这家餐馆始终魅力不减。位于格林威治街375号（375 Greenwich Street）·地图P3

苏活和翠贝卡一日游

早晨

从布立克街（Bleecker Street）地铁站出发游览苏活区的商店和画廊。值得一逛的画廊有：帝奇计画廊（Deitch Projects）（布立克街59号）、彼得·布卢姆画廊（Peter Blum）（布立克街99号）、斯宾塞·布朗斯通画廊（Spencer Brownstone）（伍斯特街39号）等。格林街有许多有趣的精品店，比如：朴林·萨德（Plein Sud）、赫尔穆特·朗（Hel-mut Lang）及维维安·谭（Vivienne Tam）等。

绘画中心（见43页）里展出艺术新秀的作品，这里的诗歌朗诵节目非常精彩。这里也展览摄影作品，其中最有名的是詹妮特·波顿（Janet Borden）、琼·贝特曼（June Bateman）和斯太利·瓦兹（Staley Wise）画廊，均位于百老汇大街560号。参观之后，可以在派雷斯因克餐馆（Palacinka）（位于格兰街28号，在第六大道与汤普森大街之间）享用薄烤饼午餐。

下午

在前往翠贝卡区之前，先逛一逛Miu Miu设计师精品店（位于王子街100号）和安娜·苏精品店（位于格林街113号），之后在怀特街和哈里森街闲逛，浏览欣赏这里的历史性建筑，然后在彻弛大厅（Church Lounge，见102页）小憩片刻。

剩下的时间用来参观画廊，比如阿派克斯艺术画廊（Apex Art Gallery，位于教堂街291号）和爱斯画廊（Ace Gallery，位于哈得逊街275号）的巨幅绘画作品展览。去Dylan Prime（见102页）喝一杯鸡尾酒，然后去翠贝卡区的一流餐馆用晚餐，例如：“信”餐厅（Nobu）、多瑙河餐厅（Danube）、Bouley或是Montrachet（见103页）。

真理报

Dylan Prime

届吧

TOP 10 十佳夜生活场所

1 真理报（Pravda）

供应伏特加酒。酒吧装饰着来自俄罗斯的纪念品。位于拉法叶街281号，王子街与休斯顿街之间 · 地图N4 · 212 226 4696

2 彻弛大厅（Church Lounge）

酒吧内设有舒适的座椅，酒吧中央有一个八层楼高的中庭。位于第六大道2号，翠贝卡酒店 · 地图N3 · 212 519 6600

3 Dylan Prime

这里的鸡尾酒饮料种类齐全，使这里成为时下最热门的酒吧。位于雷特街 62号，格林威治街与克里斯特大街之间 · 地图P3 · 212 334 4783

4 Thom Bar

这是一个出风头、见世面的好地方。时髦的酒吧吸引众多俊男美女，一边品尝鸡尾酒，一边享受着柔美的音乐。Thompson Hotel 2层，Thompson Street 66号 · 地图P3 · 212 210 3200

5 另一家（Another Room）

这间安静的酒吧只供应啤酒和葡萄酒。来光顾的多是30来岁、衣着光鲜的人，价格适中，环境舒适。West Broadway 246号，（在Beach街与North Moore街之间）地图P3 · 212 226 1418

6 Puck Fair

在这家舒适的多层酒馆里，您可以一边喝啤酒，一边品尝爱尔兰小吃。位于拉法叶大街289号，休斯顿街与王子街之间 · 地图N4 · 212 431 1200

7 Grand Bar

正如其在翠贝卡酒店的姐妹酒吧Grand Bar，这里也是周围夜生活的高潮所在。位于柯乃尔街与格兰街之间，西百老汇310号，苏活酒店 · 地图P3 · 212 965 3000

8 Merc Bar

这家时髦别致的酒吧吸引了许多喜欢山林小屋风格的顾客来此聚会。位于哈得逊和王子街之间，默瑟街151号 · 地图N4 · 212 966 2727

9 庙吧

时髦，昏暗，性感，价格不菲。这家酒吧是情人约会或邂逅另一半的绝妙场所。位于拉法叶大街332号，布立克街与东休斯顿街之间 · 地图N4 · 212 925 4242

10 The Room

这是一个气氛温馨、烛光摇曳的浪漫酒吧。这里不供应烈性酒。位于萨利文街144号，王子街与休斯顿街之间 · 地图N3 · 212 477 2102

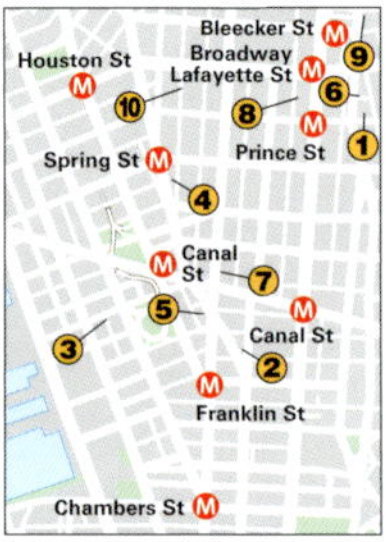

更多纽约酒吧信息，详见54-55页

Montrachet

Balthazar

价格分类

供单人享用的三道菜、一杯普通葡萄酒，各种不可避免的收费（含税）

$	25美元以下
$$	25-50美元
$$$	50-80美元
$$$$	80美元以上

TOP 10 十佳餐馆

1 多瑙河 (Danube)
口味清淡的新奥地利菜式，戴维·布雷（David Bouley）在翠贝卡区开设的餐厅（见68页）。位于哈得逊街30号，杜安街与瑞德街之间·地图P3·212 791 3771·$$$$

2 "信"餐厅（Nobu）
这家餐厅以主厨松久信幸（Nobu Matsuhisa）命名，是日本和秘鲁风味菜肴的完美结合。餐厅装饰设计别具一格近期另有分店 No bu57开张（见68页）。wast57大街 40号·地图P3·212 757 3000·$$$$

3 "信"邻家餐馆 (Nobu Next Door)
这家餐馆的"不预订原则"让你有机会品尝名厨的手艺。位于哈得逊街106号，与富兰克林大街交会·地图P3·212 334 4445·$$$

4 Bouley
戴维·布雷从不会让你失望，新法式菜肴无可挑剔。位于杜安街的百老汇西大街120号·地图P3·212 964 2525·$$$$

5 Montrachet
餐饮业巨头德鲁·聂波仑（Drew Nieporent）的第一家饭馆仍然是纽约市最红火的餐馆之一。餐厅以休闲的装修风格，现代法式菜肴以及选择丰富的的酒单而闻名。位于西百老汇239号，在西百老汇与北摩尔街的附近·地图P3·212 219 2777 $$$$

6 Aquqgrill
这家顾客盈门的SOHO餐馆以生猛海鲜闻名。除了生食和巧克力外还有不少好选择。Spring Street 210号（在第6大街的街角）·地图N3·212 247 0505·$$$

7 Balthazar
这是苏活区最正宗地道的法式小餐馆，总是人满为患。位于春街80号，与百老汇交会·地图N3·212 965 1414·$$$

8 Raoul's
法国左岸风格的餐馆。菜式有创新，还有风景优美的花园。位于王子街180号，萨利文街与汤普森大街之间·地图N4·212 966 3518·$$$

9 The Odeon
装饰艺术风格的餐厅，菜肴美味可口，开业20年魅力不减。位于百老汇145号，与托马斯大街交会·地图P3·212 233 0507·$$

10 Hampton Chutney Co.
小吃价格实惠，口感完美。薄煎饼味道独特。位于王子街68号·地图N4·212 226 9996·$

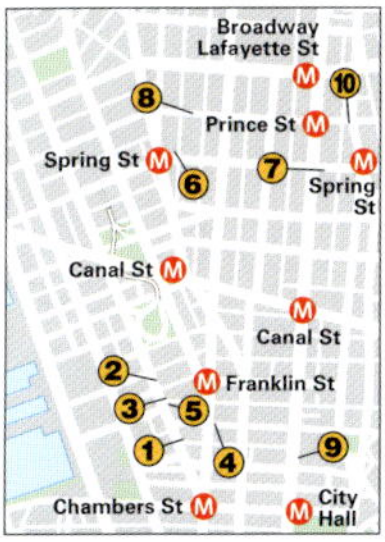

注意：除特别说明外，各家餐厅均可使用信用卡并可提供素食食品

华盛顿广场公园

杰弗逊市场法院

布立克街头酒吧

格林威治村

从一开始，格林威治村就显得与众不同。街道错综复杂，与规划整齐的城市街道形成鲜明的对比，反映了与城市的区别。这里是波西米亚生活的天堂，绿树成荫的村落街道，是无数作家和艺术家的乐园。爵士乐音乐家、垮掉派诗人及鲍勃·迪伦之类的表演者在这里找到了归宿。后来，格林威治村又成为同性恋集中的地方。今天，各种各样的咖啡馆和时尚商店使纽约市的年轻人流连忘返。夜幕降临，格林威治村华灯闪烁、生机勃勃，名目繁多的咖啡馆、剧院、俱乐部等散发出迷人的魅力。

TOP 10 十佳景点

1. 华盛顿广场公园
2. 麦克道格小巷
3. 华盛顿马厩
4. 葛洛夫庭院
5. 杰弗逊市场法院
6. 雪兰登剧场
7. 布立克街
8. 纽约大学
9. 贾德逊纪念教堂
10. 贝德弗德街75 1/2号

格林威治村的阳台一景

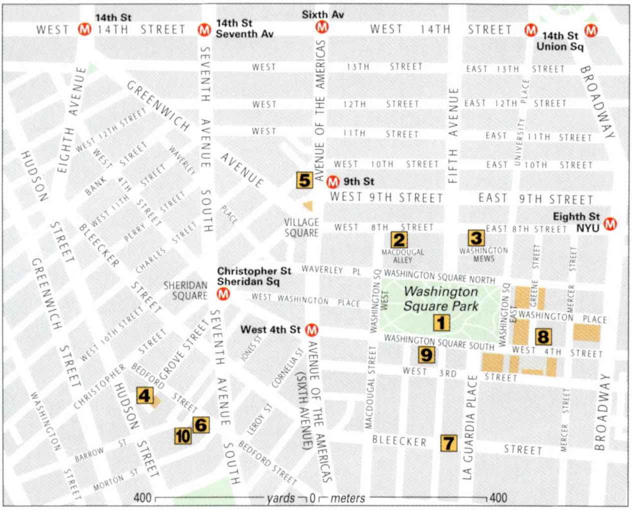

1 华盛顿广场公园(Washington Square Park)

1826年，政府将一片沼泽洼地填平，建成了这座广受欢迎的华盛顿广场公园。最近经过整修的大理石拱形门是由著名设计师斯坦福·怀特（Stanford White）于1895年设计的，它取代了原来为纪念华盛顿总统就职100周年而建的木头门。以前，这里曾是毒贩经常光顾的地方，现在则是市民们休闲娱乐的好去处。年轻母亲们手推童车在广场上漫步，围棋爱好者以及情侣们散布其间。广场中心有一个喷泉，当年鲍勃·迪伦（Bob Dylan）曾在这里演唱他的第一首民歌。位于第五大道，天后庙街和第4街之间（5th Avenue, between Waverly Pl & 4th St）·地图N3

2 麦克道格小巷(MacDougal Alley)

20世纪初期，一些艺术家将华盛顿北广场富有人家的马厩改成了画室，这条街因此被誉为“奢华艺术小巷”（Art Alley de Luxe）。居住在这条街上的艺术家有画家盖伊·潘·迪波瓦（Guy Pene du Bois）和雕刻家葛楚·凡德伯尔特·惠特尼（Gertrude Vanderbilt Whitney）。惠特尼于1914年在西8街8号建起了第一座惠特尼博物馆，这座博物馆与她的工作室相毗连。位于第8街和天后庙街之间，麦克道格东街（East of Mac Dougal Street, between 8th St & Waverly Pl）·地图M3

3 华盛顿马厩(Washington Mews)

20世纪左右，另一个马厩群则被改造成住房，吸引了许多作家和艺术家来这里定居。作家约翰·多斯·帕索斯（John Dos Passos）和艺术家爱德华·霍帕（Edward Hopper）、威廉·格拉肯斯（William Glackens）及洛克威尔·肯特（Rockwell Kent）相继在14号A座居住过，而作家舍伍德·安德森（Sherwood Anderson）和他的朋友及赞助人玛丽·艾梅特（Mary Emmett）双双出入54号。与高楼林立的曼哈顿相比，这种世外桃源似的住宅正是格林威治村的魅力所在。位于大学街到第五大道一带（University Place to 5th Avenue）·地图M3

4 葛洛夫庭院(Grove Court)

位于转弯处的6栋联栋房屋由杂货商塞缪尔·柯克斯开发建设。当时他认为，如果位于葛洛夫街18号的店铺周围有居民，他的生意

麦克道格小巷

葛洛夫庭院

就会更加兴隆。现在，这种带有私人庭院的住宅价格惊人。欧·亨利（O. Henry）在小说《最后一片树叶》中将此地作为故事发生的背景。位于靠近贝德弗德街的葛洛夫街·地图N3

5 杰弗逊市场法院（Jefferson Market Courthouse）

1833年，这里是一个以前总统托马斯·杰弗逊（Thomas Jefferson）的名字命名的市场。火情了望塔里有一口大钟，发生火灾时就敲响此钟，以警示市民赶紧灭火。1877年法院建成后，这口钟就被安置在法院顶部的钟楼里。这座大楼成为格林威治村一座珍贵的纪念碑，当市场从这里搬走后，法院也终止开庭，不再审理案件。现在，大楼被改造成纽约公共图书馆的一个分部。位于第六大道425号，第9与第10街之间·地图M3·开放时间：周一、周三正午-8pm，周二10am-6pm，周四正午-6pm，周五1-6pm，周六10am-5pm·免费

6 雪兰登剧场（Cherry Lane Theater）

1924年，一座仓库被改造成一家外百老汇剧院，并在这里上演剧作家爱德华·阿尔比（Edward Albee）、尤金·尤涅斯科（Eugene Ionesco）、大卫·马麦特（David Mamet）和哈洛·品特（Harold Pinter）的作品。直到今日，“雪兰登方案”（Cherry Lane Alternative）聘用权威的剧作家指导有天分的新秀。位于商业街38号，贝德弗德街与巴罗街之间·地图N3·212 989 2020·www.cherrylanetheatre.com

万圣节大游行

一年一度的疯狂的万圣节游行中，多达2.5万人的游行者们身着奇装异服或者异性服装在街上行走。街道两旁的观众更是摩肩接踵。游行路线为从格林威治村（Greenwich Village）开始，沿着第六大道行走，到第23街结束，晚7点开始。

7 布立克街（Bleecker Street）

街道两边一家家普通的商店和餐馆掩盖了这条街道辉煌的历史。1833年，詹姆斯·费尼莫·库珀（James Fenimore Cooper）曾在145号居住；西奥多·德莱塞（Theodore Dreiser）1895年来到纽约后就在160号逗留；1941至1951年期间，172号是詹姆斯·艾吉（James Agee）的寓所。位于189号的咖啡馆（即布立克街与麦克道格街的拐角处）曾是圣·雷莫酒吧（San Remo bar），是美国“垮掉的一代”中的重要人物最喜欢的聚会场所，包括威廉·巴勒斯（William Burroughs）、艾伦·金斯堡（Allen Ginsberg）、格里戈利·科索（Gregory Corso）和杰克·凯鲁亚克（Jack Kerouac）等人都曾在此出没。位于第六大道和西百老汇之间·地图N3

8 纽约大学（New York University）

纽约大学成立于1831年，为综合性大学。纽约大学的教学宗旨是：“开展合理且实用的教育。”现在，它已发展成为美国规模最大的私

雪兰登剧场

布立克街

立大学，占据着华盛顿广场周围许多街区。位于华盛顿广场·地图N4

9 贾德逊纪念教堂 (Judson Memorial Church)

这是一座优雅端庄的罗马式建筑风格的教堂，由建筑师斯坦福·怀特设计建设，但是教堂彩色玻璃则由约翰·拉·法吉设计。教堂于1888至1893年建成，作为对艾多奈拉姆·贾德逊（在亚洲传教的第一位美国传教士）的纪念。小约翰·D. 洛克菲勒（见48页）为教堂的建设做出了贡献。位于华盛顿南广场55号·地图N3·仪式时间：11am（周日）·免费

10 贝德弗德街75 1/2号 (75 1/2 Bedford Street)

这里有纽约市最狭窄的房屋，仅有9.5英尺（3米）宽。这栋建于1893年的古怪房屋位于格林威治村的一条过道里。诗人埃德娜·圣·文森特·米莱曾在这里居住，演员约翰·巴利摩尔和加里·格兰特也相继在这里入住。位于默顿街和巴罗街之间·地图N3

格林威治村一日游

早晨

从华盛顿广场（见108页）出发，参观游览伊迪丝·华顿（Edith Wharton）和亨利·詹姆斯（Henry James）曾居住过的联栋房屋。在华盛顿马厩和麦克道格小巷（见105页）探寻那些魅力依旧的小屋。然后，沿第六大道向前走，经过杰弗逊市场法院，来到西10街。

沿亚历山大·奥纳西斯中心（Alexander Onassis Center）前的小路行走，参观希腊艺术馆（Hellenic Studies）。这条路以前通向提勒俱乐部（Tile Club），这里曾是第10街工作室的艺术家们聚会的地方。奥古斯塔斯·圣一高登斯（Augustus Saint-Gaudens）、约翰·拉·法吉（John La Farge）和温斯洛·荷马（Winslow Homer）等艺术家都曾在第10街有过工作室。继续沿天后庙街（Waverly Place）、葛洛夫街（Grove Street）、贝德弗德街（Bedford Street）向前走，在每条街上，您都可以看到令人称道的联栋建筑。找一个典型的格林威治村餐馆，如罗普咖啡馆（Café Loup，见109页）享用午餐。

下午

午饭后，为何不去逛一逛当地的商店呢？位于第13和14街之间，百老汇841号的Cheap Jack's里出售二手衣物。就在街对面，即百老汇大街840号，您会发现惑星书店（Forbidden Planet），一个喜剧小说迷的天堂。

西8街和西4街也是商店云集，还有几家咖啡馆供你悠闲地看看街景。建议选择位于麦克道格小巷119号的费加洛咖啡厅（Caffè Reggio），这里曾是垮掉派诗人们朗诵诗歌的地方。

华盛顿马厩

查姆利酒吧

白马酒馆

TOP 10 十佳文学地标

1 华盛顿广场 (Washington Square)

居住过这里的卓越人物包括作家伊迪丝·华顿，她在1883年曾住在广场的7号，而亨利·詹姆斯于1843年出生在21号。地图N3

2 圣路加街 (St. Luke's Place)

诗人玛丽安娜·穆尔曾在这里居住，而西奥多·德莱塞在16号创作了鸿篇巨著《美国悲剧》。位于哈得逊街和第七大道南之间·地图N3

3 派青路 (Patchin Place)

吸引了诗人康明斯和约翰·梅斯菲尔德及作家尤金·奥尼尔来这里居住。位于西10街·地图N3

4 查姆利酒吧 (Chumley's)

酒吧用斯坦贝克、海明威、福克纳等作家的小说封面作为装饰，衬在墙壁上。位于贝德弗德街86号·地图N3

5 白马酒馆 (White House Tavern)

这是小说家诺曼·梅勒和诗人狄兰·托马斯经常光顾的地方，位于哈得逊大街567号，与第11街交会·地图N3

6 薇拉·凯瑟故居 (Willa Cather Residence)

薇拉·凯瑟在这里共创作了6部小说。位于银行街5号，西街与格林威治街之间·地图N3·不对外开放

7 马克·吐温故居 (Mark Twain Residence)

墙上的说明牌表明这里在1904-1908年间曾是马克·吐温的居所。位于第五大道21号，与第9街交会·地图M3·不对外开放

8 威廉·史泰龙故居 (William Styron Residence)

时年23岁的史泰龙完成了他的小说《黑夜静卧》（Lie Down in Darkness）后，就搬进了他生平第一家"面积虽小但非常舒适"的公寓。位于格林威治大道43号·地图M3 ·不对外开放

9 爱德华·阿尔比故居 (Edward Albee Residence)

阿尔比在这里创作了戏剧《动物园的故事》（The Zoo Story）。位于西4街238号·地图N3·不对外开放

10 西10街 (West 10th Street)

马克·吐温于1900-1901年曾居住在14号；1917年，诗人哈特·克莱恩曾住在54号；20世纪60年代，爱德华·阿尔比则住在位于50号改造过的车房里。地图M3·不对外开放

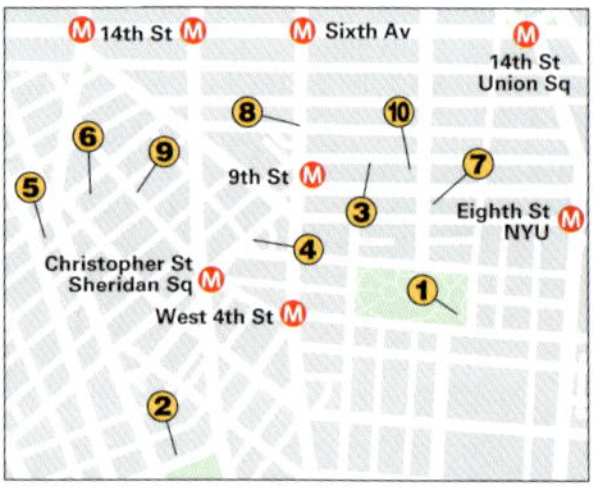

更多纽约历史人物，详见48-49页

Babbo

Blue Ribbon Bakery

价格分类

供单人享用的三道菜、	$	25美元以下
一杯普通葡萄酒，	$$	25-50美元
各种不可避免的	$$$	50-80美元
收费（含税）	$$$$	80美元以上

TOP 10 十佳餐馆

1 Babbo
餐厅的布置引人注目，主厨马雷欧·巴塔利（Mario Batali）一直在电视上表演厨艺，由他创造的革新意大利菜更使餐馆广受欢迎。需提前预订座位。位于天后庙街110号·地图N3·212 777 0303·$$$

2 II Mulino
这是另一家意大利顶级餐馆。菜肴味美、量足。试试这里自制的意大利小方饺配黑块菌香槟酱汁。位于西3街86号，萨利文街与汤普森街之间·地图N3·212 673 3783·$$$

3 蓝山（Blue Hill）
值得高度称道的新美式菜肴，餐馆利用当地的季节性菜蔬烹制，美味可口。这里的环境高雅亲切，令人有宾至如归之感。位于华盛顿街75号，与麦克道格街交会·地图N3·212 539 1776·$$$

4 蓝带面包房（Blue Ribbon Bakery）
这是一家格林威治村的休闲餐厅，菜单极其丰富，你能想到的每样东西，包括新月形面包、鱼子酱及炸鸡肉都能在这里吃到。位于唐宁街33号，与贝德弗德街交会·地图N3·212 337 0404·$$

5 Café de Bruxelles
这家舒适的餐馆烹制的贻贝和牛排无出其二，也不要错过这里的比利时啤酒。位于格林威治大道118号，与西13街交会·地图M3·212 206 1830·$$

6 罗普咖啡馆（Café Loup）
这是家令人愉悦的法国餐馆，特色菜有调汁金枪鱼、牛排、烤鸡肉等。餐厅装饰浪漫，酒吧则轻松而别致。位于西13街105号·地图M3·212 255 4746·$$

7 Da Silvano
这是家意大利餐馆，意大利北部的菜式烹饪水平不凡，而嘈杂的人声更增添了几分热闹。位于第六大道260号，布立克街与西休斯顿街之间·地图N3·212 982 2343·$$$

8 家（Home）
这里的食物被形容为就像妈妈做的味道，每日吸引大量顾客来这家狭窄的咖啡馆用餐。餐位于康娜莉雅街20号，布立克街与第六大道之间·地图N3·212 243 9579·$$

9 Pastis
这家法国咖啡馆生意非常兴隆，要一份牛排或法式蜗牛，品尝法国美食的精髓。位于第12小西街的第九大道9号·地图M2·212 929 4844·$$$

10 寿司桑巴（Sushi Samba）
这家餐馆融合日本和巴西风味的美食和鸡尾酒，但是时尚一族主要是为屋顶露台的座位和周日晚上的现场音乐表演而来。位于第七大道南87号，与布立克街交会·地图N3·212 691 7885·$$

注意：除特别说明外，各家餐厅均可使用信用卡并可提供素食食品

格兰摩西公园中央绿地

都会人寿大厦

百老汇街的屋顶

联合广场、格兰摩西公园和熨斗大厦

曼哈顿（Manhattan）的繁华地带发生着日新月异的变化。联合广场（Union Square），曾是毒贩们的住所、反动分子的集会场所，如今已重新修整，旧貌换新颜。一周四次的绿色市场（Greenmarket）使整个广场生机盎然，吸引了来自全市的赞助商，广场四周的居民区也日益增加了大量新建公寓、商场和酒店。这些商场和生机勃勃的餐饮场所现在已遍布第五大道（Fifth Avenue），并延伸到不曾被人瞩目的熨斗区，该区以位于第五大道和第23街的百老汇交叉处的熨斗大厦（Flatiron）命名。最近，曼哈顿最火爆的两家餐厅入驻熨斗大厦对面的麦迪逊广场，广场正进行局部恢复建设。格兰摩西公园（Gramercy Park）作为曼哈顿最具欧式风格的地区，没有太大变化。

格兰摩西公园的梦幻泉雕塑
格雷格·怀特作品

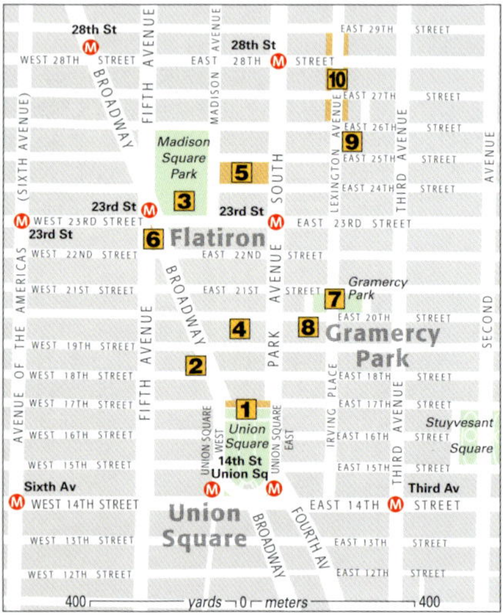

十佳景点

1. 联合广场绿色市场
2. ABC家饰店
3. 麦迪逊广场
4. 罗斯福出生地
5. 都会人寿大厦
6. 熨斗大厦
7. 格兰摩西公园
8. 国家艺术俱乐部
9. 69兵团军械库
10. “咖喱小丘”

1 联合广场绿色市场

每周一、三、五、六，在联合广场的绿色市场可以看到种类繁多的香草、莓子、微型植物、鲜花、自家做的糕饼、新编的纱线、可口火腿、蜂蜜。超过200名的当地农民前来出售他们自家种植的花草植物或自家制作的食品。这是纽约不可错过的一景。位于百老汇与第14街交会处（At Broadway & 14th Street）· 地图M4 · 开放时间：8am- 6pm

2 ABC家饰店 (ABC Carpet & Home)

这里是纽约最综合性的商场，由两座标志性建筑构成，其中包括跳蚤市场、古董市场，还有中东市场。商品有奇特的法国商品、旧式的墨西哥家具、古董、仿造品、针织品、小饰品、亚麻制品、床上用品、鲜花、食品以及各式垫子。同时，还有两个就餐好去处——Lucy与Pipa。位于百老汇881至888号，与东19街交会（881 & 888 Broadway at East 19th St）· 地图L4

3 麦迪逊广场 (Madison Square)

麦迪逊广场于1847年开放，坐落于一个环境优雅的居民区中心，政治家西奥多·罗斯福（Theodore Roosevelt）和作家伊迪丝·华顿（Edith Wharton）都出生于此地。早先的麦迪逊广场公园位于这里，即麦迪逊大道与第26大街交会处。后来，随着办公大楼的增多，很多著名的大厦如熨斗大厦和都会人寿大厦也迁至此地。今天，广场公园雕塑林立，翻整一新，整个小区也已重新开发。位于第23至26街，百老汇与麦迪逊大道之间（23rd to 26th sts, between Broadway & Madison Av）· 地图L3

4 罗斯福出生地

美国第26届总统于1858年在这里诞生，作为总统童年时代的家，这里已重新修缮。这里的展品从玩具到罗斯福的运动冠军纽扣，以及他在美西战争中曾戴过的"无畏骑手"牌的帽子。丰富的展品追溯了罗斯福的政治生涯以及他一生的追求。整套房子展现了纽约19世纪特有的民俗风情。位于东20大街28号，百老汇与公园南大道之间（28 East 20th Street, between Broadway & Park Av South）· 地图L4 · 开放时间：9am-5pm（周二至周六）· 须买门票

麦迪逊广场

罗斯福出生地

5 都会人寿大厦 (Metropolitan Life Tower)

这幢54层的摩天大楼，于1909年沿麦迪逊广场东侧修建，是当时世界上最高的大楼，也正恰如其分地展现了世界上最大保险公司的风貌。大楼由拿破仑·勒布伦（Napoleon Le Brun）和他的儿子们设计，效仿了威尼斯圣马可广场的钟楼造形。在20世纪60年代，尽管整个大厦都经过翻新，但那座装饰性的四面钟和楼顶的炮塔都保留下来，成为人们所熟悉的纽约天际的一道风景线。位于麦迪逊大道1号，第24街附近 · L4 · 开放时间：上班时间 · 免费入内

6 熨斗大厦 (Flatiron Building)

尽管与今天无数的摩天大楼相比显得矮小，但这座大楼以其独特的三角状外形显示着她的与众不同，分外引人注目。她标志着摩天大楼时代的开始。她细窄、凸圆的外形如同昂扬的船舰行驶在大道上。大楼于1902年竣工，矗立在负有盛名的女人街购物区，联合广场和麦迪逊广场之间。熨斗大楼由芝加哥著名建筑大师丹尼尔·伯纳姆（Daniel Burnham）设计，大楼从顶部到底部充满了意大利文艺复兴风格的装饰，其中有很多赤陶装饰。位于第五大道175号，与百老汇和第23街交会 · 地图L3 · 开放时间：上班时间 · 免费入内

7 格兰摩西公园 (Gramercy Park)

塞缪尔·罗格斯于19世纪30年代在这个私家花园周围进行了投资建设。直到今天，这里仍然是纽约唯一的私人公园，是人们所向往的理想的生活居住地。1888年，斯坦福·怀特（Stanford White）为埃德温·布斯（Edwin Booth）对公园进行了重新规划，布斯在此建立了表演者俱乐部（the Players Club）。公园里耸立着布斯的塑像（见114页）。位于莱克星顿大道，第20和21街之间 · 地图L4 · 不对外开放

城市广场

曼哈顿有四座伦敦式风格的广场，分别是联合广场、麦迪逊广场、斯图佛逊广场及格兰摩西公园广场，均是19世纪初的房地产商企图从出售周边的楼盘获利而兴建的。这些广场为生活在熙熙攘攘、高楼林立的闹市中的人们提供了休闲的好去处，但只有格兰摩西公园附近有居民区。

熨斗大厦

8 国家艺术俱乐部 (National Arts Club)

国家艺术俱乐部曾是塞缪尔·泰尔登（Samuel Tilden）的住所，泰尔登曾担任纽约州州长，并且对抗臭名昭著的“大佬特威德”（Boss Tweed）。哥特复兴风格的褐色砖是由为设计中央公园闻名的著名设计师卡儿弗特·沃克斯（Calvert Vaux）设计的。国家艺术俱乐部的成员都是美国19世纪以来的著名艺术家，俱乐部于1906年买下该建筑，要求每位成员捐赠一作品。各艺术馆都对外开放。位于格兰摩西公园南15号 · 地图L4

国家艺术俱乐部中的作家头像

9 69兵团军械库 (69th Regiment Armory)

这座艺术性建筑曾作为一支秘密成立于1848年的部队的军事训练和办公场所。1913年，被称为军械展览会的现代艺术展在此举行，其中有凡·高（Van Gogh），杜尚（Duchamp），布兰库希（Brancusi）的作品。此次展览受到各媒体的广泛关注，它将现代艺术大量介绍到纽约，对美国艺术产生了深远、持久的影响。位于莱克星顿大道，第25和26大街之间·地图L4·不对外开放

10 “咖喱小丘” (“Curry Hill”)

尽管有所变化，但位于茉莉小丘（Murray Hill）之南的这一跨越三个街区的长廊，仍然挤满了印第安人出售小礼品的店铺，对于游客（尤其是素食者）而言，若想吃得舒服而价格又很公道，街边一排排的饭店简直是莫大的恩惠。位于莱克星顿大道123号的店铺卡鲁斯宴（Kalustyan's），汇集了各种美味的调味品、谷类食品，还有31种风味不同的特色米食。位于莱克星顿大道，第26和29大街之间·地图L4

格兰摩西公园和熨斗大厦一日游

早晨

书籍爱好者可从第12大街出发，全纽约最大的二手书店斯特兰德（Strand）位于828号。由此沿百老汇向北直到联合广场，可以参观绿色市场（见111页）。沿着百老汇前行，就来到第18街867号的高盛（Paragon）运动品商场，还有19街889号的艾迪店，这里有不可多得的佳酿和崭新瓷器。再继续往前就是888号的ABC家饰店（见111页）。

从熨斗大厦向东拐即是麦迪逊广场（见111页），可在塔布拉（Tabla）酒吧或麦迪逊公园11号的美食店进午餐（见115页）。“咖喱小丘”一带有几家价格低廉的餐馆，如110号的Pongal和莱克星顿大道81号的Saravanaas。

下午

游览这一带时，可以尝试一下莱克星顿大道123号的卡鲁斯宴（Kalustyan's）的奇妙调味品。

在第五大道，14至23大街之间有很多商场，包括110号的阿玛尼百货公司（Emporio Armani）、111号的达菲商场（Daffy's）以及设计师作品的折扣店。

最后要到格兰摩西公园静雅的绿洲地带来结束一天的旅程。一定要漫步在东19大街，这里被誉为“美丽街区”，在这里可以欣赏到别有韵味的20年代建筑风格。

法拉格特纪念碑

乔治·华盛顿雕塑

拉法叶雕塑

十佳雕塑与纪念碑

1 乔治·华盛顿雕塑
纽约第一座重要的户外雕塑，由亨利·科克·布朗（Henry Kirke Brown）于1856年创作完成。位于联合广场，第14大街正对面·地图M4

2 亚伯拉罕·林肯雕塑
这尊作沉思状的雕塑是亨利·科克·布朗在1865年林肯被刺杀后授命创作的。位于联合广场北端，第16大街附近·地图M4

3 拉法叶雕塑
大于原形的拉法叶雕塑，刻画了献身美国革命的拉法叶形象，是巴托尔迪（Frederic-Auguste Bartholdi）于1873年创作的，他也是自由女神像的创作者。位于麦迪逊广场·地图L3-4

4 穆罕默德·甘地雕塑
这尊为纪念印度人民独立运动领袖甘地而建于1986年的雕塑，之所以选址在此，是因为这里曾是印度人游行集会之地。位于联合广场·地图M4

5 埃德温·布斯的哈姆雷特像
埃德温·布斯作为表演者俱乐部的先辈，在他表演哈姆雷特的独白中，尽显风采。这座1917年创作的雕像竖立在他的原住址前。位于格兰摩西公园·地图L4

6 幻想泉(Fantasy Fountain)
格雷格·怀特（Greg Wyatt）1983年创作的微笑的太阳和月亮，一侧是起舞的长颈鹿，泉水从鹿口中流出，融入温和煦日里。位于格兰摩西公园东南角·地图L4

7 沃斯纪念碑
一个19世纪50年代的短剑标记立于沃斯将军的坟墓前，他被誉为是唯一埋葬在曼哈顿大街之下的公众人物、墨西哥战争英雄。位于交通岛，第23大街和百老汇附近·地图L3

8 法拉格特纪念碑
这座于1880年为海军英雄创作的纪念碑，为圣高（Augustus Saint Gaudens）成为民族雕刻先驱奠定了基础。位于麦迪逊广场·地图L3-4

9 切斯特·阿瑟纪念碑
詹姆斯·加菲尔德（James Garfield）被刺杀后，阿瑟继任第21任总统。乔治·埃德文（George Edwin Bissell）于1898年为他竖立雕像。位于麦迪逊广场·地图L3-4

10 威廉·斯沃德雕像
林肯任职期间的国务卿，1876年在伦道夫·罗杰斯（Randolph Rogers）的手下成为不朽。1867年他购买阿拉斯加（Ala-ska）虽众说纷纭，但也使人们对他记忆犹新。位于麦迪逊广场·地图L3-4

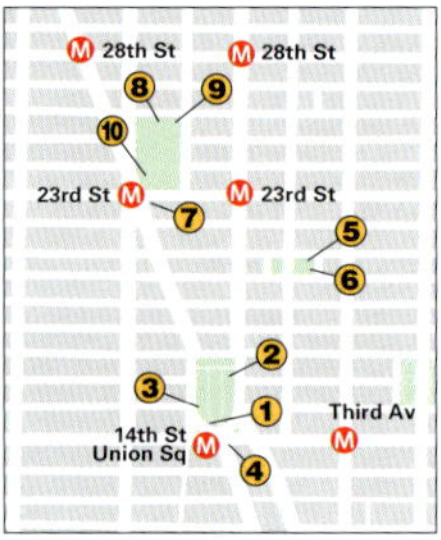

更多纽约历史人物见48-49页

位于麦迪逊大道上的塔布拉餐馆

价格分类

供单人享用的三道菜、	$	25美元以下
一杯普通葡萄酒，	$$	25-50美元
各种不可避免的	$$$	50-80美元
收费（含税）	$$$$	80美元以上

TOP10 十佳餐馆

1 联合广场咖啡屋 (Union Square Café)

纽约最负盛名的餐馆之一，位于联合广场西侧，东16大街21号 · 地图M4 · 212 243 4020 · $$$

2 葛莱美西小筑 (Gramercy Tavern)

货真价实的美式餐饮，甜点非常美味（见69页）。位于百老汇东20大街42号 · 地图L4 · 212 477 0777 · $$$

3 麦迪逊公园11号 (11 Madison Park)

丹尼·梅耶（Danny Meyer）用他富有想象力的新式美国人的烹调技艺，加上优雅的艺术性装饰氛围，把麦迪逊广场11号装扮得别致一新。位于麦迪逊大道东24大街，地图L4 · 212 889 0905 · $$$

4 托克维尔餐馆（Toqueville）

兼具法式烹调和日式风味的独特佳肴。位于东15街15号，介于联合广场西侧与第五大道之间 · 地图M4 · 212 647 1515 · $$$

5 塔布拉餐馆和塔布拉快餐店 (Tabla and Tabla Bread Bar)

这是麦迪逊广场上丹尼·梅耶的又一大成功，有以新美式和印度式调料烹调的美味佳肴。位于麦迪逊大道11号，与东25大街交会 · 地图L4 · 1212 889 0607 · $$$

6 盐之花餐厅 (Fleur de Sel)

接近于现代法式餐厅，小巧的菜单，显示出独具匠心的奉献。位于东20街5号，介于第五大道和百老汇之间 · 地图L4 · 212 460 9100 · $$$

7 橄榄枝餐厅 (Olives)

其菜单以现代地中海风味为特色，并提供午茶。位于公园大道南201号，与第17街交会 · 地图M4 · 212 353 8345 · $$$

8 真味（Veritas）

新式的美国风味佳肴会让您留恋。需提前预约。位于百老汇与公园大道南侧之间，东20大街43号 · 地图L4 · 212 353 3700 · $$$$

9 22号厨房 (Kitchen 22)

主厨查理·帕莫（Charlie Palmer）推出可打折的客饭价格，汇集各地风味，吸引无数回头客。位于第22大街东36号 · 地图L4 · 212 228 4399 · $$

10 美食店 (Craftbar)

食客可以随意定制自己的菜单，且价格低廉。位于第19大街东47号，与公园大道南交会 · 地图M4 · 212 780 0880 · $$

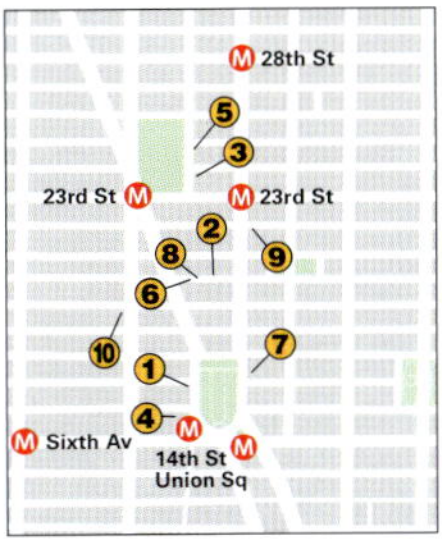

注：除特别说明，各家餐厅均可使用信用卡并可提供素食食品

梅西百货

哈罗德广场上的大钟

切尔西码头

切尔西和哈罗德广场

当毗邻都在发生引人注意的巨大变化时，过去的切尔西（Chelsea）仍然一直被包围在十九世纪的褐石建筑中，恬静安适，不曾成为一个时尚之地。今日，它却成为纽约人的欢乐集结地和城市中前卫艺术画廊与夜总会的中心。沿着第六大街的所有建筑中,挤满了各种超市和折扣店，而在西边，切尔西码头（Chelsea Piers）使得码头区的面貌大有改观。在上城（Uptown），服装区（Garment District）开始于第27大街周围，哈罗德广场（Herald Square）和梅西百货（Macy's）处在城市最繁华的购物区。

TOP 10 十佳景点

1. 第六大道购物
2. 古董和跳蚤市场
3. 花市
4. 切尔西旅馆
5. 切尔西历史保留区
6. 纽约圣公会神学院
7. 切尔西码头
8. 时尚技术学院
9. 哈罗德广场
10. 梅西百货

梅西百货的拉拉队表演

1 第六大道购物

这条购物街以梅西百货（Macy's）为中心。它于1858年开始营业，在当时很受欢迎并曾被誉为“时尚街道”。1876年，高架线路的修建使第6大街的交通变得更为便利。位于第655-671号的休·奥尼尔纺织品商店（Hugh O'Neil Dry Goods Store），它的铸铁门面见证了那个时代。但随着曼哈顿商业中心的北移，这些铸铁的宫殿渐渐被人们所遗忘。近来折扣店和超市赋予了这个地区新的生命力，人们这时才又将它重新记起。位于第六大道，从第18至23街·地图L3

切尔西旅馆

2 古董和跳蚤市场

每当周末，一个原本空空如也的停车场就变成了最繁忙的户外市场，并且全年无休。这已经有30多年的历史了，大约有来自缅因州（Maine）、马里兰州（Maryland）等地的600个经销商，他们在这里摆摊销售衣服、银制品、珠宝、家具、艺术品和旧货（如旧工具和过时的眼镜）等。你可以在著名的“Amex”中看到很多有价值的古董，这是一个室内市场，位于西25街112号的拐角，在西26街40号是它的展销处，共3层，有135个销售商。位于第六大道与第26街交会处·地图L3·白天开放·须买门票

3 花市

在这里的鲜花批发区有各种各样的绿色植物——灌木、鲜花等等，几乎都看不到人行道。你可以在这个曼哈顿最大的花店聚集区买到各种室内植物、绿树、开花类植物和各种花——有鲜花、干花和人造花等。如果你没找到想要的花，那一定是因为这种花从没有在人间盛开过。这个花市在第六大道上，横跨25街到30街数条街道。位于第六大道与第27街交会处·地图L3

4 切尔西旅馆

这个建于1884年、用精炼钢制的阳台作装饰的建筑物虽然破旧，但却有其不容质疑的神秘性。曾经，它是一个很别致的公寓，而如今已成为音乐家、艺术家和作家所喜爱的酒店。为了纪念以前的客人，包括田纳西·威廉斯（Tennessee Williams）、马克·吐温（Mark Twain）、杰克·凯鲁亚克（Jack Kerouac）和布伦丹·比汉（Brendan Behan）等，他们的名字被记录在外面的一个铜匾上。迪伦·托马斯（Dylan Thomas）在这里度过了他最后的一年。众所周知，也是在这里，庞克摇滚歌手席德·维瑟斯（Sid Vicious）于1978年杀害了他的女友南希（Nancy Spungeon）。走进大厅，欣赏那些极富想象力的艺术作品，并感受一下酒吧内的气氛吧！位于西23街212号，在第七大道与第八大道之间·地图L3

5 切尔西历史保留区

《圣诞老人的来访》（A Visit from St. Nicholas）的作者克莱门特·摩尔（Clement Moore），于

花市

切尔西旅馆铸铁的楼梯栏杆

19世纪30年代开发了这片土地。保留区中最好的城镇房屋是7间被统称为“富人道”(Cushman Row)的建筑，它们位于西20街第406－418号，是市内古希腊复兴建筑中绝好的典范。在西20街第446－450号的房屋则具有意大利建筑风格，他们也是切尔西闻名的原因之一。位于第九大道与第十大道之间，第20至21街 · 地图L2

6 纽约圣公会神学院 (General Theological Seminary)

美国历史最悠久的圣公会，成立于1819年。在19世纪30年代，由于曾经在此执教的克莱门特·摩尔(Clement Moore)的捐赠，这座神学院在两座四方形的建筑周围兴建起来。1960年，又增建了一些主要建筑物，其中包括一个世界上收集拉丁文《圣经》最多的图书馆，还有美丽的内部花园(九大街入口)。位于第20至21大街 · 地图L2 · 开放时间：12pm-3pm(周一至周五)，11am-3pm(周六、周日) · 免费

7 切尔西码头

4个被遗忘的码头，被改造成了一个占地30英亩的体育娱乐综合中心和曼哈顿最大的电影和电视制品的聚集地。这里的运动设施包括滑轮、直排滑轮和滑板、室内棒球、足球场、篮球场、保龄球场、高尔夫球场和一个给游客提供港内巡游以及帆船运动指导的码头。码头公园给游客提供了一个观赏海景、放松休闲的机会。位于第23街，哈得逊河畔(the Hudson River) · 地图L2 · 开放时间：6am-12pm · 须买门票 · www.chelseapiers.com

世界上最大的商场

梅西百货(Macy's)在纽约人心中不仅仅是一个商场，而是城市的构成主体之一。它赞助著名的感恩节游行，独立日焰火的燃放以及举办其他各种活动：从每年布满主层的春季花展到踢踏舞会。届时会有成千上万的踢踏舞表演者汇集在哈罗德广场(Herald Square)。

8 时尚技术学院 (Fashion Institute of Technology [F.I.T.])

该学院建于1944年，如今它已成为纽约州立大学的分院。F.I.T.学院在艺术、时尚设计和市场营销等方面扬名天下，知名校友有卡尔文·克莱因(Calvin Clein)，诺玛·卡马利(Norma Kamali)和朱钦骐(David Chu)等。学生们可以在纽约著名的商场实习以及跟随设计师学习，期间受益匪浅。最吸引大众的地方还是它的展览馆，里面展品层出不穷，通常都是学院收集的服装和纺织品。位于第七大道与西27街交会处 · 地

切尔西码头

富人道

哈罗德广场

第34街巷口，梅西百货

图L3 · 开放时间：12pm-8pm（周二至周五），10am-5pm（周六）· 免费

9 哈罗德广场

19世纪70年代到80年代，这里是嘈杂的戏院区的中心地带，整个地区因腐败而臭名昭著，直到改造以后才重现新貌。由于梅西百货（Macy's）的建设，曼哈顿戏院（Manhattan Opera）在1901年被夷为平地，不久其他商店也接踵而至。在百老汇（Broadway）与第六大道交会处的安全岛上的有一个时钟，它是1921年后唯一保留下来的老哈罗德遗迹。位于百老汇与第六大道交会处 · 地图K3

10 梅西百货（Macy's）

梅西（R. H. Macy）原本是一名捕鲸人，他于1858年在第六大道和第14街交会处建立了梅西百货（Macy's）。那红色星星的标志来自他的纹身——他的航海岁月所留下的纪念。他进行了一系列创新，包括比整美元少几个美分的价格定位以及提供退货的质量保证。1888年，该百货被转卖，并搬到了现在的地方（见64页）。位于西34街151号，与第六大道交会 · 地图K3 · www.macys.com

切尔西一日游

早晨

徒步游切尔西，可以从大商场开始，这些大商场占据了以前位于第六大道上横跨18街到23街的时尚道（Fashion Row）。然后沿着第16街往西走，到第九大道和切尔西市场。以前的纳贝斯克工厂——生产出第一块奥利奥饼干的地方，如今已变成了挤满街区的各种食品摊位。食品销售网（the Food Network）在这个街区的摄影棚录制自己的电视节目。

继续走，从第九大道走到第20街，就可以看到切尔西历史保留区和圣公会神学院了。并且，可以去扩建了的“画廊道”（Gallery Row）。地点在第21街到24街，第十大道到第十一大道之间。周围有一家叫红猫（Red Cat）的餐馆，午餐式样丰富，可以提供地中海风味的食品（见121页）。

下午

从第23街向东走，可到切尔西旅馆（见117页），然后到第六大道后向住宅区走，就可以到达古董市场和多彩的花市（Flower District）了。继续向西漫步一个街区，到第27街，你就到了F. I.T.学院（Fashi-on Institute of Technology），在那儿的画廊通常会有很有趣的展览。

你还可以前往隐藏在该区的伟大圣地之一——圣约翰天主教堂（St. John the Baptist Church），它位于东31街210号，暗淡低调的外景掩盖了其内部哥特式建筑的辉煌。然后继续走到第34街，你就可以到哈罗德广场和梅西百货了。

巴巴拉·格莱德斯通画廊

安德里亚·罗森画廊

TOP 10 十佳切尔西美术馆

1 迪亚艺术中心 (Dia Center for Art)

在纽约比肯镇，迪亚还有另一个画廊。位于西22街548号，与第十大道交会·地图L2·比肯博物馆：比肯镇贝克曼街3号·开放时间：11am-6pm（周四至周一）（10月中旬至4月中旬：11am-4pm）

2 马修·马克斯画廊 (Matthew Marks)

在两个画廊中，原馆展示了藏品，新馆着重展览新作品（见43页）。位于西22街522号，与第十大道交会·开放时间：12pm-6pm（周二至周六）；西24街523号，与第十大道交会·地图L2·开放时间：周二至周六的10am-6pm·免费

3 保拉·库柏画廊 (Paula Cooper)

由仓库改造的此画廊本身就很值得参观（见43页）。位于西21街534号，与第十大道交会·地图L2·开放时间：11am-6pm（周二至周六）·免费

4 保罗·卡斯明画廊 (Paul Kasmin)

作为一个艺术品商人的儿子，卡斯明影响了许多后来者(见43 页)。位于西27街293号，与第十大道交会·地图M2·开放时间：上午10am-6pm（周二至周五），11am-6pm（周六）·免费

5 巴巴拉·格莱德斯通画廊 (Barbara Gladstone)

是展示大型展品、视觉先锋派作品和摄影作品的理想舞台。位于西24街515号，与第十大道交会·地图L2· 开放时间：10am-6pm（周二至周六）·免费

6 安德里亚·罗森画廊 (Andrea Rosen)

罗森的电子展览使这里大受欢迎。位于西24街525号，与第十大道交会·地图L2·开放时间：10am-6pm（周二至周六）·免费

7 马尔巴罗画廊，切尔西区

第57街上的画廊展示著名人物的作品，而市内卫星馆展出的是新雕塑和绘画作品（见42页）。位于西25街545号，与第七大道交会·地图L3·开放时间：10am-5:30pm（周二至周六）·免费

8 罗伯特·米勒画廊 (Robert Miller)

此画廊展出的是一些著名人物的作品。位于西26街526号，与第十大道交会·地图L2·开放时间：10am-6pm（周二至周六）·免费

9 索纳本德画廊（Sonnabend）

展示了很多早期的流行艺术家。位于西22街536号，与第十大道交会·地图L2·开放时间：10am-6pm（周二至周六）·免费

10 303画廊（303 Gallery）

以展出最受欢迎艺术家作品为特色。位于西22街525号，与第十大道交会·地图L2·开放时间：10am-6pm（周二至周六）·免费

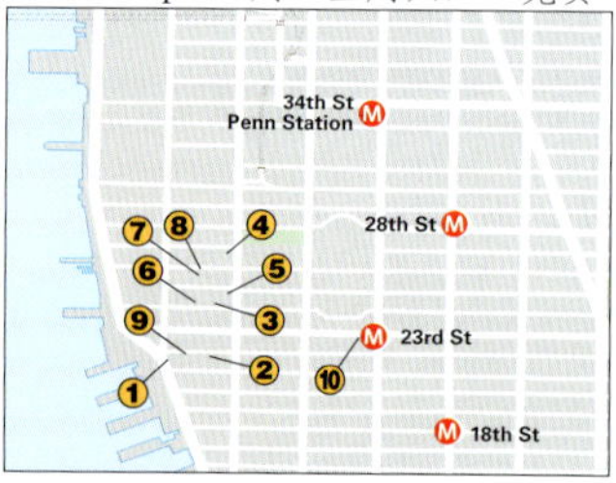

更多纽约画廊信息见第42-43页

摇摇木马墨西哥风味咖啡屋

帝国餐厅

价格分类

供单人享用的三道菜、一杯普通葡萄酒，各种不可避免的收费（含税）	$	25美元以下
	$$	25-50美元
	$$$	50-80美元
	$$$$	80美元以上

TOP 10 十佳餐馆

1 达·安波尔托（Da Umberto）
多年来，精致的托斯卡纳（Tuscan）风味食品和每日特色菜使该店声誉历久不衰。位于第六大道和第七大道之间，西17街107号·地图M3·212 989 0303·$$$

2 Periyali希腊料理
波浪般起伏的天花板和白色墙壁别具希腊风情。这里提供上乘的希腊特色风味美食。富有创造力的菜品成为一道独特的风景。位于第五大道和第六大道之间，西20街35号·地图L3·212 463 7890·$$$

3 红猫（The Red Cat）
温暖的邻家小屋式的餐厅，提供一流的美国风味食品；切记不要错过芥末味意大利干酪蘸蒜泥蛋黄酱。位于第23街与24街之间，第十大道227号·地图L2·212 242 1122·$$

4 第八大街东（East of Eighth）
很多当地人常来此品尝来自各种不同国家的菜肴。早午餐的套餐尤其值得一试。位于西23街254号（第七和第八大街之间）·地图L3·212 352 0075·$$

5 Buddakan
这里是最引人注目的不是各色亚洲风味，而是它的时髦的装潢。侍者也十分热情。位于第9大街75号（与第16街交会处）·地图M2·212 989 6699·$$$

6 摇摇木马墨西哥风味咖啡屋（Rocking Horse Café Mexicano）
顾客总是络绎不绝。这里有地道的"Margaritas"鸡尾酒和价格合理的墨西哥美食。位于第19街和20街之间，第八大道182号·地图L2·212 463 9511·$$

7 埃尔·西德（El Cid）
该店就餐氛围轻松随意，各种餐前小吃、肉菜饭、桑格利亚汽酒和各种西班牙小吃应有尽有。位于第八大道和第九大道之间，西15街322号·地图M2·212 929 9332·$$

8 怪物寿司（Monster Sushi）
正如店名所示，该店出售价格合理的巨型寿司卷。位于西23街158号·地图L3·212 620 9131·$$

9 Bottino意大利餐厅
逐渐繁荣的画廊业，吸引了大批喜欢意大利北部风味食品的潮流客，餐厅有个可爱的小花园。位于第24街和25街之间，第十大道246号·地图L2·212 206 6766·$$

10 帝国餐厅（Empire Diner）
由有轨电车改装成的艺术装饰餐馆，24小时营业。午夜后精彩的表演是一大看点。位于第十大道210号，与第22街交会·地图L2·212 243 2736·$

注意：除特别说明外，各家餐厅均可使用信用卡并可提供素食食品

洛克菲勒中心前的普罗米修斯雕像

中央车站

克莱斯勒大厦

中城

在中城34街和59街之间，你能看到时代广场的灯光、帝国大厦的尖顶、克莱斯勒中心、联合国总部以及第五大道上林立的商店、博物馆、剧院和高大的建筑群。这些景观从东河（the East River）一直延伸到百老汇。集中的景观使这里成为观光者的首选之地。这里可以使你流连数日，观景赏色。从很多方面讲，分割东西方向的第五大道都是曼哈顿的主街，其本身就是城市富人的集中地。在这里你可以看到从建筑领域到商业领域的富人们。同时中城也体现了这一城市多样性的特点：你可以欣赏到钻石区熙熙攘攘的零售店，也能欣赏到肃穆的纽约公共图书馆。

圣帕特里克教堂

十佳景点

1. 时代广场
2. 帝国大厦
3. 洛克菲勒中心
4. 克莱斯勒大厦
5. 中央车站
6. 纽约公共图书馆
7. 圣帕特里克教堂
8. 联合国总部
9. 钻石区
10. 卡内基大厅

1 时代广场（Times Square）

这是纽约最著名的交会点，也是周围充满生机的剧院区的标志（见22-25页）。

2 帝国大厦 (Empire State Building)

纽约最著名也是最高的摩天大厦，是装饰艺术风格的经典。从1931年落成以来，已经吸引了1.2亿游客。游客们可以从观景台俯瞰纽约市景（见8-9页）。

3 洛克菲勒中心 (Rockefeller Center)

洛克菲勒中心是纽约市中心的枢纽地带。无论白天或夜晚，这里散发着源源不断的活力：商店、花园、餐厅和办公区；还可以在这里看到不计其数的艺术品（见12-15页）。

4 克莱斯勒大厦 (Chrysler Building)

首先映入你眼帘的，是高耸入云的克莱斯勒大厦尖顶。这是纽约市最著名的标志之一。曾经被用来展示克莱斯勒汽车的装饰艺术风格大厅，现已被恢复华丽的原貌，你可以欣赏到大厅恢弘的大理石和花岗岩结构。屋顶的绘画描绘了20世纪20年代晚期运输业的发展状况（见44页）。位于莱克星顿大道42街405号，与第42街交会 · 地图K4 · 开放时间：（仅限大厅）7am-6pm（周一至周五）· 免费

5 中央车站 (Grand Central Terminal)

世界最大的火车站之一，著名的布杂艺术（Beaux Art）大厦（见47页），是纽约市最繁忙的景点。日平均接待量为50万人次。随着整修的竣工，它的受众将不再仅仅是旅行者，中央车站由于其自身的魅力已经成为一个观光景点——它周围拥有15家饭店、40多家商店、纽约城市运输博物馆和一家美食城。位于公园大道和莱克星顿大道之间，第42街 · 地图J-K4 · 开放时间：5:30am-1:30am · 免费 · www.grandcentralterminal.com

帝国大厦

洛克菲勒中心

克莱斯勒大厦

6 纽约公共图书馆(New York Public Library)

卡雷利(Carrére)和黑斯廷斯(Hastings)的设计在竞标中脱颖而出，造就了这座布杂艺术风格的大厦。主阅览室集中了他们智慧的精华，在这里你能看到像教堂一样高贵的镶嵌结构，其面积延伸近两个街区，配以巨大的拱形窗子、18盏华丽的装饰灯和装饰精美的拱状屋顶（见47页）。位于第五大道与42街交会处 · 地图K3 · 开放时间：10am-6pm（周四至周六），11am-7:30pm（周二周三），1-6pm（周日） · 免费 · www.nypl.org

7 圣帕特里克教堂(St. Patrick's Cathedral)

美国最大的天主教堂。每周日都有5000多教徒来此做礼拜。从1850年约翰 · 休斯（John Hughs）大主教在此修建大教堂起，当时的许多人都对教堂的选址方案持批评态度，因为那时选址离市中心较远。而现在，主教当时的远见使教堂成了曼哈顿地理位置最佳的场所之一（见46页）。位于第五大道，第50街和51街之间 · 地图J3 · 开放时间：7:30am-8:30pm · 免费

雕塑家威廉 · O.帕特里奇的雕塑“圣母怜子像”(Pieta)，圣帕特里克教堂

茶点时间

在美国，喝茶已经成为一种渐受欢迎的习惯。喝茶的最佳场所有第五大道与59大街交会的（59th and 5th）广场酒店（Plaza Hotel）中优雅的棕榈阁（Palm Court）；高岛屋百货公司小茶屋（the Tea Box Café at Takashimaya）（见126页）；圣里吉斯酒店（St. Regis Hotel）的茶舍（见172页）；以及位于公园大道442号、与56街交会处（442 Park Avenue at 56th））的福香茶沙龙（the salon de thé at Fauchon）。

8 联合国总部（United Nations Headquarters)

小约翰 · D. 洛克菲勒（John D. Rockefeller Jr.）捐赠了8500万美元购买了东河附近18英亩土地；美国人华莱士 · 哈里森（Wallace Harrison）与各国的顾问一起建造了这座惊人的建筑。联合国成立于1945年，目的是为了寻求世界和平以及全球范围内经济与社会的和谐与发展。通常，189个成员国一起举行联合国大会，这特别像一个世界性的议会。导游会引领游客参观各种会议室、会馆和许多著名艺术家的作品。其中包括马克 · 夏加尔（Marc Chagall）和亨利 · 摩尔（Henry Moore）的

纽约公共图书馆

圣帕特里克教堂

作品。位于第46街与第一大道交会处 · 地图J5 · 开放时间：（仅针对游客）10am-4:45pm（周一至周五），10am-4:30pm（周六周日）（1月至2月仅周一至周五开放） · 须买门票 · www.un.org

9 钻石区（Diamond District）

在这个街区，每一家店铺的橱窗里都有珠宝熠熠生光。这里是纽约市中心珠宝零售和批发贸易中心。进入美国市场的80%的钻石都是由这里经销的。起初，清戒徒犹太人开发了这个市场。二战期间这一街区的重要性凸显。那时，成千上万的珠宝商从钻石交易中心安特卫普（Antwerp）和阿姆斯特丹（Amsterdam）逃往纽约定居。商铺的2层就是办公室和工厂。钻石就是在那里被切割和加工的。位于第五大道和第六大道之间，第47街上 · 地图J3

10 卡内基大厅（Carnegie Hall）

20世纪50年代，纽约交响乐团迁至林肯中心新址后，纽约差一点失去了其最著名的音乐厅。但是，小提琴家伊萨克 · 斯特恩（Isaac Stern）发起的合并活动，拯救了这座建筑，使它逃脱了被拆除的厄运。1960年，市政府买下这座建筑。1964年这里变成了国家历史标志性建筑。在不断更新技术设备和保护音乐厅声学设备的同时，1986年进行的一次主要的修缮工作使这座建筑的大部分恢复了盛时原貌。大型音乐会经常在这里和玫瑰博物馆举行（见46页）。位于西57街与第七大道交会处 · 地图H3 · 开放时间：11am-4:30pm · 免费 · www.carnegiehall.org

中城一日游

早晨

从摩根图书馆（Morgan Library）（见41页）出发，参观完摩根藏书丰富的图书馆，然后到第42街。接着向东游览中央车站（见123页）。继续从第42街向东，参观克莱斯勒大厦著名的画廊（见123页），每日新闻大厦（Daily News Building）和福特基金会（Ford Foundation），最后拾级而上，欣赏都铎城（Tudor City）（见127页）。

早上的行程以游览联合国总部结束。如果您提前预订，还可以在极具特色的联合国代表餐厅进午餐。（212 963 7625）

下午

在第42街乘坐环城汽车回到第五大道，参观纽约公共图书馆。向北走到47街，然后向西游览钻石区，之后，快速游览第五大道和第六大道之间52街的电视和广播博物馆（Museum of Television and Radio）（见128页）。顺路参观美国民间艺术博物馆（American Museum of Folk Art）（见128页）。在观赏传统艺术展览之前，可以到博物馆的咖啡厅品尝一杯咖啡。

返回到第五大道。这里有一些商店，其中包括蒂凡尼（Tiffany）珠宝公司橱窗展示的珠宝，高档商店博格多夫 · 古德曼（Bergdorf Goodman's）的个性展览（见10页）以及玩具店F.A.O. 施瓦茨（F.A.O. Schwarz）。在第59街的广场酒店，在这座标志性建筑背景衬托下，品一杯鸡尾酒结束这一天的行程。

亨内斯－毛里茨（H&M）

亨利·本德

耐克城

TOP 10 十佳购物地点

1 百货公司
博格多夫·古德曼（Bergdorf Goodman）、萨克斯第五大道（Saks Fifth Avenue）、罗德&泰勒（Lord & Taylor）、布鲁明戴尔百货公司（Bloomingdales），这些百货公司有大量漂亮服装在等着你。位于第五大道，第38街与58街之间·地图K3-H3

2 亨内斯－毛里茨（H&M）
以年轻时尚、价格低廉著称的瑞典零售商旗舰店（见56页）。位于第五大道，与第51街交会处·地图J3

3 亨利·本德（Henri Bendel）
亨利·本德是城里最有吸引力的店铺之一，商品设计时尚，并出售一系列著名的化妆品（见64页）。位于第五大道712号，与第55街交会·地图H3

4 高岛屋百货（Takashimaya）
日本主要百货商场在美国的聚集地，品味高雅，有精美服装、家居用品和艺术品（见64页）。位于第五大道693号，第54街和第55街之间·地图H3

5 芬理希梦（Felissimo）
日本人的五层别墅，内有不同寻常极具品味的珠宝、服装、家居饰品及用品。位于西56街10号，第五大道与第六大道之间·地图H3

6 现代艺术设计商店博物馆（Museum of Modern Art Design Shop）
有各式台灯、家具、玩具、珠宝和大幅图画，这里的各款商品都是精美设计的体现。位于西53大街44号，第五大道与第六大道之间·地图J3

7 设计师时装精品屋（Designer Boutiques）
虽然很多设计师已经搬往北部，但在第五大道和麦迪逊大道之间的第57街仍然能给人留下深刻的印象——因为有巴宝莉（Burberry）、爱马仕（Hermes）、香奈尔（Chanel）、迪奥（Dior）这些名牌。普拉达（Prada）位于第五大道724号。位于第五大道和麦迪逊大道之间第57街上·地图H4

8 富群（Fortunoff's）
如果蒂凡尼（Tiffany）不在你的计划之内，不妨尝试光顾这里，该零售商专营精美珠宝，价格合理。位于第五大道681号，与第54街交会处·地图H3

9 耐克城（Niketown）
商业性、高科技购物环境，吸引你购买运动鞋及运动服。位于第五大道和麦迪逊大道之间，东57街6号·地图H4

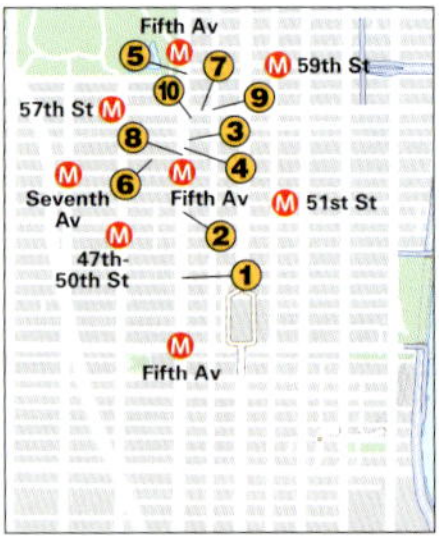

10 川普大楼（Trump Tower）
一家拥有众多昂贵精品时装店的购物中心。即使你没有购物，川普大楼喷泉环绕的粉红色大理石建筑也是值得一看的。位于第五大道725号，与第56街交会·地图H3

更多纽约购物信息，详见165页

福特基金会大楼

利华大厦

都铎城

TOP 10 中城区建筑

1 利华大厦（Lever House）
这座24层的玻璃钢筋建筑是哥登·邦协夫（Gordon Bunshaft）的作品，是纽约第一个全玻璃幕墙高层建筑（见44页）。位于公园大道390号·地图H4·办公时间大厅对外开放

2 G.E.大厦（General Electric Building）
这座大厦建于1931年，属于装饰艺术派风格，上面大钟的指针能充当避雷针。位于莱克星顿大道570号·地图H4·不对外开放

3 章宁大楼（Chanin Building）
该大厦是早期装饰艺术派风格的摩天大楼之一，建于1929年，其赤陶色的檐壁装饰和青铜色的镶边艺术再现了艺术的发展史。位于东42街122号，与第二大道交会·地图K4·办公时间大厅对外开放

4 每日新闻大楼（Daily News Building）
这座完好的1930年建筑仍然是一座装饰艺术派风格的建筑典范。走进大楼，你会惊奇于大厅内那个巨大的旋转地球仪。位于东42街220号，与第二大道交会·地图K4·办公时间大厅对外开放

5 福特基金会（Ford Foundation）
这座建于1967年的大楼被认为是城里最好的现代设计之一。位于东43街320号，与第一大道交会·地图J4·办公时间大厅对外开放

6 福瑞德·F. 弗兰奇大厦（Fred F. French Building）
这座大厦是为当时最著名的地产公司所建，这座1927年的建筑内外设施齐备。不要忘记参观它的大厅。位于第五大道521号·地图J3·办公时间大厅对外开放

7 都铎城（Tudor City）
福瑞德·R.弗兰奇（Fred R. French）设计了这座仿都铎风格的领地，以证明中产阶级的住房能成功地屹立于中城区。位于第一第二大道之间，第40街到43街·地图J4-K4·办公时间大厅对外开放

8 纽约游艇俱乐部（NY Yacht Club）
这家建于1899年的俱乐部，凸窗被雕成正划开海水的船尾形状，就像正在海浪中航行。位于西44街37号，与第五大道交会·地图J3·不对公众开放

9 美标公司大楼（American Standard Building）
雷蒙德·胡德（Raymond Hood）在纽约的第一座摩天大楼，建于1924年的黑色华丽城堡。现已成为一家旅馆。位于西40街40号·地图K3·办公时间大厅对外开放

10 康狄·纳斯特大厦（Condé Nast Building）
这座48层的大楼建成于1999年，大楼正面安装了光电池，并有完整的可回收通道。位于时代广场4号（4 Times Square）·地图J3·办公时间大厅对外开放

更多建筑物信息，详见46-47页

摩根图书馆

广播电视博物馆

纽约公共图书馆

TOP 10 十大博物馆

1 摩根图书馆(Morgan Library)

2006年重新对公众开放。扩建是为了保护稀有图书、印刷品及手稿等私人收藏品（见41页）。位于麦迪逊大道225号，与36大街交会处 · 地图 K4 · www.morganlibrary.com · 须买门票

2 现代艺术博物馆(Museum of Modern Art)

新大楼与其著名的收藏品相得益彰（见40页）。位于西53街11号，与第五大道交会 · 地图H3

3 美国民间艺术博物馆(American Museum of Folk Art)

新的博物馆把丰富的民间艺术收藏品展区扩大了3倍。位于西53街45号 · 地图 H3 · 开放时间：10:30am-5:30pm（周二至周日）（周五开放至7:30pm）· 须买门票

4 艺术与设计博物馆(Museum of Arts and Design)

展出的工艺品数量达到2000件。位于西53街40号，与第五大道交会 · 地图H3 · 开放时间：10am-6pm（周五至周三），其中10am-8pm（周四）· 须买门票

5 国际摄影中心(International Center of Photography)

这座两层建筑，用于回顾展和一些变化更新的展品。位于第六大道1133号 · 地图J3 · 开放时间：10am-6pm（周二至周四），10am-8pm周五），10am-16pm（周六周日）· 须买门票

6 广播电视博物馆 (Museum of Television and Radio)

在6万多广播电视节目以及特殊展品、经典放映中观看你所喜欢的节目。位于第五大道和第六大道之间，西52街25号 · 地图J3 · 开放时间：12am-6pm（周二至周三，周五至周日），12am-8pm（周四）· www.mtr.org · 须买门票

7 菲利普·莫理斯的惠特尼博物馆(Whitney Museum at Philip Morris)

博物馆在中城区的一家分馆，用于当代展品的小规模展览。位于公园大道120号，与第42街交会 · 地图K4 · 上班时间开放 · 免费

8 纽约公共图书馆画廊 (New York Public Library Galleries)

稀有的照片、绘画，不断变换的展品。位于第五大道与42街交会处 · 地图K3 · 开放时间：11am-6pm（周二周三），10am-6pm（周四至周六）· 免费

9 达西斯艺术馆(Dahesh Museum of Art)

2000余件19世纪和20世纪艺术品的私人收藏。位于麦迪逊大道580号，与第57街交会 · 地图J3 · 开放时间：11am-6pm(周二至周日) · 免费

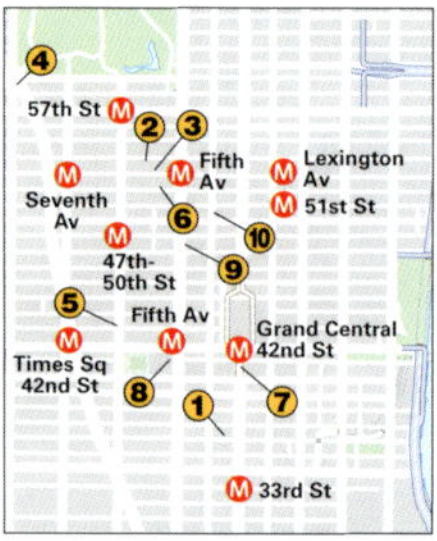

10 市政艺术协会画廊(Municipal Art Society Galleries)

变换的展品主题从城市建筑到邻里之间都有涉及。位于麦迪逊大道457号 · 地图J4 · 开放时间：11am-5pm（周一至周三，周五，周六）· 免费

更多纽约博物馆的消息，详见40-41页

中央车站海鲜酒吧餐厅

Le Colonial

价格分类

供单人享用的三道菜、	$	25美元以下
一杯普通葡萄酒，	$$	25-50美元
各种不可避免的	$$$	50-80美元
收费（含税）	$$$$	80美元以上

TOP 10 十佳餐馆

1 四季（Four Seasons）

餐馆曾获得纽约餐饮协会奖，在这里你还有机会见到名人（见69页）。位于东52街99号，与公园大道交会 · 地图J4 · 212 754 9494 · $$$

2 Le Bernardin

这里有以各种极具想像力的方式制作的美味的鱼和最可口的海产品（见69页）。位于西51街155号，与第六大道交会 · 地图J3 · 212 489 1515 · $$$$

3 蓝鳍餐厅（Blue Fin）

这一地区最宜人的地方之一。这家饭店专供包括寿司在内的海鲜食品。位于百老汇1567号，与第47街交会 · 地图J3 · 212 918 1400 · $$$

4 全食咖啡馆（Whole Food Café）

自助餐，有各种新鲜食品，先交费，然后排选座位。时代华纳中心（Time Warner Center）地下10 Columbus Circle，60大街百老汇处 · 地图H2 · 212 823 9600 · $

5 Le Colonial

20世纪30年代西贡风格的热烈装饰，结合了越南风味与法式菜肴的菜单是美味的巧妙对比和结合。位于东57街149号，与莱克星顿大道交会 · 地图H4 · 212 752 0808 · $$$

6 Osteria del Circo

Le Cirque餐厅老板的儿子们创建了他们马戏团风格的古怪餐厅，提供传统的托斯卡纳式食物。位于西55街120号，与第六大道交会 · 地图H3 · 212 265 3636 · $$$

7 中央车站海鲜酒吧餐厅（Grand Central Oyster Bar and Restaurant）

纽约一流的餐厅，客人永远熙熙攘攘。只提供最新鲜的海产品。位于莱克星顿大道与42街交会处，中央车站底层（Grand Central Terminal, lower level） · 地图K4 · 212 490 6650 · $$

8 小酒馆（Brasserie）

新添流线型的高科技装饰。提供现代法式风味和美东地区风味菜式，但仍包含一些经典菜肴。位于东53大街100号，与莱克星顿大道交会 · 地图J4 · 212 751 4840 · $$

9 L'Impero

都铎城中的顶级意大利餐厅，舒适的就餐环境，精美的菜单，备受欢迎的甜点，完美的服务。位于都铎城45号（45 Tudor City Place） · 地图J5 · 212 559 5045 · $$$

10 La Bonne Soupe

中城区省钱的地方，充满古老时尚的法国酒馆魅力，这个在剧院区中备受钟爱的餐厅是观看演出后理想的就餐地点。三道菜的一餐起价14美元。位于第五大道与第六大道之间，西55街48号 · H3 · 212 586 7650 · $$

注意：除特别说明，各家餐厅均可使用信用卡并可提供素食食品

去往罗斯福岛（见134页）

河流经过的卡尔·斯彻兹公园（见135页）

上东城

当纽约的上流社会一个世纪前搬到市中心住宅区时，他们的目的地就是上东城，而直到现在上东城仍是很多有钱人的选择目标。座落在第五大道附近的很多古老的布杂艺术风格的大楼现在都被大使馆和博物馆占领；当代的精英们住在第五大道和公园大道上坚固的公寓楼里，方便他们光顾麦迪逊大道的精品服装店和城里最高级的购物街。过去充斥着东莱克星顿街区里的教堂和德国人、匈牙利人、捷克人的餐馆现在仅保留下很少的一部分。年轻家庭现在居住在这一区较新的大楼里。对于游人来说，上东城里聚集着城里很多家最棒的博物馆。

弗农山庄（见135页）

TOP 10 十佳景观

1. 中央公园
2. 大都会博物馆
3. 所罗门古根海姆博物馆
4. 博物馆大道
5. 大桥市场
6. 罗斯福岛
7. 第七军械库
8. 亨德森历史保留区
9. 格雷西公寓和卡尔·斯彻兹公园
10. 弗农山庄酒店博物馆和花园

前页图片为中央公园中的溜冰者

1 中央公园 (Central Park)

843英亩的绿化带每年为200万游人提供消遣之处和美丽的景致(见26-27页)。

2 大都会博物馆 (Metropolitan Museum of Art)

这不只是一家有藏品的博物馆，它收藏着跨越了5000年的世界文明（见28-31页）。

3 所罗门古根海姆博物馆 (Solomon R. Guggenheim Museum)

弗兰克·劳埃德·怀特 （Frank Lloyd Wright）在纽约设计的唯一一座大楼，收藏了数量可观的现代艺术品。（见32-33页）

4 博物馆大道 (Museum Mile)

在一英里范围内，聚集了9家博物馆。7月份，他们会联合举办一个免费开放日。参加该活动的博物馆有：大都会博物馆、美国国家美术院、库珀-休伊特国家设计博物馆、古根海姆博物馆、犹太博物馆、偏重德国与奥地利艺术的Neue画廊、纽约城市博物馆（见41页），还有拉美文化的El Museo del Barrio博物馆。位于第五大道,第82街到104街之间 · 地图F4-D · 开放时间不定

5 大桥市场 (Bridgemarket)

在第59街大桥下教堂式的场所，英国的特伦斯·康朗（Teren-ce Conran）是推动这里发展的主要人物。拱顶是拉菲尔·古斯塔维诺（Rafael Guastavino）最生动的作品之一，这位西班牙建筑师以使用加泰罗尼亚瓷砖而著名。这个豪华的天花板下面是一家餐馆和一家食品商场。这座综合建筑还包括针对高端家庭的肯兰（Conran）家居饰品店和一个公共广场，它带动了附近地区的快速复兴。位于第一大道和约克大道间，在第59街上 · 地图H5

纽约城市博物馆

大桥市场

纽约十大博物馆的信息，见40-41页

6 罗斯福岛 (Roosevelt Island)

乘坐4分钟的有轨电车就能到达东河附近。原来这里叫“幸福岛”，当时岛上有一座监狱、一些破旧的房子和精神病院。20世纪70年代，根据菲利普·约翰逊（Philip Johnson）和约翰·博格（John Burgee）精明的计划，这个147英亩的岛得到重新命名和发展，目的是把这里变成一片安静的、交通自由的住宅区。这个计划还没有得到完全执行，虽然已经建了3000多套公寓，也有从曼哈顿发车的地铁站，但唯一的机动车通路只有皇后区的一座大桥。有轨电车从电车停车场每15分钟发车一次，位于第二大道上，与第59街交会·地图H5

7 第七军械库 (Seventh Regiment Armory)

由成立于1806年的第七军团中的一些社会名流成员慷慨解囊，于1877至1889年间建立的一个不寻常的军械库，有一间200 × 300英尺（60 × 90米）大、100英尺（30米）高的训练室，还有一座中世纪城堡式的行政主楼。内部装饰由路易斯·卡夫特·蒂凡尼（Louis Comfort Tiffany）、斯坦福·怀特（Stanford White）等人完成，房间里充斥着奢侈的维多利亚风格家具。训练室每年1月会用做声望极高的冬季古董展，也会成为很多社交慈善舞会的举办地点。位于公园大道643号，与第66街交会·地图G4·212 452 3067·仅对预约人群开放

圣尼古拉俄罗斯东正教大教堂（St. Nicholas Russian Orthodox Cathedral）

这座建于1902年的教堂，是一座出人意料的俄罗斯风格的建筑，为莫斯科巴洛克风格，正面为红砖、白石和蓝色、黄色的瓷瓦。熏香萦绕的内部有大理石的柱子，圣坛旁围绕着镶嵌金边的木制屏风。弥撒依然用俄语进行。这座教堂座落在东97街15号。

8 亨德森历史保留区 (Henderson Place Historic District)

1881年，开发人约翰·C.亨德森（John C. Henderson）为中产阶级而建，这些成功的安妮女王风格（Queen Anne）建筑由砖石建成，并有城堡、海湾、山型墙、天窗和板岩房顶的装饰。直到20世纪之前，这些建筑仍是属于亨德森家族的财产。今天，这些建筑在城里仍是独一无二的，也是人们最想居住的地方之一。每一个街区建筑的正面都是一个整体，后面则是些小小的尖塔建筑。原来的32个单元里有24个保存下来。位于东端大道，第86至87街之间·地图F5

9 格雷西公寓和卡尔·斯彻兹公园（Gracie Mansion and Carl Schurz Park）

这座带阳台的木结构乡村风格的房子是1799年由商人阿彻博德·格雷西建造的，最初是纽约城市博物馆的所在地，然后在1942年

第七军械库

亨德森历史保留区

成为菲欧雷洛·拉瓜迪亚（Fiorello La Guardia）的市长官邸。它座落在1891年设计的公园最北端，并一直延伸到东河，有广阔的区域可以散步。这个公园以住在邻近社区的知名政治家兼报纸编辑卡尔·斯彻兹命名。位于东端大道88大街·地图E5·212 570 4751·开放时间：4月至11月中旬10am、11am、1pm、2pm、周三只接待提前预订游客·须买门票

10 弗农山庄酒店博物馆和花园 (Mount Vernon Hotel Museum and Gardens)

它是老纽约的罕见遗迹之一，这座1799年的房产建成时是个石头马车房子。1826年这座房子着火之后，马车房子被改造成一家小旅馆，成为向往田园牧歌式生活的纽约人推崇的时尚之地。大楼和花园由美国殖民妇女会（the Colonial Dames of America）重建，并配置了古老的家具。弗农山中随处可见的指南将为你解释这些诱人景致的独特历史。位于东61街421号·地图H5·开放时间：11am-4pm（周二至周日），8月和公共节假日不对外开放·须买门票·www.mvhm.org

上东城一日游

早晨

从古根海姆博物馆（见32-33页）开始一天，先欣赏弗兰特·罗德·怀特（Frank Lloyd Wright）的伟大建筑成就，然后就能看到精美的现代艺术收藏品。必看之品包括：夏加尔（Chagall）的“巴黎之窗”，莫迪里阿尼（Modigliani）的“裸女”，毕加索的“烫衣服的妇人”。离开之前在博物馆的主层咖啡馆喝杯咖啡小憩。

沿第92街向东走，参观两幢珍贵的木制房子：建于1859年的120号和建于1871年的122号。继续往东，参观格雷西公寓和亨德森历史保留区，在卡尔·斯彻兹公园能观赏河景的长椅上休息。从约克大道向西走一个街区，31路公交车将把你带到壮观的大桥市场（见133页）。在丹尼尔餐厅（见137页）补充一下能量，享受精美的法式菜肴。

下午

乘坐57大街上的环城公交车返回麦迪逊大道，前往城外住宅区，逛设计师精品服装店。在该区第60街到70街上漫步，观赏纽约富人们的别墅。简单参观弗里克收藏馆（见41页），之后在麦迪逊大道的咖啡馆里稍做休息。

随后，参观大都会博物馆这一纽约必看景点（见28-31页）。参观伦勃朗（Rembrandt）自画像，凡·高（Van Gogh）的“柏树林”以及米开朗基罗（Michelangelo）的“西斯廷教堂”。最后，在阿米尼亚（Erminia）享用烛光晚餐（见137页）。

乔治·阿玛尼专卖店

伊夫·圣洛朗专卖店

TOP 10 麦迪逊大道十佳专卖店

1 Bottega Veneta
上城麦迪逊大道上林立的专卖店的第一家，因出售华贵的皮制品、鞋子以及时尚用品闻名。位于麦迪逊大道635号，第59街和60街之间·地图H4

2 上海滩 (Shanghai Tang)
著名的香港零售商的一幢色彩缤纷的连栋店铺楼，出售华贵的鞋子和家庭陈设品。位于麦迪逊大道714号，在第63街和64街之间·地图H4

3 华伦天奴 (Valentino)
如果你可以买得起华伦天奴，你绝对已经加入了富人或名人的行列；该品牌的许多晚礼服出现在奥斯卡颁奖典礼上。位于麦迪逊大道714号，与第65街交会·地图G4

4 乔治·阿玛尼 (Giorgio Armani)
该意大利品牌在纽约的旗舰店，因其优良的剪裁闻名，提供大量的品牌经典藏品。位于麦迪逊大道760号，与第65街交会·地图G4

5 BCBG Mac Azria
"Bon chic, bon genre"（款式优良，态度可亲）是此店设计师的座右铭。其性感时尚的风格吸引了包括好莱坞许多年轻明星在内的忠实品牌爱好者。位于麦迪逊大道770号，与第66街交会·G4

6 Moschino
以奇异世界作为创作背景的各种古怪服装，继续意大利设计师Moschino最新的神话。位于麦迪逊大道803号，第67大街和68大街之间·地图G4

7 Dolce & Gabbana
以最时髦的意大利前卫风尚而著称，是现在热门品牌之一。位于麦迪逊大道825号，第67大街和68大街之间·地图G4

8 堂娜·卡伦 (DKNY)
堂娜·卡伦（Donna Karan）为各种生活方式和场合设计了经久耐穿的时装。位于麦迪逊大道655号，与第60街交会·地图H4

9 伊夫·圣洛朗 (Yves Saint Laurent)
延续了法国服装设计师的传奇故事，对当今年轻一代充满了吸引力。位于麦迪逊大道855-859号，在第70街和71街之间·地图G4

10 保罗·拉尔夫·劳伦 (Polo Ralph Lauren)
建于1898年的莱茵兰德公寓（Rhinelander Mansi-on）是这一"书卷气潮流"之王的背景舞台，拉尔夫·劳伦耗资1400万重新装修了这一古老大厦。运动服装在马路对面有一家单独店面。位于麦迪逊大道867号，与第72街交会·地图G4

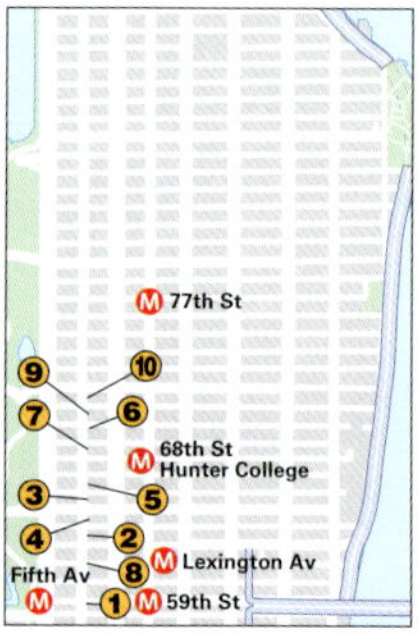

更多纽约购物信息，详见165页

丹尼尔

奥赛

价格分类

供单人享用的三道菜、一杯普通葡萄酒，各种不可避免的收费（含税）	$	25美元以下
	$$	25-50美元
	$$$	50-80美元
	$$$$	80美元以上

TOP10 十佳餐馆

1 丹尼尔（Daniel）
餐厅里由鲜花装饰，提供丹尼尔·布鲁德（Daniel Boulud）的广受好评的法国调味菜单（见68页）。位于东65街60号，与公园大道交会·地图G4·212 288 0033·$$$$

2 奥托马尼利纽约烧烤店（Ottomanelli New York Grill）
一家物美价廉的意大利牛排馆，特点是地方很少，就餐气氛也欠高雅。莱克星顿大道1424号与东93街交会处·地图E4·212 426 6886·$$

3 排亚咖啡馆（Payard Bistro）
尽管有上乘的法国大餐，但吸引顾客的却是他的精致甜点，例如“纽约，纽约”。提供早餐的面粉糕饼、下午茶、淡味点心和晚餐。位于莱克星顿大道1032号，与第77街交会·地图F4·212 717 5252·$$$

4 布鲁德咖啡馆（Café Boulud）
自从开了丹尼尔（Daniel）餐厅，布鲁德最初开的这家已经变得更加随意休闲了，但是菜单及标签仍是认真制作的。每到夏天，餐厅的露天小桌是参观米勒博物馆（Museum Mile）后的理想用餐地点。位于东76街20号，与第五大道交会·地图G4·212 772 2600·$$$

5 大卫贝克和度纳泰勒（davidburke & donatella）
提供具有创意的全新美式饮食的美妙地方，包间中坐满了回头客。位于东61街133号，在莱克星顿大道和公园大道之间·地图H4·212 813 2121·$$$

6 阿米尼亚（Erminia）
这是一个意大利风格的小餐厅：有点燃的蜡烛、发光的顶棚、精心准备的经典菜单，是情人节晚餐的好地方。位于东83街250号，位于第二大道和第三大道之间·地图F4·212 879 4284·$$$

7 Etats-Unis
尽管店名是法语，却是秉承新美式的烹饪法，有很多忠实的食客。菜单每天都有变化。位于东81街242号，位于第二大道和第三大道之间·地图F4·212 517 6400·$$$

8 奥赛（Orsay）
能把人们从著名餐厅“Mortimer's”吸引过来很不容易，但这个时尚的法式咖啡厅却取得了成功，提供地道的小酒馆美食。位于莱克星顿大道1057-1059号，与第75街交会·地图G4·212 517 6400·$$$

9 品味（Taste）
白天提供自助餐，晚上则更注重氛围。餐厅风格简朴，以优质的美食证明自己。酒单上的酒跟新美式食品一起点的话可以有些优惠。位于第三大道1413号，与第80街交会·地图F4·212 717 9798·$$

10 E.J.小餐馆（E.J.'s Luncheonette）
一家具有家庭氛围的小餐馆，提供大量现成的美式早餐。每天都有平底锅烧饼、格兰诺拉麦片及新鲜水果。位于第三大道1271号，与第73街交会·地图G4·212 472 0600·本店不接受信用卡·$

注意：除特别说明，各家餐厅均可使用信用卡并可提供素食食品

河边公园纪念碑 河边花园 公寓大厦

上西城

本地区直到19世纪70年代第九大道建成时才开发出来。第九大道使本区与市中心连接起来。1884年，纽约第一座最奢侈的公寓大厦"达科他"（Dakota）建成，其他建筑也随之相继在中心公园以西和百老汇等处落成，而本区的人行边道则铺上了漂亮的棕色石头。上西区有许多文化名人居住，还有一些市里最好的住宅建筑。林肯艺术中心和美国自然历史博物馆的建立也都起到了推动作用。

美国自然历史博物馆馆藏的面具

TOP 10 十佳景点

1. 美国自然历史博物馆
2. 林肯艺术中心
3. 纽约历史协会
4. 哥伦布环
5. 香盒行道
6. 河边公园
7. 河边大道/西城历史区
8. 曼哈顿儿童博物馆
9. 扎布若市场
10. 绿色跳蚤市场/77街跳蚤市场

1 美国自然历史博物馆 (American Museum of Natural History)

这所巨大的博物馆收藏有3.2万件艺术品（见 34 -37页）。

2 林肯艺术中心 (Lincoln Center for the Performing Arts)

建于20世纪50年代的一座占地15英亩的建筑，将昔日的贫民窟转化为一个巨大的文化结合体。林肯艺术中心拥有一系列的馆藏地：大都会歌剧院、纽约城市歌剧与芭蕾剧院、纽约交响乐团、林肯中心及沃尔特·瑞德剧院、艾佛瑞·费雪（Avery Fisher）厅、艾莉丝·杜利（Alice Tully）厅以及朱利亚音乐学院（见50页）。夏季广受欢迎的莫扎特音乐会在此举行，而在周边公园也会举行其他免费的音乐会。2004年10月，林肯中心爵士乐团搬迁至新址：位于哥伦布环的时代华纳大楼。位于哥伦布环至阿姆斯特丹大道，第62街和第63街之间 · 地图G2 · 参观时间：10:30am，2:30pm，4:30pm · 须买门票

3 纽约历史协会 (New York Historical Society)

纽约最老的博物馆，建于1804年。现已把其大量的首藏品安排到了四层的亨利·鲁斯三世（Henry Luce III）中心。在这里，共展览有4万件物品，分为不同的区，例如绘画、雕刻、家具、银器、工具以及著名的蒂凡尼纱灯。其他的展厅则展出非永久性的展览。这个协会还拥有一个研究性图书馆。位于中央公园西77街2号，与中央公园西路交会 · 地图G2 · 开放时间：10am-6pm（周二至周日）；图书馆 10am-5pm（周二至周日）（夏季周二至周五） · www.nyhistory.org · 须买门票

4 哥伦布环 (Columbus Circle)

是纽约历史上最大的一个建筑群之一，它由一个被人忽视的郊区大厦转变为一个重要的公共场所。它的再建吸引了美国本土和国际上的很多公司，例如传媒巨头时代华纳在此已有一栋80层的总部大厦。新建筑内有商场、娱乐场所和饭店，还有中国香港的文华东方酒店。这里也是林肯中心爵士乐团的新址。其他位于哥伦布环的建筑有赫斯特大厦、川普国际酒店以及缅因州纪念碑。位于哥伦布环 · 地图H2

5 香盒行道 (Pomander Walk)

这个双层的红砖灰泥，木制结构的都铎王朝式的建筑隐藏在一条私人所属的街道上，在曼哈顿它

林肯艺术中心

也是等待游客发现的众多惊喜中的一个。“香盒行道”的开发商，餐馆老板托马斯·赫利在1921年从刘易斯·帕克的流行戏剧《香盒行道》("Pomander Walk")中得到了灵感，希望可以再现戏剧里描绘的乡村氛围。演员格罗利亚·斯万森、罗莎琳德·拉塞尔以及汉弗莱·博加特都曾在此居住过。位于西94街261-267号，在百老汇与西端大道之间·地图E2

6 河边公园 (Riverside Park)

弗雷德里克·劳·奥姆斯特德(Frederick Law Olmsted)1873年设计的景观风格的又一范例，是一片小高地树木带。它沿着弯曲的河边大道经过70个街区，遮住了下面的废弃火车轨道。后来这里又增加了运动场地、游乐场、步行道以及很多纪念碑。给人印象深刻的是第89街的1902年建成的大理石战士与水手纪念碑，以此来纪念在内战中牺牲的人，被后来在雅典建的赖西丁纪念碑所模仿。位于河边大道，72街至155街·地图C1·开放时间：6am-1pm·免费

7 河边大道/西城历史区 (Riverside Drive/ West End Historic District)

走过这一地区你可以看到上西区特有的19世纪风格联排建筑，西88街就是个很好的例子。最早的267-271号建于1884年，302-338号的山型墙和罗马砖是从19世纪90年代就已经存在的古迹，而大约

战士与水手纪念碑

建于1896年的315-323号有棕色或白色石头建的弓形墙。位于西89街346号的犹太初等中学，于1901年由赫尔茨（Herts）和泰兰特(Tallant)建校，占据了河边大道旁仅有的两座幸存公寓之一。位于河边大道至西端大道，在第85街和第95街之间·地图E1

8 曼哈顿儿童博物馆 (Children's Museum of Manhattan)

建于1973年，前址是一所学校，这所博物馆的信条是：让孩子自己发现才能学得最好。一系列可参与的活动和有趣的环境使小参观者们从中受益。被称作“提斯克大厦”的博物馆在馆长提斯克·撒斯曼的推进下耗资650万重新进行了装修。博物馆有很多活动项目，包括吸引了很多大孩子的展览，而拼字游戏则吸引了新生儿至4岁孩子（见66页）。位于西83街212号，与百老汇交会·地图F2·开放时间：9月至6月，11am-5pm（周三至周日）；7月至8月，10am-5pm（周二至周日）·须买门票

香盒行道上的房屋正面

上西区建筑

上西区的边道是一排排棕色石头建成的优雅建筑，这种风格深得19世纪纽约中产阶级喜爱。这些狭窄的建筑是由当地价格低廉的褐沙石制成的，它们一般有三四层，有一段楼梯被称为“弯腰梯”，可以连到起居室。

9 扎布若市场（Zabar's）

它是一个让人为找到最好食物而发狂的纽约地标式的地点。自1934年开始，这一拥挤的市场出售熏鱼、鲟鱼和其他犹太食品，还有美味的面包、甜点、咖啡和奶酪，以及品种繁多的食用油、醋、美食礼品篮。二层是烹调用具，在第80街还有一个咖啡台，能让你品尝到可口的烧烤食品。位于百老汇2245号，与第80街交会 · 地图F2

10 绿色跳蚤市场/77街跳蚤市场（Green Flea Market/77th Street Flea Market）

每个周日跳蚤市场的卖品会充满学校的院子。到跳蚤市场的人希望可以淘到葡萄园工作服、手工品、书籍、珠宝、印刷物和各种风格的纪念品。更实际些的，还有新的商品如袜子或体恤衫等贩卖。天气正常的话，每周都会有300个摊位等着你。每周的绿色市场也在这里举行。位于第77街44号，与哥伦比亚大道交会处 · 地图F2

上西城一日游

早晨

从林肯中心（见139页）开始，参观大厦、大都会歌剧院的查歌窗、以及林肯中心剧院前的亨利 · 摩尔的雕像。在剧院后面的阿姆斯特丹大道上，有纽约公共图书馆的表演艺术馆，它以收藏表演类的图书而闻名。

沿着百老汇大道，欣赏一下商店的橱窗，浏览一下那些地标性建筑，如爱索公寓（Apthorp Apartments）（见142页）、安桑尼雅旅馆（Ansonia Hotel）（见142页），还有西边的美食区，例如扎布若市场（Zabar's）和第75街上的航路（Fair-way）。基本上所有的人行道旁都是成排的棕色石头建成的联排建筑。最后向东到达哥伦比亚大道的塞里奥乔（Calle Ocho）（见143页）吃古巴大餐。

下午

美国自然历史博物馆（见34-37页）可以让你逛一下午。纽约历史协会（见139页）也有精彩的藏品展览。

沿着中央公园西道闲逛，可以看到这里的地标性的知名公寓大厦（见142页），然后去中央公园（见26-27页）——纽约人的巨大“后院”。乘上一艘小船游览湖光。然后去洛布船屋（Loeb Boathouse）吃甜点，愉快的一天就结束了。

达科他建筑细节

多瑞尔顿公寓的阳台

圣雷莫

艺术家旅馆

TOP 10 十佳公寓大楼

1 达科他（Dakota）
因著名摇滚歌手约翰·列侬在此遭枪杀而出名，本街区在1884年被认为再往西去才到，现在被认为就在达科他了。位于中央公园西72街1号，与中央公园西道交会·地图G2·不对公众开放

2 多瑞尔顿公寓（Dorilton）
是布杂艺术时代最华丽的典范之一。这座建于1902年的公寓配有铁门守护这座艺术“宫殿”。位于西71街171号，与百老汇交会·地图G2·不对公众开放

3 安桑尼雅旅馆（Ansonia Hotel）
这栋1908年建的公寓式旅店配有隔音设备，它的这一特点吸引了许多杰出的音乐家。位于百老汇2109号，在第73街和74街之间·地图G2

4 爱索公寓（Apthorp Apartments）
模仿了一个意大利文艺复兴时的宽松的女式套装而建，这座1908年的豪华建筑包括一个巨大的室内庭院。位于百老汇，在第78街和79街之间·地图F2

5 本那德（Belnord）
比爱索公寓还要大，这座建于1908年的文艺复兴风格建筑是诺贝尔奖获得者作家伊萨克·巴舍维斯·辛格过去写作生活的地方。位于西86街225号，与阿姆斯特丹大道交会·地图F2 ·不对公众开放

6 宏伟（Majestic）
是欧文·查宁（Irwin Chanin）设计于1931年的两座地标建筑中的第一个，也是西区地平线最初的四个双塔中的一个。位于中央公园西道115号，第71街和72街之间·地图G2·不对公众开放

7 世纪（Century）
是欧文·查宁设计的第二座双塔，是本街区最高的建筑，也是装饰艺术风格的代表。位于中央公园西道25号，第62街和63街之间·地图H2·不对公众开放

8 圣雷莫（San Remo）
埃默里·罗斯在1930年的装饰艺术杰作是对文艺复兴形式的巧妙默化。位于中央公园西道145-146号，在第74街和75街之间·地图G2·不对公众开放

9 黄金国大楼（Eldorado）
另外一个罗斯设计的装饰艺术风格大楼，格鲁裘·马克思（Groucho Marx）及玛丽莲·梦露（Marilyn Monroe）都曾经是这里的租户。位于中央公园西道300号，在第90街和91街之间·E2

10 艺术家旅馆（Hotel des Artistes）
建于1918年，出租给艺术家做工作室和公寓，高高的空间令人向往。曾经住过这里的人有诺埃尔·科沃德（Noel Coward）、伊莎多拉·邓肯（Isadora Duncan）和乔尔·格雷（Joel Grey）。位于西67街，在中央公园西道和哥伦比亚大道之间·地图G2

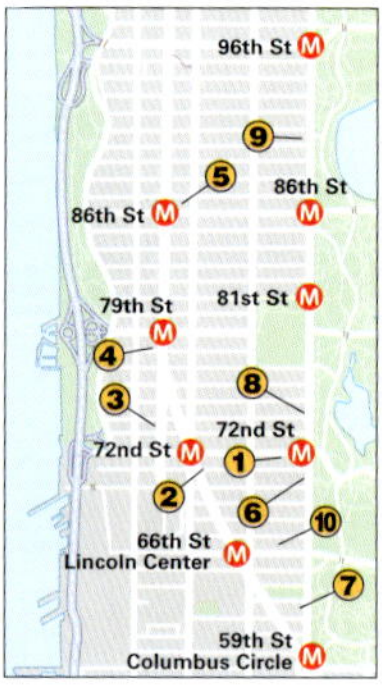

更多纽约的历史建筑，详见46-47页

顺利咖啡屋

罗莎·墨西哥人饭店

价格分类

供单人享用的三道菜、	$	25美元以下
一杯普通葡萄酒，	$$	25-50美元
各种不可避免的	$$$	50-80美元
收费（含税）	$$$$	80美元以上

TOP 10 十佳餐馆

1 让·乔治（Jean Georges）
以明星主厨让·乔治·沃艮齐命名的餐馆，是纽约最好的餐馆之一（见68页）。位于中央公园西道1号,川普国际酒店 · 地图H2 · 212 299 3900 · $$$$

2 波色餐馆（Per Se）
本餐馆老板是托马斯·凯勒，早在餐馆开业之前，就有书对其大加赞誉。位于哥伦布环时代华纳中心 · 地图H2 · 212 823 9335 · $$$$

3 顺利咖啡屋（Shun Lee café）
这间窗明几净的黑白色调的点心咖啡屋被认为是唐人街北部最棒的。位于西65街43号，与哥伦比亚大道交会 · 地图G2 · 212 769 3888 · $$

4 费列罗咖啡厅（Fiorello's café）
量多丰富的开胃食吧已经足够吸引人，而薄皮比萨和意大利菜单也很吸引人。位于百老汇1900号，在第 63街和64街之间 · 地图H2 · 212 595 5330 · $$

5 绿地客栈（Tavern On the Green）
本店可以俯瞰中央公园，提供改良的美式菜肴。夏季可以在壁画装饰的私家花园里用餐。位于中央公园西道与第67街交会处 · 地图G2 · 212 873 3200 · $$

6 加百利店（Gabriel's ）
精致的托斯卡纳式的食物使这时髦的房间晚上挤满了从林肯中心出来的游客。位于西60街11号，与哥伦比亚大道交会 · 地图H2 · 212 956 4600 · $$

7 罗莎·墨西哥人（Rosa Mexicano）
是纽约最棒的墨西哥饭店的分店，因其特制的鳄梨酱和玛格丽特酒而闻名。位于哥伦比亚大道61号，与第62街交会 · 地图H2 · 212 977 7700 · $$$

8 卢森堡咖啡厅（Café Luxembourg）
经典的巴黎咖啡馆，有镀锌的吧台和大量潮流客。这里的烤牛排让人难以抗拒。位于西70街200号，与阿姆斯特丹大道交会 · 地图G2 · 212 873 7411 · $$$

9 塞里奥乔（Calle Ocho）
每晚这里都让人有参加拉丁派对的感觉；来自古巴的大厨开发的菜式显然受到从秘鲁到波多黎各的灵感启发。位于哥伦比亚大道446号，在第81街和82街之间 · 地图 F2 · 212 873 5025 · $$$

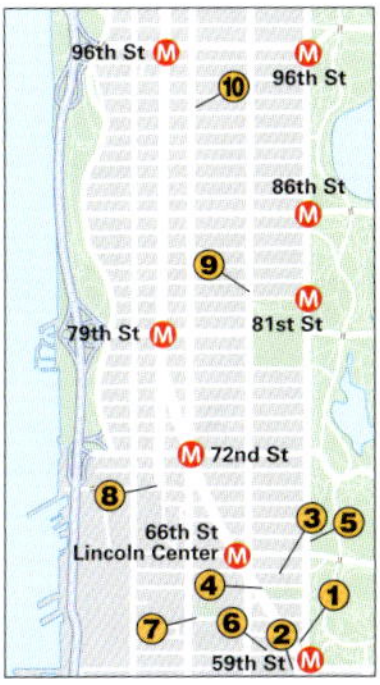

10 加纳柔（Gennaro）
本店回头客称这个小咖啡厅有上西区最好的意大利美食，其价格最合理，经常需排队。位于阿姆斯特丹大道665号，在第92街和93街之间。地图E2 · 212 665 5348 · 不接受信用卡 · $$

注意：除特别说明外，各家餐厅均可使用信用卡并可提供素食食品

哥伦比亚大学

圣保罗大教堂的圆花窗

街头音乐

晨边高地和哈莱姆区

晨边公园和哈得逊河之间，从第110街至第125街之间的区域，坐落着哥伦比亚大学及另两座著名教堂。由此向西再往北延伸，就是美国最著名的黑人区——哈莱姆。在19世纪80年代，铁路将市中心与这周边的地区连在一起，当时的大型住宅都由爱尔兰人、意大利人和犹太人居住，但到20世纪20年代，黑人家庭成为这里居民的主体。由于白人频繁出入黑人音乐家们聚集的夜总会，哈莱姆曾经兴旺一时，但随着大萧条时期的来临，哈莱姆的复兴时代结束了。然而近期这一地区经济逐渐复苏，似乎正预示着第二次复兴的开始。

TOP 10 十佳景点

1. 哥伦比亚大学
2. 圣约翰大教堂
3. 河边教堂
4. 汉密尔顿高地历史区
5. 圣尼古拉斯历史区（奋斗者道）
6. 阿比西尼亚浸信会教堂
7. 马库斯加维公园
8. 哈莱姆视听博物馆
9. 斯卡姆堡黑人文化研究中心
10. 马尔科姆·沙巴兹清真寺/哈莱姆市场

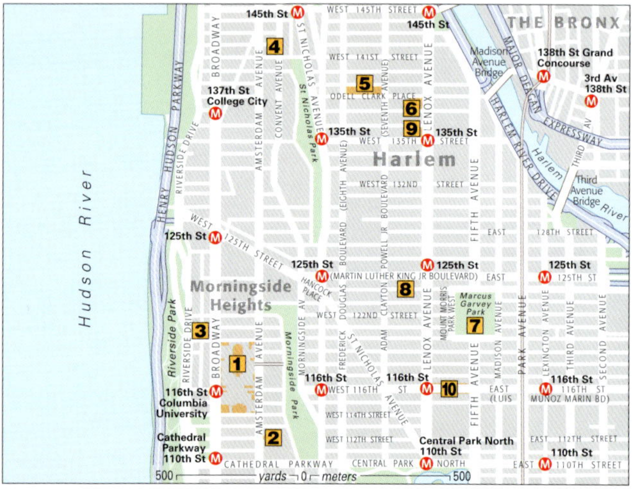

1 哥伦比亚大学

美国最古老的大学之一，以法律、医学、新闻等专业而闻名，成立于1754年，当时称为“国王学院”，1897年迁至目前校址。整个校园由查理斯·麦克希姆（Charles Mckim）设计建成，缓坡上分布的大片草坪和广场将学校与街道隔离开来。其中著名的建筑包括麦克希姆于1898年设计的图书馆和勒·法奇（La Farge）的带有三组窗户的圣保罗小礼堂。位于西116街，与百老汇交会 · 地图C3 · www.columbia.edu

2 圣约翰大教堂 (Cathedral of St. John the Divine)

是世界上最大的天主教堂，也是纽约圣公会教区（Episcopal）的总教堂，始建于1892年，至今尚未竣工。该教堂长600英尺（180米），宽146英尺（45米），融罗马式建筑风格与哥特式建筑风格于一体。其令人印象最深刻的特征包括西面入口、玫瑰花窗、壁嵌式祭坛和南草坪上的“和平喷泉”。现在，这些建筑中所运用的中古石刻技术正在被作坊、工场工作的年轻人研习（见46页）。位于阿姆斯特丹道1047号，与第112街交会（1047 Amsterdam Avenue at 112th St）· 地图C3 · 开放时间：7am-6pm（周一至周六），1-7pm（周日）（七八月份至6pm）· 免费 · www.stjohndivine.org

3 河边教堂（Riverside Church）

这座哥特式的摩天大厦一样的教堂，是1930年在小约翰·D.洛克菲勒（John D. Rockefeller Jr.）的捐助下，仿照沙特尔大教堂建造的。站在21层的塔楼上，迷人的哈德逊河景色尽收眼底。塔内有世界上最大的钟琴，是献给洛克菲勒母亲的。灿烂的彩色玻璃窗也是依照沙特尔教堂仿制的，但有四个明显的不同之处——东面墙上的16世纪初期的佛兰德式窗。在这里，自由党人士举行的圣会非常活跃。位于河边大道490号，与第122街交会（490 Riverside Drive at 122 St）· 地图C1 · 开放时间：10:30am-5pm（周二至周日）· 须买门票 · www.theriversidechurchny.org

4 汉密尔顿高地历史区

过去这里曾经是有钱人们的不动产庄园，比如属于亚历山大·汉密尔顿（Alexander Hamilton）的住宅——建于1802年的汉密尔顿庄园就在这里，19世纪80年代由于高架铁路的建成，俯瞰哈莱姆的这块高地突然变得炙手可热。1886年至1906年间，豪华住宅在这里拔地而起，而20世纪二三十年代高地赢得“蜜糖小丘”（Sugar Hill）的美名后，更是吸引了大批哈莱姆的精英。其中首席大法官萨古德·马歇尔（Thurgood Marshall）、音乐家贝西伯爵（Count Basie）、埃灵顿公爵（Duke Ellington）以及凯伯·卡洛威（Cab Calloway）就曾在此居住。位于西114街至西145街 · 地图A2

河边教堂

5 圣尼古拉斯历史区（奋斗者道）（Strivers' Row）

这些优雅的房屋最初被认为是“皇家建筑模型”，于1891年建成，那时哈莱姆区与贵族们的住宅区比邻。在麦克希姆（Mckim）、米德（Mead）和怀特（White）三位著名建筑师的努力下，将文艺复兴风格、乔治亚风格以及维多利亚风格巧妙地融为一体，完美和谐，自然天成。20世纪二三十年代，黑人中的成功人士纷纷搬到这里，并为它起了个绰号“奋斗者道”。位于西138街202-250号，第七大道与第八大道之间 · 地图A3

6 阿比西尼亚浸信会教堂（Abyssinian Baptist Church）

是美国最古老、最有影响力的黑人教堂之一，1808年由一群反种族隔离成员在浸信会教堂内组成。在国会议员小亚当 · 克莱顿 · 鲍威尔（Adam Clayton Powell, Jr.）等的领导下，这里的政治集会一度非常频繁。如今每到星期天，很多人会专门来此听唱诗班美妙的赞美诗。位于西138街132号，来诺克斯道与第七大道之间（132 West 138th Street, between 7th & Lenox avs） · 地图A3 · 9am-11am（周日） · www.abyssinian.org

7 马库斯加维公园（Marcus Garvey Park）

一位名叫加维（Garvey）的黑人民族主义者，因为鼓励人们向非洲移民而成为“黑人自豪运动（Black Pride Movement）”中的英雄。为纪念这位英雄，在1973年，人们把公园的名字由原来的“莫里斯山（Mount Morris）”改为现在的“加维公园”。它毗邻莫里斯山历史区，那里有造型优美的房屋和教堂，是早期富足的德国犹太人留下来的。20世纪20年代，当哈莱姆变成了黑人聚集区时，犹太教堂随之变成了黑人教堂，那些房屋也被分而居之。位于西120至西124街，来诺克斯道与第五大道之间 · 地图B3

8 哈莱姆视听博物馆（Studio Museum in Harlem）

1967年开放时，是艺术家们的工作室，逐渐扩展成为黑人艺术家们重要的活动中心。在当地银行的捐赠下，建起现在的大楼，于1982年开放，如今已经完成了大规模扩张，将开辟更多的画廊空间，扩大雕塑花园，增加一座礼堂和一间咖啡厅。位于西125街144号，第七大道与来诺克斯道之间 · 地图B3 · 开放时间：12pm-6pm（周三至周五、周日），10am-6pm（周六） · 须买门票 · 捐赠 · www. studiomuseum.org

哈莱姆视听博物馆

哈莱姆市场

9 斯卡姆堡黑人文化研究中心(Schomburg Center for Research in Black Culture)

1991年开放，是美国最大的非洲人文化与美籍非洲裔人文化研究中心。已故的亚瑟·斯卡姆堡(Arthur Schomburg)曾收集过大量的材料并进行了归类整理。后来这些资料被送到纽约公共图书馆，斯卡姆堡也因此被任命为馆长。20世纪20年代，黑人文学盛行时，研究中心的旧楼只是作家们非正式聚会的场所，而今，这所研究中心拥有一座剧场和两个画廊。位于来诺克斯道515号，与第135街交会·地图A3·12pm-8pm（周二至周三），12pm-6pm（周四至周五），10am-6pm（周六）·免费

10 马尔科姆·沙巴兹清真寺/哈莱姆市场（Malcolm Shabazz Mosque/Harlem Market)

马尔科姆·沙巴兹清真寺是已故的领袖马尔科姆X（Malcolm X）的办公地点，而它周围的整个地区已经变成了活跃的穆斯林团体的中心。当地的商店出售各种书籍、磁带及穆斯林服装；饭馆提供塞内加尔风味的菜肴。过去那些穿梭于第125街拥挤的人群中的街头小贩，现已被迁入一个规范化的市场内，那里有各种摊位，出售非洲工艺品、玩具、鼓、口罩、花哨的衬衫以及印有非洲特色图案的纺织品。清真寺(Mosque)位于西116街102号，与来诺克斯道交会·地图C3·开放时间：9am-5pm·免费·哈莱姆市场（Harlem Market）位于第五大道和来诺克斯道之间,西116街52-60号·地图C3·开放时间：10am-6pm·免费

哈莱姆及晨边高地一日游

早晨

星期天早晨开始，坐2号或3号地铁到“第135街和来诺克斯道”（135th Street and Lenox Avenue）站下车，步行到第138街，然后向西到阿比西尼亚浸信会教堂去听唱诗班的赞美诗。

沿第138街继续向西走，去圣尼古拉斯历史区看一看19世纪90年代的优美建筑，还可以在第八大道的兰德尔晚餐俱乐部（Londel's Supper Club）停下来享受一顿福音早午餐（见148页）。

下午

回到来诺克斯道向市中心的第125街进发，在那里的商店里尽情浏览；然后西行到著名的阿波罗剧院（见148页）或哈莱姆视听博物馆欣赏黑人艺术展览；你还可以在来诺克斯道与第125街交会处的星巴克小憩一会儿，喝杯咖啡。

乘M60路公交车向西到第120街和百老汇下车，步行至河边教堂（见145页），登上塔顶，哈德逊河的美景尽收眼底；街对面是第18任美国总统尤利西斯·S.格兰特的纪念碑；从这儿向东两个街区到第116街，便是百老汇和哥伦比亚大学的校门（见145页），再向东走一个街区，在阿姆斯特丹大道可以看到宏大的圣约翰大教堂（见145页）。你应该去玛米小姐之家（Miss Mamie's）品尝一下美味的南方食品（见149页），然后返回百老汇乘坐1号或9号地铁回市中心，一天的游览结束啦！

西尔维亚之家的福音音乐

阿波罗剧院

TOP 10 十佳音乐据点

1 来诺克斯艺廊（Lenox Lounge）
该音乐艺廊有50多年的历史，这里能欣赏到爵士曲目。位于马尔科姆·X街288号，第124街与125街之间·地图B3

2 艺人吧（Showman's）
周一、周四及周六晚上在这里演出的激情爵士乐是极具诱惑力的。位于西125街375号，圣尼古拉斯餐厅和晨边餐厅之间·地图B2

3 兰德尔晚餐俱乐部（Londel's Supper Club）
是新哈莱姆的一部分，每到周末还会有活力四射的爵士乐现场表演。位于弗雷德里克·道格拉斯道2620号，第139街和140街之间·地图A3

4 圣尼克酒吧（St. Nick's Pub）
众所周知，撒文·格洛夫和雷·查尔斯曾到过此地。位于圣尼古拉斯大道773号，与第149街交会·乘A,B,C,D线地铁至第145街（145th St）

5 大河餐厅（River Room）
面对哈德逊河，位置极佳。供应南方风味。周末看爵士乐演出。Riverbank State Pank，西145街750号·地图A2·212 926 5558

6 棉花俱乐部（Cotton Club）
虽然埃灵顿公爵（Duke Ellin-gton）和凯伯·卡洛威（Calloway）早已离去，但这所20世纪20年代闻名一时的俱乐部如今正恢复着往日的风采。位于西125街656号，靠近西125街与小马丁·路德·金路交会处·地图B2

7 阿波罗剧院（Apollo Theater）
该剧院是哈莱姆著名的艺术阵地，埃拉·菲茨杰拉德和詹姆斯·布朗曾在这里开创他们的事业。位于西125街253号，第七大道和第八大道之间·地图B3

8 亚伦·戴维斯大厅（Aaron Davis Hall）
爵士系列演出的地点，也上演芭蕾、歌剧、以及哈莱姆电影节。位于城市大学校园内，西135街及考文特道交会处·地图A2

9 米勒剧院（Miller Theatre）
是哥伦比亚大学的主要表演场所。位于哥伦比亚大学内，百老汇2960号，与第116街交会·地图C2

10 烟幕（Smoke）
每到周末，哥伦比亚大学的学生以及各个年龄阶段的爵士乐爱好者们都会聚集此地，欣赏最顶级的爵士乐团表演。位于百老汇2751号，与第106街交会·地图D2

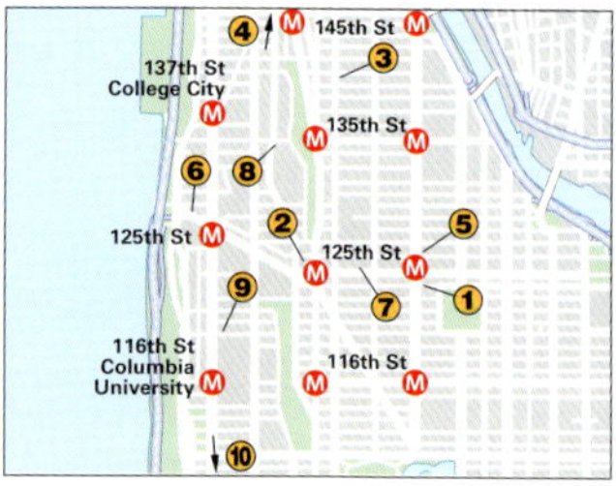

更多娱乐信息，详见50-51页

查尔斯南味厨房

空中楼阁

价格分类

供单人享用的三道菜、	$	25美元以下
一杯普通葡萄酒，	$$	25-50美元
各种不可避免的	$$$	50-80美元
收费（含税）	$$$$	80美元以上

TOP 10 十佳餐馆

1 查尔斯南味厨房（Charles' Southern Style Kitchen）
不要错过它极棒的炸鸡、肋排以及羽衣甘蓝。位于第151街和152街之间，弗雷德里克·道格拉斯大道2839号 · 另外在Lexiox大道308号（126街与125街之间）· 地图A2 · 212 926 4313 · $

2 Acapulco Caliente
纯正的墨西哥风味，价格便宜。百老汇3508号（143街与144街之间）· 地图A2 · 212 926 5558 · $

3 莫德小姐之家/玛米小姐之家（Miss Maude's /Miss Mamie's）
由著名时装模特诺玛·琼·达尔登开办，具有美国南方特色。前者位于来诺克斯道547号，与第137街交会 · 212 690 3100 · 后者位于教堂路366号，曼哈顿大道和哥伦比亚道之间 · 212 865 6744 · 地图A3，D2 · $

4 科普兰（Copeland's）
在这个热门小餐馆里您可以吃到南方经典美食。位于西145街547号，与百老汇交会 · 地图A2 · 212 234 2357 · $

5 大河餐馆（River Room）
面对哈德逊河，位置极佳。供应南方风味。周末看爵士乐演出。Riverbank State Pank，西145街750号 · 地图A1 · 212 491 1500 · $$

6 蒙地哥湾（Mo Bay）
这是一家牙买加餐馆。位于西125街17号，来诺克斯道与第五大道之间 · 地图B3 · 212 876 9300 · $$

7 艾米·鲁斯之家（Amy Ruth's）
备有改良过的南方经典美食，华夫饼是这里的一大特色。位于西116街113号，鲍威尔道和来诺克斯道之间 · 地图C3 · 212 280 8779 · $

8 勒·保巴柏（Le Baobab）
这里的塞内加尔饭菜很可口。位于西116街120号，与来诺克斯道交会 · 地图C3 · 212 864 4700 · 不接受信用卡 · $

9 烘焙屋（Toast）
三明治是这家休闲咖啡屋的特色。位于百老汇3157号，泰尔曼广场和拉赛尔大街之间 · 地图B2 · 212 662 1144 · $

10 空中楼阁（Terrace in the Sky）
建于屋顶的饭店适宜举行婚礼。位于西119街400号，与阿姆斯特丹道交会 · 地图C2 · 212 666 9490 · $$$

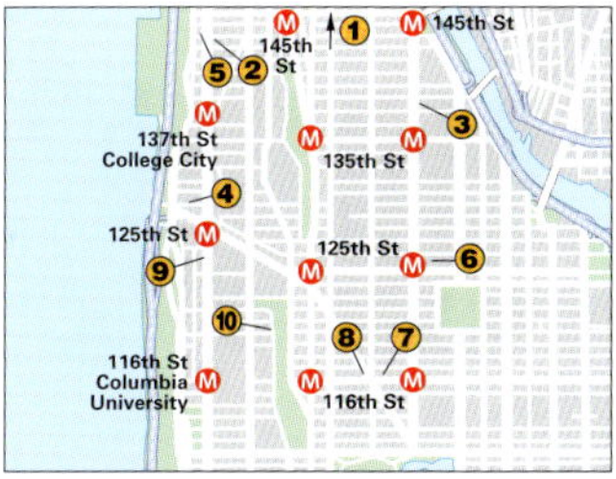

注意：除特别说明，各家餐厅均可使用信用卡并可提供素食食品

纽约植物园

布朗克斯园

公园坡历史保留区

外区

纽约的五个区各具特色，均有其独到的迷人之处,曼哈顿区只是其中之一。仅就布鲁克林区（Brooklyn）来说，周围有漂亮的褐色砂石建筑，迷人景色，数不胜数，几乎可以把它看作美国最大的城市之一；北部的布朗克斯区（Bronx），拥有纽约最出色的动物园之一，还有纽约植物园和扬基体育场使之引以为自豪；皇后区（Queens）堪称为真正的民族大熔炉，以众多的博物馆、各民族美食风味，以及无数的体育盛事而闻名。斯坦登岛（Staten Island）的渡轮将带你到纽约唯一复原的历史保留村落。

TOP 10 十佳景点

1. 布朗克斯动物园
2. 纽约植物园
3. 布鲁克林植物园
4. 布鲁克林高地历史保留区
5. 展望公园
6. 公园坡历史保留区
7. 法拉盛草原－可乐那公园
8. 扬基体育场
9. 里士满历史镇
10. 城岛/北风研究所博物馆

布鲁克林大桥

1 布朗克斯动物园 (Bronx Zoo)

占地265英亩，经历了百年历史，依然生机勃勃。最新开放的内容是蝴蝶公园和老虎山，而面积6.5英亩的模仿非洲森林环境的“刚果大猩猩园（Congo Gorilla Forest）”，使游人可以和这里的“居民”亲密接触。在不同寻常的“暗黑世界”里，你可以亲眼看到像蝙蝠这样的夜行动物的活动情况。位于布朗克斯河公园路与波士顿路交会处·乘地铁到佩勒姆公园路（Pelham Pkwy）下车·开放时间：4至10月，10am-5pm（周一至周五），10am-5:30pm（周六、日及节假日）；11至3月，10am-4:30pm·须买门票·www.bronxzoo.com

2 纽约植物园 (New York Botanical Garden)

世界上最大、最古老的植物园之一，堪称国家历史里程碑。占地250英亩，包含48个分类花园和植物总汇，以及50英亩纽约仅存的森林区。有电车带您轻松游览最精彩的部分，并有导游随时为您提供服务。利昂·利维游客中心（Leon Levy Visitor Center）内有游客服务区、商店和咖啡厅。位于布朗克斯公园路及卡兹米洛夫大道附近·乘地铁到贝德弗德公园大道站（Bedford Park Blvd）下车·开放时间：4月至10月，10am-6pm（周二至周日）；11月至3月，10am-5pm（周二至周五）·须买门票（周三和周六的上午免费）。www.mybg.org

3 布鲁克林植物园 (Brooklyn Botanic Garden)

小而精的世外桃源，占地52英亩，1910年由奥姆斯蒂德兄弟（the Olmsted brothers）设计，有12,000多种植物。最著名的是克兰弗德玫瑰园（Cranford Rose Garden），成千上万株玫瑰花或如瀑布般从拱形柱上流泻而下，或在格架上怒放；同样著名的还有1915年建成的尽得精髓的日式山水花园。位于布鲁克林区华盛顿道900号·乘地铁至公园东路（Eas-tern Pkwy）站下车·开放时间：4月至9月，8am-6pm（周二至周五），10am-6pm（周六、日及节假日）；10月至3月，8am-4:30pm（周二至周五），10am-4:30pm（周六、日及节假日）·须买门票（周二和周六的上午免费）·www. bbg.org

4 布鲁克林高地历史保留区 (Brooklyn Heights Historic

布鲁克林植物园

District)
远眺东河和下曼哈顿（Lower Manhattan）的天际线，布鲁克林高地历史保留区被古老魅力环绕着。在古雅别致的街道两侧保存着19世纪20年代联邦时期的木房、砖房，还有数十年之后建造的更加雄伟的希腊复兴时期式样的建筑。位于从科特街（Court Street）到菲曼大街（Furman Street），在富尔顿街（Fulton）与斯泰特街（State Street）之间·乘地铁至克拉克街（Clark St）

5 展望公园 (Prospect Park)

此公园开放于1867年，杰出的园林大师弗雷德里克·奥姆斯蒂德和卡尔弗特·沃克斯设计了展望公园。位于布鲁克林区，公园东路（Eastern Parkway）和园边大道（Park-side Avenue）之间·乘地铁至大军团广场（Grand Army Plaza）

展望公园的旋转木马

6 公园坡历史保留区（Park Slope Historic District)

这些19世纪末至20世纪初的维多利亚年代的褐石屋展示了辉煌的罗马复古风格和安娜女王式风格，是美国境内很少见的。位于布鲁克林区，展望公园西道至第八大道，在第14街和圣约翰街（St. John's Pl）之间·乘地铁至第七大道

7 法拉盛草原－可乐那公园 (Flushing Meadow-Corona Park)

> **乘车去皇后区（Queens）**
>
> 乘这个地铁路线，别名“国际特快”，途经纽约最多元族群的社区。走第61街去伍德赛德（Woodside）去看爱尔兰酒吧；在第46街可游览中东风情；第69街则是菲律宾人的天下。皇后艺术基金协会（Queens Council on the Arts）提供1美元导游，地址：伍德海汶公园道南79-01号（79-01 Park Lane South, Woodheaven），邮编：NY 11421。www.queenscounciarts.org

此处曾经举办过两次世界博览会，现在则是有着野餐区、板球场、足球场、摩托车赛道、滑冰道、划艇湖泊和其他许多景观的宽阔公园。职棒联盟的纽约大都会队的主场谢尔棒球场（Met's Shea Stadium），美国国家网球中心（U.S. Tennis Center），纽约科学馆（New York Hall of Science），皇后区艺术博物馆（the Queens Mu-seum of Art）都在此地。1964年世界博览会的标志物，大型地球仪（Unisphere），仍然在此矗立着。位于皇后区·乘地铁至“第111街，谢尔棒球场”（111th St, Willets Pl-Shea Stadium）

8 扬基体育场 (Yankee Stadium)

建成于1923年的扬基体育场，是球迷心目中的运动圣地。又因为大批的球迷聚此目睹超级英雄贝比·鲁斯，所以此处又被称为“贝比·鲁斯建造的体育场”。位于

世界博览会标志地球仪

扬基体育场

里士满镇

布朗克斯区，东161街与河边大道之间 · 乘地铁在“第161街-河边大道”（161st St-River Avenue）· 开放时间不定 · 须买门票

9 里士满历史镇 (Historic Richmond Town)

这个复古的村落中有29个建筑来自于里士满镇，即1729年斯坦登岛（Staten Island）政府所在地。还有从其他历史古迹移来的建筑物。位于斯坦登岛，克拉克大道（Clark Avenue）441号 · 在渡口乘坐S74路公交车 · 开放时间：9月至6月，1-5pm（周三至周日）；7月至8月，10am-5pm（周三至周六），1-5pm（周日）· 须买门票 · www.historicrichmondtown. org

10 城岛/北风研究所博物馆 (City Island/North Wind Institute Museum)

这个长岛海峡上的小布朗克斯（Bronx）村落建于1685年。北风研究所博物馆中汇集了所有的航海知识,位于布朗克斯区，城岛福德海姆大街（Fordham St）190号 · 乘地铁至佩勒姆海湾公园（Pelham Bay Park）或乘公交车Bx29路至城岛（City Island）· 开放时间：1-5pm（周日）· 须买门票 · www.cityislandmuseum.org

布鲁克林区一日游

早晨

乘2号或3号地铁至“公园东道-布鲁克林博物馆”站下车（Eastern Parkway-Brooklyn Museum），参观世界级的布鲁克林博物馆（见41页）。此博物馆属于错杂的城市建筑群中的一部分，其中还包括大军团广场（Grand Army Plaza），布鲁克林植物园（见151页）。在植物园中有著名的日本花园，旁临展望公园。

邻接展望公园西侧的是公园坡历史保留区（Park Slope Historic District）。在游览历史区前，可到第七大道57号奥兹（Ozzie's）咖啡屋小憩。之后沿第七大道浏览临街的潮流小店，在其中任意一间咖啡屋驻足食用午餐。

下午

下午乘地铁回到布鲁克林区的区公所（Borough Hall），前往布鲁克林高地历史保留区（Brooklyn Heig-hts Historic District）。沿着皮埃庞特街、威洛街和克兰伯里街（Cranberry Street），就可看到一些19世纪的房屋。杜鲁门 · 凯波特曾在威洛街70号地下室写作《蒂凡尼早餐》，155号住宅是阿瑟 · 米勒本人的旧居。

往东走一段小路就到了亚特兰大道（Atlantic Avenue）（见156页）。逛逛那里的香料店，或在亚特兰大道155号的水滨码头啤酒屋休息。返回布鲁克林大桥时，在布鲁克林高地徒步区可俯瞰下曼哈顿区（Lower Manhattan）的楼群。最后在浪漫的“河”咖啡屋（River Cafe）（见157页）进食晚餐，结束一天的旅程。

布鲁克林博物馆

纽约科学馆

美国电影博物馆

TOP 10 十佳博物馆

1 布鲁克林博物馆
馆内藏品范围从古埃及文物到当代艺术展品（见41页）。位于布鲁克林区公园东道200号·乘地铁至公园东道·开放时间：10am-5pm（周一至周五），11am-6pm（周六至周日）；11am-11pm（每月第一个周六）·须买门票

2 野口勇公园博物馆（Isamu Noguchi Garden Museum）
13个画廊和一个宁静的日式雕塑花园。位于皇后区，第33街9-101号，与弗农大道交会·乘103路公交车到弗农大道·开放时间：10am-5pm（周三至周五），11am-6pm（周六周日）·须买门票

3 美国电影博物馆（Museum of the Moving Image）
展示电影与电视的历史和制作技术。位于皇后区第三十五大道，与第36街交会·乘地铁至施坦威街·开放时间：12pm-5pm（周三周四），12pm-8pm（周五），11am-6:30pm（周六周日）·须买门票

4 纽约科学馆（New York Hall of Science）
科学与技术的博物馆。位于皇后区第111街4701号·开放时间：7月至8月，9:30am-5pm（周一至周五），10am-6pm（周六周日）9月至6月，9:30am-2pm（周一至周四）9:30am-5pm（周五）10am-6pm（周六周日）·须买门票

5 皇后区艺术博物馆（Queens Museum of Art）
馆内有8百万个建筑模型。位于皇后区纽约城市大楼·乘地铁至第111街·开放时间：9月至6月，10am-5pm（周三至周五），12pm-5pm（周六周日）；7月至8月，1-8pm（周三至周日）·须买门票

6 现代艺术博物馆
1976年起，这个中心展示当代艺术并为艺术家提供工作室场地。位于皇后区杰克逊大道22-25号，与第四十六大道交会·乘地铁至第23街-埃利道·开放时间：12pm-6pm(周四至周一)·须买门票

7 凡科特兰博物馆（Van Cortlandt House Museum）
是布朗克斯区最古老的建筑。位于布朗克斯区凡科特兰公园·乘地铁至第242街·开放时间：10am-3pm(周二至周五)，11am-4pm(周六周日)；闭馆前30分钟谢绝入场·须买门票·www.vancortlandthouse.org

8 雅克·马歇西藏艺术博物馆（Jacques Marchais Museum of Tibetan Art）
收藏西藏艺术品，馆内有花园。位于斯坦登岛灯塔道338号·从渡口坐S74路公交车·开放时间：1-5pm（周三至周日）·须买门票

9 斯坦登岛历史社会博物馆（Staten Island Historical Society Museum）
建于1848年“镇政府办事处”内。位于斯坦登岛克拉克街441号·开放时间不定·须买门票

10 纳格港文化中心（Snug Harbor Cultural Center）
包括中式花园、表演场、艺术中心、儿童博物馆和海事收藏品。位于斯坦登岛里士满排房1000号·从渡口坐S40公交车·开放时间不定·须买门票

更多纽约博物馆信息，详见40-41页

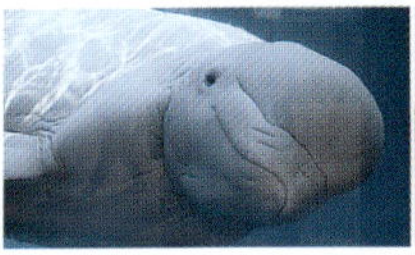
纽约水族馆

斯坦登岛渡口

斯坦登岛儿童博物馆

TOP 10 十佳合家欢景点

1 纽约水族馆 (New York Aquarium)
徒步通过沼泽后衣衫干爽地站在瀑布下。位于布鲁克林区瑟夫大道和西8街交会处 · 乘地铁至西8街 · 开放时间：4月至5月，9月至10月，10am-5pm（周一至周五）（周六、日和节假日到5:30pm）；6月至8月，10am-6pm（周一至周五）（周六、日和节假日到7pm）；11月至3月，10am-4:30pm · 须买门票

2 布鲁克林儿童博物馆 (Brooklyn Children's Museum)
馆内包括馆藏永久展和其他流动展览。位于布鲁克林区，布鲁克林道145号，与圣马克斯大街(St. Marks Pl)交会 · 乘地铁至金斯敦（Kingston）· 开放时间：1~6pm周三与周五，11am-6pm(周六周日)7~8月周二至击四12pm-6pm · 周五12pm-6:30pm · 须买门票

3 展望公园动物园 (Prospect Park Zoo)
观看狒狒，接着观赏睡莲的叶子。位于布鲁克林区，弗拉特布什道145号 · 乘地铁至展望公园站 · 开放时间：10am-4:30pm；4月至10月，10am-5pm(周一至周五)，12am-5:30pm（周六、日和节假日）· 须买门票

4 展望公园旋转木马
上面的动物造型都是手工雕刻的。位于布鲁克林区展望公园 · 乘地铁至展望公园站 · 开放时间：4月至10月，12pm-5pm（周六、日和节假日）（7月和8月至6pm）· 一美元乘坐一次

5 拉法茨儿童房屋展览馆 (Lefferts Homestead Children's House Museum)
一个稀有的18世纪荷兰殖民地农场。位于布鲁克林区展望公园 · 乘地铁至展望公园站 · 开放时间：4月至11月，12pm-5pm（周四至周日及节假日）· 免费

6 木偶制品（Puppetworks）
送给孩子的最好礼物。位于布鲁克林区第六大道338号，与第4街交会 · 乘地铁至布鲁克林第七大道 · 表演时间：12:30pm，2:30pm（周六周日）· 须买门票并提前预订

7 羊头湾渔船（Sheepshead Bay Fishing Boats）
昼夜载游客做短途游览。位于布鲁克林区伊蒙道 · 乘地铁至羊头湾 · 船只离岸时间：6:30-9am，1pm，7pm,也可租用船只 · 付费

8 斯坦登岛儿童博物馆（Staten Island Children's Museum）
可以进行水下探索。位于斯坦登岛里士满平台房1000号 · 渡口处乘S40路公交车 · 开放时间：夏季，11am-5pm(周二至周日)；冬季，12pm-5pm(周二至周日)· 须买门票

9 斯坦登岛动物园 (Staten Island Zoo)
非洲大草原的黎明是这里的必看景观。位于斯坦登岛百老汇614号 · 渡口处乘S48号公交车 · 开放时间：10am-4:45pm · 须买门票

10 斯坦登岛渡口 (Staten Island Ferry)
免费摆渡。圣乔治公车站的公交车可到斯坦登岛各个景点（见59页）。乘公交车到斯坦登岛圣乔治公车站 · 从白厅到南街，渡轮每15分钟到1小时一班 · 免费

更多在纽约合家欢游览信息，详见66-67页

麦迪逊大道上的精品鞋

家居饰品

TOP 10 十佳异域风情购物点

1 阿斯托里亚百老汇 (Broadway, Astoria)

阿斯托里亚（Astoria）是希腊本土之外最大的希腊人社区，饭店、咖啡简餐店、面包店在百老汇随处可见。位于皇后区阿斯托里亚百老汇·乘地铁至百老汇

2 法拉盛缅街 (Main Street, Flushing)

法拉盛的唐人街上有面包店、食品、礼品、饭店、中药铺，针灸所。皇后区图书馆（Queensborough Library）内有40种语言书籍。位于皇后区法拉盛缅街·乘地铁至缅街

3 杰克逊高地第74街（74th Street, Jackson Heights）

纽约的印度人社区，商店橱窗内纷纷挂着华丽的黄金珠宝，花色丰富的印度女子的莎丽服。位于皇后区杰克逊高地第74街·乘地铁至罗斯福大道

4 杰克逊高地罗斯福大道 (Roosevelt Avenue, Jackson Heights)

街头小贩贩卖着热腾腾的churros（油炸过的生面团），商店内出售音像品、食品、牧人靴、各色帽子和拉美特色的小玩具。位于皇后区杰克逊高地罗斯福大道·乘地铁至罗斯福大道

5 布朗克斯阿瑟道 (Arthur Avenue, Bronx)

在这个意大利人街区，许许多多的家庭经营的小店出售意大利酒、手工面食、一串串的意式香肠和祈祷蜡烛。位于布朗克斯区阿瑟道·乘地铁至福德海姆路

6 绿点拿梭道（Nassau Avenue, Green Point）

美国最大的波兰人居住区。商店里陈列着家制的波兰熏肠、巴布卡蛋糕、圣人们的塑像、波兰文的书籍、音像品和各种化妆品。位于布鲁克林区绿点拿梭道·乘环城列车至拿梭道

7 布鲁克林区布莱登海滩大道 (Brighton Beach Avenue, Brooklyn)

此处被称为“小敖德萨”，在这条喧嚣的街上，俄语是主要的交际沟通语言。货品从熏鱼到俄罗斯套娃，应有尽有。位于布鲁克林区布莱登海滩大道·乘地铁至55号街

8 布碌仑区公园第十三大道 (13th Avenue, Borough Park)

这是布碌仑区公园的主要街道，美国最大的东正教犹太人居住区。区内商店林立，销售各种宗教用品、诱人的烤制食物、童装和家庭日用品。位于布鲁克林区布碌仑区公园第十三大道·乘地铁至第55街

9 本森赫斯特第十八大道 (18th Avenue, Bensonhurst)

此处过去是意大利人居住区的中心。街道上排列着咖啡简餐店，面包店和熟食店。位于布鲁克林区本森赫斯特第十八大道·乘地铁至第十八大道

10 布鲁克林亚特兰大道 (Atlantic Avenue, Brooklyn)

此处是纽约中东人的商贸中心，经销果仁蜜酥饼、各式橄榄、干果、调料和传统服饰。位于布鲁克林区亚特兰大道·乘地铁至阔特街

更多纽约购物信息，详见165页

"河"咖啡馆

价格分类

供单人享用的三道菜、	$	25美元以下
一杯普通葡萄酒，	$$	25-50美元
各种不可避免的	$$$	50-80美元
收费（含税）	$$$$	80美元以上

TOP10 十佳餐馆

1 "河"咖啡馆 (River Cafe)

有许多特色菜，比如龙虾、鸭肉和海鲜。位于布鲁克林区水街（Water Street）1号·乘A线或C线地铁至高街（High St）·718 522 5200·男士下午5点以后要求着正装·$$$$

2 食品店 (The Grocery)

从1999年以来，此处的新美式菜单以及它保证新鲜的佳肴，把曼哈顿区的人纷纷吸引到布鲁克林区来。位于布鲁克林区史密斯街（Smith Street）288号·乘地铁F线至凯罗街（Carroll St）·718 596 3335·$$

3 彼得·鲁格尔牛排房 (Peter Luger Steak House)

牛肉食客衷爱此处。混有砂石的啤酒屋风格的彼得·鲁格尔牛排房销售着公认的美国最好的牛排。需提前预订。位于布鲁克林区百老汇178号·乘地铁J线M线或Z线至摩斯道（Marcy Av）·718 387 7400·$$$

4 阿地拉意大利餐馆 (Al Di La Trattoria)

这个北意大利风味的餐馆温暖舒适，提供正宗的地方菜肴，例如腹肉牛排、番茄汁贻贝以及各种美味意式面食。位于布鲁克林区第五大道248号·乘地铁至联合街（Union St）·718 636 8888·$$

5 多米尼克餐馆 (Dominick's Restaurant)

人们心甘情愿在这里排队，甚至和别人并桌来品尝最好的意大利南部家制食物。此处没有菜单，点你喜爱的或衷信侍者的推荐。位于布朗克斯区阿瑟道2335号（Arthur Avenue, Bronx）·乘地铁至福德海姆路（Fordham Road）·718 733 2807·不接受信用卡·$$

6 S'Agapo

希腊语，意为"我爱你"提供美味的希腊食品。位于皇后区第三十四大道3421号·乘地铁N线至百老汇·718 626 0303·$$

7 金刚山 (Kum Gang San)

此处有典型的韩式菜肴。位于皇后区北布瓦德138-28号·乘地铁7线至缅街·718 461 0909·$$

8 鹿鸣春 (Joe's Shanghai)

颇为有名的上海餐馆连锁店的老店，猪肉蟹粉汤包和小笼包都很受欢迎。位于皇后区第三十七大道136-21号·乘地铁7线至缅街·718 539 3838·不接受信用卡·$

9 杰克逊餐馆 (Jackson Diner)

气氛虽不浓烈，却是纽约最好的印度餐馆之一，有自助午餐。位于皇后区第74街37-47号·乘地铁E、F、G或R线至罗斯福大道·718 672 1232·不接受信用卡·$

10 丹尼诺餐馆 (Denino's)

家庭比萨屋，价格合理。位于斯坦登岛里士满港大道524号·在渡船处坐44路公交车·718 442 9401·不接受信用卡·$

注意：除特别说明外，各家餐厅均可使用信用卡并可提供素食食品

9C78
N.Y.C. TAXI
9C78
1N24
N.Y.C. TAXI
1N24
TAXI FARE

纽约十佳

资讯一点通

实用信息

住宿信息

雨伞

舒适旅游鞋

太阳镜

换季衣服

TOP 10 十大出行计划

1 带好换季的衣服

纽约四季分明，冬季平均气温26～38华氏度(-3～3摄氏度)，夏季平均温度67～84华氏度（19～29摄氏度）。尽管如此，纽约的天气仍然是不能准确预测的。多层穿着是解决之道：短袖针织衬衫，长袖棉衫，再加一件毛衣可以帮您应对大多数天气；外加一件保暖的外套就可以过冬了。

2 准备雨伞和雨衣

3月和8月是一年中下雨最频繁的季节，但在一年中常备雨伞和雨衣对您是很有用的。

3 准备旅游鞋

城区中间的街道常常会出现交通阻塞。这意味着步行出行对于回避那种交通阻塞，不仅最舒适而且最快捷。买一双结实耐穿的旅游鞋，在离家之前试穿一下，以免脚上起泡。

4 准备深色衣服

在纽约干洗衣服很贵，在大多数旅游者居住的城区中又几乎没有自助洗衣店，为此，一个实际的办法就是带上深色衣服：最好选择快干纤维制作的衣服，晚上洗了以后很快就能晾干。

5 准备帽子和太阳镜

很多游客更愿意在纽约步行。可千万别以为纽约的高楼大厦可以遮挡阳光；事实上建筑物的反光让太阳光线更强了。所以别忘了带太阳帽和太阳镜，另外别忘了防晒液。

6 准备变压器

美国现在使用的电源为115到120伏的电压，而欧洲和世界其他地方使用的是220伏的电压。有一些吹风机配有自动转换电压开关，但大多数额定电压为220伏的电器需要变压器调整电压。在机场和大型商场都有这种变压器出售。此外，美国使用两个插孔的插头，因此您的电源插头也必须是可以调整为两个插孔的插头。

7 准备公制与英制计量单位转换表

不像世界其他国家，美国不使用公制单位。使用一个公制与英制单位转换表或者袖珍电子转换器会很容易将衡量距离的单位英里换算成千米，把计量容量的单位盎司换算成公升，把衡量重量的单位磅换算成千克，把计量气温的华氏度换算成摄氏度。

8 准备学生证和老人证

在美国，65岁以上的老人在购买地铁车票和公共汽车票、大多数景点门票或者入住宾馆交纳房费时，都可以享受打折优惠。但同时也要求出示能证明年龄的证件，所以您应该把贴有照片的有效身份证件带上，以享受这种优惠。此外，学生在购买大多数博物馆或景点的门票时也可以享受打折优惠，同时也需要学生出示能证明自己身份的相关证件。美国要求进入酒吧和俱乐部的人不得小于21岁，在进入酒吧和俱乐部时也要求出示能证明年龄的证件。

9 准备袖珍计算器

您应该带上一个袖珍计算器，这样当您外出购物时，就不用再大费脑筋把用美元表示的价格口算成人民币。这种袖珍计算器就跟信用卡一般大小，可以很容易地放在口袋里或钱包里。

10 准备汽车驾驶执照

如果您想租车到纽约外边的地方旅行，切记要带好您的有效驾驶执照。您还需要出示一个附有照片和签名的官方确认证明，例如护照。此外，在租车时还需要信用卡。

乘飞机

乘船

乘公共汽车

TOP10 十大抵达方式

1 乘飞机

国际航班都在肯尼迪机场（John F. Ken-nedy Airport）与纽瓦克国际机场(Ne-wark Airport）着陆。从肯尼迪机场到纽约市的计程车费用是固定的45美元；而从纽瓦克机场搭计程车车费则从34到50美元不等，从拉瓜迪亚机场走的话是在20到30美元之间，再加上3.50美元的过路费和小费。

2 豪华轿车服务

一些豪华轿车公司提供机场或火车站或港口与目的地之间的"门对门"私人接送服务。豪华轿车预订的费用比出租车平均高5到10美元。Carmel公司和Tel Aviv公司是有名的豪华轿车服务公司。Carmel公司电话：212 666 6666 · Tel Aviv公司电话：212 777 7777

3 机场酒店巴士

机场酒店巴士也提供从机场到目的地的"门对门"接送服务，但机场酒店巴士要比豪华轿车和出租车少。车票按距离远近价格在15-22美元之间。机场酒店巴士电话：800 358 5826

4 机场巴士公司

从机场到市中心票价为8到13美元。如果接着要换乘直达酒店的小巴，则全部收费在13到19美元。在所有机场的取行李区都提供有关交通信息。详情可以拨打电话：800 247 7433 · 向纽约-新泽西港务局（NY-NJ Port Auth-ority）咨询 · www.pan ynj.gov

5 乘火车

美国铁路公司（Am-trak）在美国的所有火车都要在位于纽约第七大道与第33街的宾西法尼亚车站（Penn Station）停。长岛（Long Island）铁路线上的火车和新泽西高速列车（New Jersey Transit）也都经过宾西法尼亚车站。北部地铁（Metro-North）则在位于莱克星顿大道（Lexington）与第42街的中央火车站（Grand Central Terminal ）停车。所有铁路枢纽入口处都有计程车服务。Amtrak 铁路公司电话：800 872 7245 · 长岛铁路电话：718 217 5477 · 新泽西高速列车电话：800 772 2222 · 北部地铁：212 532 4900

6 乘公共汽车

乘公共汽车在美国旅行算得上花费最小的。纽约所有的市内公共汽车和城际线路班车在港务局公交车终点站（Port Autho-rity Bus Terminal）都有站点。位于第八大道的终点站入口处有计程车等候。港务局公交车终点站：第八大道第42街交会处 · 212 564 8484

7 乘船

游轮都要在现代化的占地宽阔的纽约市客轮终点港口停靠。海关和移民局的官员要对抵港的外国乘客进行例行的入关检查。在港口外面有计程车等候。纽约客轮终点港（NYC Passenger Ship Terminal）第十大道711号 · 212 246 5450

8 开车

纽约市中心很少有停车场，停车泊位费会高达30多美元一天。如必须开车，可以考虑住在方便去往曼哈顿区（Manhattan）近郊的汽车旅馆。

9 关税费用

美国对价值100美元的礼品（如果是美国公民则是价值400美元的礼品），一条香烟（200支）、100支雪茄、一公升酒免征关税。肉类、种子、正在生长的作物、新鲜水果都不准携带入境。携带药品入境时，药品必须有明确的标识。乘坐美国国内航线只能携带100毫升液体，这样你只能将免税酒带到入境的第一站。如果你继续乘坐飞机，酒会被没收，除非你能把它们装进检查过的行李中。美国海关总署电话：800 697 3662 ，一般信息咨询电话：877 C-USTOMS（海关咨询服务）

10 入境

在去往美国的飞机上，乘务员会发给乘客入境卡和报关单，乘客必须在下飞机之前将这些单证填完，在下飞机之后将它交给美国海关总署和移民局。外国乘客将单独排队等待移民局检查护照。大多数英国和加拿大护照持有者无需签证即可逗留90天，请向使馆查询。

新肯尼迪机场与纽瓦克机场地铁的信息可查询www.Panynj · gov/airtrain

游客信息咨询中心

纽约出租车

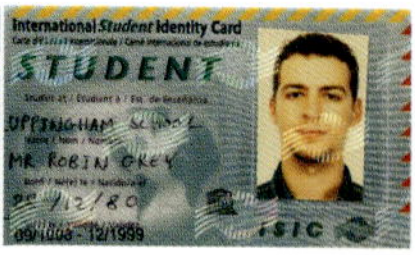

学生证

TOP 10 十大有用信息

1 旅游信息

纽约市观光局（NYC & Company）和纽约市旅游问询中心（New York Convention & Visitors Bureau）免费为游客提供多种语言的旅游信息服务。游客信息咨询中心（Visitor Information Cen-ter）地址：第七大道810号，与第53街交会·地图J3·www.nycvisit.com·开放时间：8am-8pm

2 纽约的报纸

《纽约时报》（New York Times）因其大量的国外事件报道而在国内外都有很多的读者。纽约的小报——《纽约邮报》（New York Post）、《纽约每日新闻》（New York Daily News）则以他们吸引眼球的头条标题和大量的深度体育新闻报道而著名。纽约很多年轻人读免费的《村声周报》（Village Voice）或者是它的竞争对手《纽约新闻》（New York Press）。

3 非本地报纸

巴恩斯与诺贝尔连锁书店（Barnes & Noble book-store）里有一些外国报纸和纽约市外的报纸。很多周末报纸在综合新闻报摊（Universal News Stand）有卖的。如果你找不到你要读的报纸，就试试赫特林新闻代理公司（Hotalings News Agency），它是报纸批发机构，在那里你或许可以找到。综合新闻报摊地址：西42街234号·地图K3·赫特林新闻代理公司电话：212 947 9419

4 娱乐演出信息

《纽约时报》星期五的艺术专版、《休闲纽约》（Time Out New York）、《纽约客》（New Yorker）、《纽约杂志》（New York Magazine）等综合性周刊都包括了纽约一周内将上演的娱乐资讯，任何报摊上都能买到。

5 博物馆/画廊指南

除了上面列举的一些娱乐性杂志外，季刊《纽约博物馆》（Museums New York）介绍了近期的纽约画廊和博物馆的展览，售价4.95美元，在很多书摊上都可以买到。另外很多画廊都免费赠阅一本叫《今日画廊艺术向导》（The Art Now Gallery Guide）的书，它详细介绍了纽约最近的艺术展。《纽约博物馆》电话：212 604 0877

6 开放时间

很多景点和商店每天都开（见165页）；银行周末休息，但ATM自动取款机随时可用（见169页）；除了市邮政总局，一般邮局星期天休息（见169页）。很多博物馆星期一和节假日休息——最好事先向相关场馆咨询具体时间。

7 小费

出租车、餐费、以及理发或按摩等私人服务，通常小费应该是主费用的15%。酒店男服务生每运送一包行李小费一美元，酒吧服务生一杯饮料小费1美元。很多食客找到了最简单的计算小费的方法：用吃饭账单上的税费（8.625%）乘以二。

8 税费

在纽约计算花费时可别忘了把税费计算进去。购买物品均应按购买物品价值8.625%的税率交纳消费税。在宾馆住宿，按住宿账单上住宿费的17.845%缴税，另外还须按每夜2美元的比例缴纳占地税。

9 大苹果欢迎者

纽约市又称“大苹果”（Big Apple），纽约市有一些来自非盈利组织的志愿者自愿为游客当向导，这些人又被称作“大苹果欢迎者”（Big Apple Greeter）。游客们会很愿意与这些向导消磨一个下午的时光。这些向导会用2至4小时的时间，带领一小队游客到任何一个他们想去的地方参观，或者告诉游客他们以纽约本地人的视角对纽约的感受。大苹果欢迎者：212 669 8159·www.bigapplegreeter.org

10 休息室

宾馆（见172-179页）和大型商场（见64页）是游客休息的最好去处。许多快餐店如麦当劳（McDonald's）和咖啡店如星巴克（Starbucks）都有休息室。虽然这些通常是为顾客准备的，不过如果你需要休息也无妨。

交警

斯坦登岛渡轮

交通标志

TOP 10 十大交通须知

1 街道布局

在格林威治村(Greenwich Village)上边，就是曼哈顿。整个曼哈顿就像一条条笔直的线条组成的，其中大道走向是从北向南，大街走向从东向西。街道都是单行的，每隔一条街区方向相反。只有公园道是双行。第五大道把整个纽约等分成东西两部分。

2 寻找地址

在曼哈顿要定位距离目的地最近的十字路口，有一个计算方法：把大街序号的最后一位去掉，除以二，然后再根据各区序号加上下列数字就可以得出是哪个十字路口了。

第一大道	3
第二大道	3
第三大道	10
第八大道	9
莱克星顿大道	22
麦迪逊大道	27

进一步查看确定目的地方位的公式，请看大黄页(Yellow Pages)。

3 交通标志

交通指示灯变换颜色对机动车行驶表达不同意义：红灯停，绿灯行，黄灯表示注意。而行人在看到“通行”指示时可以过马路，而看到“暂停通行”就不能过了，指示灯快要转变为“暂停通过”时是闪烁状态。为了交通安全，最好还是别闯红灯。

4 地铁路线

向南和向北的去往上下城的地铁经过莱克星顿大道、第六大道、第七大道、百老汇（Broadway）和第八大道。Q、N、R、W、E、F线去往皇后区的列车东西向穿越曼哈顿。A、一、C、B、D、J、M、Z、L、N、O、R、2、3、4及5号线都经过百老汇。乘客信息咨询：718 330 1234 · www.mta.info

5 公交路线

除了在公园道和西端大道，曼哈顿公交车在每一条南北向的干线上运行。最实用的环城巴士途经第96街、第86街、第79街、第67街、第57街、第49至50街、第42街、第34街、第23街和第14街。公交车车前挡风玻璃上的一条亮着的条纹上会标明公交车的路线数字。在大多数公交车上都有免费的乘车路线图提供。

6 地铁磁卡

地铁站或有专门标志的商店里都出售地铁磁卡，地铁和公交车都可用。每次乘车，卡里的钱自动减掉2美元；使用地铁磁卡乘坐地铁或公交在两小时以内里程换乘免费。每周不限制乘车次数的周票票价为21美元。

7 计程车须知

曼哈顿的黄色计程车招手即停。车顶灯如果亮着表示车已经有乘客或者司机已经下班。在酒店的计程车等候站很容易打车。计程车投诉电话：311

8 租车

纽约的出租机构遍布全城。租一辆汽车需要几个条件：驾驶司机年龄不小于25岁；有驾驶证；有信用主卡（非附属卡）。在周末订车的人很多，所以需要提前预订。几家出租机构：Hertz：800 654 3131 · Avis：800 331 1212 · National：800 227 7368 · Budget：800 527 0700

9 泊车守则及处罚

在市中心的街头不能随便停车，其他地方的街头也很少能泊车。有些大道上设有咪表，可以停车15到60分钟；超时将被贴罚单，或者车被强行拖走，每种处罚都意味着昂贵的账单。小巷里泊车则有“轮流换边原则”，在某些时段以及特定的日子里，汽车只能停在巷子的某一边，另一边则禁止停车。

10 渡轮及水上计程车

纽约渡轮将新泽西和曼哈顿连接起来，可以坐渡轮去扬基棒球场和大都会棒球场观看比赛。水上计程车在东90街码头到84码头之间运行。渡轮时刻表咨询：800 533 3779 · 斯坦登岛（Staten Island）渡船信息咨询见59页 · 水上计程车（Water Taxi）信息咨询：www.nywater-taxi.com

环线游轮　公交车观光　中央公园的观光马车

TOP 10 十大主题观光

1 市区徒步

有个知识丰富的导游陪伴徒步游纽约是最佳的纽约旅行方式。几家顶级的徒步项目包括："大洋葱徒步观光"（Big Onion Walking Tours）（侧重历史方面）、"乔伊斯金色历史旅行"（Joyce Gold History Tours）以及"第92街Y"（the 92nd Street Y）（犹太向导）。Big Onion Walking Tours电话：212 439 1090 · Joyce Gold History Tours电话：212 242 5762 · the 92nd Street Y电话：212 415 5500

2 建筑之旅

纽约市政艺术协会（The Municipal Art Society）致力于保护和最好地表现纽约市的都市建筑设计，为游客提供名为"发现纽约"（Discover New York）的旅行，纽约市立艺术协会电话：212 935 3960

3 乘船旅行

乘船的环线旅游可以让您乘船两到三个小时环游曼哈顿，也有夜间的"海港之灯"环线项目，还有可以从南街海港出发坐一个小时的帆船。纽约水道（New York Water-ways）则有90分种的海港游览。南街海港：16码头和83码头电话：212 563 3200 · 纽约水道电话：800 533 ferry（渡船）

4 公交车观光

灰线旅游公司（Gray Line）为你提供多语种导游服务的2到10小时双层巴士旅程，带您领略曼哈顿风光还有布鲁克林区（Brooklyn）专线和哈莱姆区（Harlem）福音专线。全天花费60美元，包括附赠自由女神像（Statute of Liberty）船票和一天内有效的地铁/公交车车票。灰线观光巴士电话：212 397 2620

5 深描之旅

地道的纽约客推荐你不要错过下面的地点。林肯中心（见139页）电话：212 875 5350；大都会歌剧院电话：212 769 7020；无线电城音乐厅（Radio City Music Hall, 见13页），电话：212 307 7171；NBC制片公司（NBC Studios），电话：212 664 3700；卡内基大厅（Carnegie Hall），电话：212 906 9765；麦迪逊花园广场（Madison Square Garden），电话：212 465 6080；中央车站（Grand Central Terminal, 见123页），电话：212 340 2347；格雷西公寓（Gracie Mansion），电话：212 570 4751；纽约公共图书馆（New York Public Library，见124页），电话：212 340 0849

6 公园之旅

你可以在城市公园管理员或城市公园管理局（Park Conservancy）的导游志愿者的带领下领略中央公园美景。每逢周末或有些星期三的日子中央公园都有免费项目。公园管理局日程表咨询电话：212 310 6600；城市公园管理员（Urban Park Rangers）电话：311

7 自行车之旅

绕着中央公园骑自行车兜风是件很惬意的事，两个小时的兜风你可以观赏公园的所有重要景点，途中还可以停下来歇歇顺便吃喝一点。自行车旅行花费35美元租车。哥伦布环2号，在第59街和百老汇之间 · H2 · 212 541 8759

8 植物园之旅

纽约植物园（The New York Botanical Garden）有很多不同的主题之旅供你挑选。电话：718 817 8700 · 周二到周六下午1点，森林游、温室游、岩石庭园游或荟萃景点游任选其一。周二与周四下午2点及3点有一些临时性主题游项目 · 凭植物园门票免费参加 · 植物园内电车20分钟一趟，成人2美元，儿童1美元（见151页）。

9 博物馆之旅

大都市艺术博物馆（见133页）有20种不同的主题导览，并有多种语言服务，导览内容既有博物馆有代表性的展品，也有一些特色画廊内容。导游费用包括在门票里。古根海姆博物馆（见133页）推出合家欢博物馆经典馆藏参观游，费用也包含在门票当中。

10 观光马车之旅

游客可以花34至54美元，乘坐古董观光马车在中央公园里的一条老式的短道上游览片刻。中央公园南道，与第59街交会 · 地图H3

纪梵希服装店

美食店

巴恩斯与诺贝尔连锁书店

TOP 10 十大购物指南

1 商店营业时间

许多商店的营业时间为：周一到周六早10点到晚7点，周二晚上开到8点；周天早11至12点开，晚上6至7点结束营业。节假日商店一般都开；但圣诞节（Christmas）和复活节（Easter）所有商店都关门。

2 信用卡

目前，美国信用卡基本分四种：Visa，Master，American Express和Discover。Visa和Master卡在任何地方通用，American Express和Discover则在大多数地方通用。

3 女装

大型商场中的女装花样繁多（见64页），如果想买打折衣服，就去橡树街（Orchard Street，见91页），Century 21和Daffy's都有打折品。Century 21地址：科特兰街(Cortlandt Street)22号·地图Q4·Daffy's地址：东57街125号以及第五大道111号·地图H3及L4

4 男装

喜欢时尚设计师的成衣，可以逛逛Barneys；喜欢传统正装，不应错过Brooks Brothers或者Paul Stuart；而更新潮一些的可以光顾Thomas Pink。Barneys地址：麦迪逊大道660号，地图K4·Brooks Brothers地址：麦迪逊大道346号，地图L4·Paul Stuart地址：麦迪逊大道350号，与第45街交会，地图J4·Thomas Pink地址：麦迪逊大道520号·地图H4

5 书籍

巴恩斯与诺贝尔连锁书店（Barnes & Nobles）中书目丰富；斯特兰德书店（the Strand）有种类繁多数量巨大的二手书。Barnes & Nobles地址：百老汇1960号，地图G2·the Strand地址：百老汇828号·地图M4

6 纽约美食

纽约令人向往的美食殿堂云集，其中Zabar's是最为著名的（见141页）；而Dean & Deluca, Citarella, Gourmet Garage，以及Agata & Valentina等餐厅也都有很多追捧的食客。Dean & Deluca地址：百老汇560号，地图M4·Gourmet Garage地址：百老汇2567号，地图E2·Citarella地址：百老汇2135号，地图G2·Agata & Valentina地址：第一大道1505号·地图F5

7 手工艺品和古董

曼哈顿艺术与古董店（Manhattan Art & Antiques）和切尔西古董店（Chelsea Antiques）中古董应有尽有一应俱全。如果想买本地工艺品可去卡尔特－茅斯(Kelter-Malce）曼哈顿艺术与古董店里有各种装饰品，在Doyee Doyle可买到古董首饰，In's Brown则可买到古董玩具。曼哈顿艺术与古董店地址：第二大道1050号，地图G4·切尔西古董店地址：西25街110号，地图L2卡尔特－茅斯：Jane大街74号，地图M2·Archangel Antiques：东9街334号·地图M4·Doyle & Doyle：Orchard街189号·地图N5·In's Brown：东63街205号·地图H4

8 童装和玩具

F.A.O.施瓦茨（F.A.O. Schwartz）（见66页）令人着迷，但魔鬼森林儿童商店（Enchanted Forest）和儿童综合商店（the Children's General Store）也很不错的。Enchanted Forest地址：默瑟街（Mercer St）85号，地图N4·Children's General Store地址：中央车站·地图J4

9 音乐

Virgin Megastore有你想要的所有音乐制品。歌剧爱好者可去Metropolitan Opera Shop。爵士乐及乡土乐可去Bleecher St.Records，古典乐可以去House of Oldies，家庭音乐则可去Vinyl-Mania·Virgin地址：百老汇商店1540号，地图J3·Metropolitan Opera Shop：西65街136号·地图G2·House of Oldies：Carmine街35号·地图N3·Bleecher St Records：Bleechr街239号·地图N3·Yinlmania：Carmine街60号·地图N3

10 香水和化妆品

Creed香水店，一家英国人的香水专卖店，售有上百种香水。契尔氏（Kiehl's）店则是护肤品专卖店，而Avada则是纯天然植物产品。Creed地址：邦德大街（Bond St）9号，地图N4·Kiehl's地址：第三大道109号，地图L4·Avada地址：春街（Spring St）233号·地图N3

更多纽约商店信息，请见64-65页

百老汇售票处

烧烤餐吧

TOP 10 十大省钱窍门

1 百老汇售票处 (TKTS Booths)

百老汇或百老汇之外的演出票通常在演出当天有25%到50%的折扣（加上小额的附加费）。在售票处买票只可以用现金或旅行支票付款。最好赶早去排队。百老汇与第47街交会处·地图J3·每天3-8pm；周三和周六的日场售票时间10am-2pm；周日11am-3pm

2 免费参与电视节目录制

如果提前申请，你也许可以获准免费参与你最喜欢的电视节目。详细信息请咨询相关节目网络。有时游客信息中心（见162页）或NBC大厅的前台会有当天的参观票。美国广播公司ABC电话：212 456 3054·哥伦比亚广播公司CBS电话：212 975 2476·国家广播公司NBC电话：212 664 7174·www.shopnbc.com

3 免费演出

每到7月和8月中央公园都有话剧和音乐会公演。请联系夏季舞台(Summerstage)：212 360 2777。朱丽亚音乐学院（Julliard School）的院系和有天分的学生们还会组织音乐会。朱丽亚音乐学院：212 799 5000

4 夏季免费演出季

纽约人喜欢夏天，多多少少是因为纽约夏天的演出太多了。大都会歌剧院的系列演出、纽约爱乐乐团音乐会(New York Phi-lharmonic concerts)、中央公园戴拉寇特剧院（Dela-corte Theater）表演的莎士比亚戏剧，在林肯中心达姆罗施公园（Damrosch Park）有其他很多室外表演——所有这些演出都是免费的。可以从纽约市观光局（NYC & Company）得到演出日程表。纽约市公司电话：212 484 1222

5 节省交通费

交通最省钱的办法是买一张7美元的通票卡（Fun Pass），这样的话自你开始使用直到第二天凌晨三点你换乘地铁和汽车都免票的。如果你在纽约停留的时间稍长，买一张20美元的通票卡，可以免票乘坐两天的公共交通；如果买21美元的，一周内乘车都免票。

6 便宜的饭菜

晚上到剧院看戏之前买一些定价晚餐（prix fixe）是很合适的。1月和6月的第三个星期是饭店周，纽约最好的饭店在这时都会推出三道菜的大餐，午餐价格按当年年份定价，例如20.02美元或20.03美元等，晚餐价格35美元，最好通过www. opentable.com提前预订。

7 兑换钞票

你可以用银行卡在ATM取款机上提取美元，大多取款机都接受让你直接取出美元。交易费用比外汇兑换中心的少，你用的是银行间的交换汇率（见169页）

8 优惠门票

购买城市游览券(City-pass)可以让你到纽约六个最著名的景点游览：帝国大厦（Empire State Building）、古根海姆博物馆（Guggenheim Museum）、美国自然历史博物馆（the American Museum of Natural History）、现代艺术博物馆（the Museum of Modern Art）、环线渡轮观光（Circle Line sightseeing）和纽约英勇号海空博物馆（the Intrepid Sea Air Space Museum）。城市游览券53美元一张（6到17岁的44美元一张），价格是六景点原价总和的一半。

9 打折季

家用亚麻制品打折季在1月份和8月份；外套打折季在11月份的老兵节（Veteran's Day）和二月份华盛顿（Washington）诞辰日期间；游泳衣在国庆日7月4日以后就到了打折季，所有商品在圣诞节以后都打折。

10 打折商场

到伍德贝利常年折扣店（Woodbury Common Premium Outlets）的环行汽车一天发七趟，经过一个小时的车程到了一个大商场，那里有220多个品牌打折品，包括一些顶级名牌。商场门票38美元。短途汽车旅游（Short Line Bus Tours）：海港汽车终点站电话：800 631 8405

纽约地铁

TOP 10 十大避免之事

1 无照黑车
黑车一般会在机场或酒店门口招揽乘客，这些车没有安全执照，也没有用以记费的里程表。所以不要坐黑车，耐心等待一辆有执照的黄色计程车（见163页记程车须知）。

2 “特价甩卖”的幌子
你在第五区或在百老汇会看到“租期快到，特价甩卖”和“停业特价甩卖”的牌子，其实这些牌子已经挂了好几年了，无非是招揽顾客的幌子，欺骗一些警惕性小的顾客上当，尤其是当这些游客购买一些电子产品时，往往会被狠宰一把。

3 扒手
和其他很多大城市一样，纽约也有很多的小偷，他们会盯着一些不怎么警觉的游客。所以当你身处拥挤的人群中，挤地铁或汽车时一定要高度警觉。最好把旅行钱包藏在身上隐蔽的地方以保证钱不被偷走。尽量把值钱的首饰留在家中或酒店里，在街上不要停下来数钱。

4 票贩子
有些体育赛事门票或演出门票卖光以后，你往往很乐意从票贩子买高价票，但这样做的风险是可能会买到假票，结果钱也花了，票又不能用。

5 三张牌的纸牌游戏
你会在街上看到有人玩蒙特牌游戏，特别是在百老汇这是很常见的。有时有一个玩家能一直赢，赢得很多，但是小心——这个赢家往往是个托儿。这些游戏输赢早就被人设计好了，设计这个局的人想让你赢你才能赢。

6 地铁高峰
许多工薪阶层买不起汽车，上下班高峰也只能挤地铁。但游客可以没必要赶高峰挤地铁。避免在早上七点到九点以及下午四点半到六点半的这段时间乘地铁（见163页地铁路线）。

7 酒店电话费
酒店对客户使用电话的收费标准，尚未有规范制度出台，所以你在入住时要仔细阅读有关电话计费标准的卡片。通常话费很高，即使你用信用卡支付也很昂贵。你可以在酒店大堂的电话亭里打电话或买一张电话卡（见169页）。

8 酒店早餐
酒店向来以早餐宰客而闻名，因为酒店认为，顾客一般觉得在酒店里吃早餐方便舒适，所以早餐定价很高。你可以在酒店附近的街区找一家咖啡店，在这里你也能吃一顿很好的早餐，这里的早餐比酒店里的便宜一半多，可以省不少钱。

9 保护行李
别让你的行李丢失破损，你要注意几点：选择很结实的行李包，这样小偷就不容易划破包偷东西；用带子把包封好，这样就很容易看出包是否被打开过；把你的旅行日程放一个包里，这样即使包丢在飞机上，有关人员会根据你的日程找到你，把包送还给你。公共汽车和地铁遗失物品查询电话：212 712 4500 · 出租车遗失物品查询电话：311

10 违反交通规则
闯红灯横穿马路似乎要比等绿灯亮时过马路要省几分钟时间，但这时一旦一个超速行驶的车朝你开过来，而且司机又没注意到你，那你就危险了，你因此而付出的代价是惨痛的。所以最好还是遵守交通规则：绿灯通行，别闯红灯！

带台阶公交车

轮椅通道

观光巴士

TOP 10 十大特殊需求服务

1 信息源

Hospital Audiences公司以每册5美元的价格出版了《全面共享》(Access for All)，这是一本提供纽约所有文化机构的有效资源的指南。市长办公室助残处为居民提供各种服务，也提供各种便利信息。Hospital Audiences电话：212 575 7660 · 助残处电话：212 788 2830

2 残疾人士便利处

纽约城市法要求所有建于1987年后的建筑设备要提供方便于残疾人的出入门，洗手间内要有残疾人专用设施。现在所有公交车都有了可降低阶梯，专为轮椅入口，而且大多数的街道拐角设有轮椅便利入口。

3 特殊游览

“触摸”(Hands On)是一个致力于帮助听力障碍人士的机构。它出版了一本用手语解释记录有关博物馆、特色游览、演出、电影和其他事件信息的一览表。“触摸”电话：212 740 3087

4 为听力障碍人士提供的帮助

所有的百老汇演出都免费为听力障碍人士提供扩音设施，还能够由“剧院入门计划”(Theater Access Project)或“触摸”组织安排手语解释。“剧院入门计划”电话：212 221 1103 · “触摸”电话：212 740 3087

5 为视力障碍人士提供的帮助

“灯塔国际”(Lighthouse International)是一个致力于帮助视力障碍人士，使其康复并接受教育的组织。它为旅行者提供信息帮助，同时出租接收器，便于人们随时听到关于第59街上和莱克星顿大道上的实时交通状况播报。“灯塔国际”地址：东59街111号，公园大道与莱克星顿大道之间 · 地图H4 · 800 829 0500

6 为婴儿和初学走路的孩子提供的设施

百货商店都配有尿布间(见64页)，因为纽约的空间比较紧张，所以其他相应的设施不会很充足。近来大多数饭店都配有供小孩吃饭的高脚椅，但是最好是在出门前打电话询问一下他们有什么样的儿童专用设施。

7 临时保姆

已有60多年历史的临时保姆行业协会(The Babysitter's Guild)是一家值得信赖的保姆机构。雇员可提供16种语言的服务，薪金是每小时15美元，一次服务计费最低4小时，另加4.50美元的交通费(午夜后交通费为7美元)。临时保姆行业协会电话：212 682 0227

8 法律援助

法律援助社团提供免费咨询和建议。纽约市法律服务机构(Legal Services for New York)是一个非盈利的咨询服务机构，也为遇到法律纠纷的人士提供帮助。法律援助社团电话：212 577 3300 · 纽约市法律服务机构电话：212 431 7200

9 其他帮助电话

记下这些号码，以应付任何突发之事。补衣店：瑞蒙裁剪店(Ramon's Tailor Shop)电话：212 226 0747 · 昼夜药店：Duane Reade电话：212 541 9708；Eckerd电话：212 772 0104 · 紧急修车：Citywide Towing公司电话：866-TOWINGZ · 公交车和地铁遗失物品问询处电话：212 712 4500 · 出租车遗失物品查询电话：311

10 学生证明

外国学生佩戴国际学生身份卡(International Student Idenfication Card，缩写为“ISIC”)将会在交通、租车、旅店、以及纽约各种景观和穿越美国旅行时得到打折优惠。办卡费为22美元，在国际教育交流理事处(CIEE)就可以方便办到。国际教育交流理事处地址：第三大道633号 · 地图J4 · 800 407 8839

纽约十佳供儿童游览地信息参见本书66-67页

标准邮箱

自动取款机

货币兑换柜台

TOP 10 银行邮政上网十须知

1 银行工作时间

大多数的纽约银行周一至周五营业，时间为早9点到下午4点，个别分行可能会延长营业时间。只有大型银行可以兑换外币，兑换时请出示护照或其他有照片的身份证明。

2 货币兑换处

公众外币兑换处（People's Foreign Exchange）提供无佣金的货币兑换。通济隆货币兑换服务（Travelex Currency Service）收取服务费。People's Foreign Exchange地址：第五大道575号，与第47街交会·Travelex Currency Service地址：百老汇1590号，与第48街交会·地图J3·212 265 6063

3 ATM自动取款机

几乎所有银行内都有自动取款机，全天24小时提供服务。大多数的银行卡和信用卡都可使用，但收取小额费用。查询接受Cirrus系统银行电话：800 424 7787·查询接受Plus银行电话：800 843 7587

4 信用卡

用万事达卡（Master Card）和维萨信用卡（Visa）都可在自动取款机处提取现金。接受Cirrus的银行可用万事达卡，接受Plus的银行可用维萨信用卡（具体见ATM机上的标志）。美国运通卡（American Express）的用户也可用运通卡在美国运通柜台提取现金。

5 兑换支票

美国运通（American Express）或通济隆（Travelex）等著名外汇机构的旅行美元支票在美国的饭店、银行和商店内被广泛接受，但外国银行的个人支票不被接受。美国运通公司也为他们的持卡用户提供兑换支票业务。

6 电话

在许多街角、宾馆大厅、餐厅和大型商场都可找到公用电话。25美分硬币可打本地电话3分钟。要想长时间通话，可在报摊处买预付电话卡，即可代替投币。

7 互联网入口

现在许多宾馆酒店都有免费笔记本电脑数据接口。此外，纽约公共图书馆科学经贸部的公众会局也可享受免费上网的服务。麦迪逊大道188号，与第34街交会·地图K4·212 592 7000

8 邮信

美国境内邮递一盎司重量邮费为39美分，超重费为每盎司24美分；明信片邮票24美分。国际信件明信片75美分，信件半盎司重量起为84美分。

9 邮局工作时间

所有城市邮局周一至周六，从上午9点到下午5点营业。邮政总局（General Post Office）每天24小时营业。大多数酒店都出售邮票，并为房客代寄信件。邮政总局地址：第八大道421号与第33街交会·地图K2·800-ASK-USPS·各分局位置查询电话：800 275 8777

10 快递

美国邮局快件邮递承诺国内邮件第二天送达，信件8盎司重以内为14.40美元；全球2至3天内邮递收费33.75美元起。联邦快递（FEDEX）、DHL和UPS也都可第二天送达；打包费用已含在快递收费中。FEDEX电话：800 转FED-EX·DHL电话：800转DHL·UPS电话：800 742 5877

公共付费电话标志

考夫曼药店

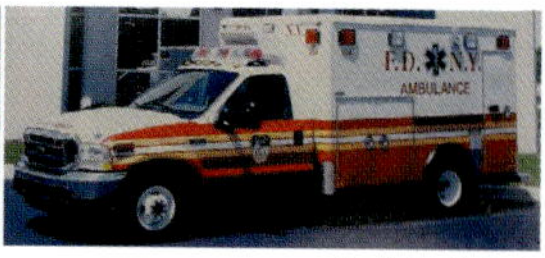

纽约的救护车

TOP 10 安全与医疗十须知

1 防扒手

那些身上会带大量现金的游客常成为小偷的目标，所以不要炫耀你的珠宝，也不要佩戴腰包或把相机挂在脖子上，以表明你的游客身份。手拿本地商店里卖的那种包，把相机放在不显眼的地方。

2 防骗

上公交车或地铁时，不要被眼前的事转移注意力，小偷的同伙此时可能就在你身后觊觎你的钱包。如果你在街头小贩那里花很少的钱购买电子产品，当你打开包装时，可能会发现里面的东西其实一钱不值。

3 避免去的场所

纽约的犯罪率虽然有所下降，但放松警惕仍然是不明智的。在白天，大部分的城市公园适合游览，但天黑以后，这些地方并不安全。入夜后，低收入人群的社区对于闲逛的游客来说也不安全。

4 旅馆安全

不要在房间内没人的时候将“请打扫房间”的标志牌挂在门外。如果你觉得你会很晚回来，不要关掉房间内的灯。除了清洁女工外，不要让其他陌生人进入房间。如果有人声称自己是旅馆工作人员，必要时请打电话给前台，确认来人身份。

5 便利诊所

D.O.C.S（医生电话接诊服务）诊所隶属于贝丝·伊斯雷尔医疗中心（Beth Israel Medical Center），它为成年人和儿童提供预约服务和随时接诊服务。位于东34街55号，麦迪逊大道与公园大道之间 · 地图K4 · 212 252 6000 · 接诊时间：8am-8pm（周一至周四）；8am-7pm（周五）；9am-3pm（周六）；9am-2pm（周日） · 第三大道1555号，与第88街交会 · 地图E4 · 212 828 2300 · 西23街202号，与第七大道交会 · 地图L3 · 212 352 2600

6 医院急诊室

医院24小时开放急诊服务。您可以先拨打保险单上的电话，并查看您投保的保险公司所指定的医院有哪些。罗斯福医院（Roosevelt Hospital）地址：西59街428号，与第九大道交会 · 地图H2 · 212 523 6800 · 圣文森特医院（St. Vincent's Hospital）地址：西11街153号，与第七大道交会 · 地图M3 · 212 604 7998

7 牙科急诊

D.O.C.S 诊所提供牙病随时接诊服务。你也可以联系纽约大学牙齿保健中心（N.Y.U.Dental Care），为您提供急诊服务。纽约大学牙齿保健中心地址：东24街345号，位于第一和第二大道之间 · 地图L4 · 212 998 9800（212 998 9828 周末和下班时间）

8 旅行保险

大部分的美国本土保险服务在全国都是有效的，但那些参加非美国保险的人士在到达美国前需要参加旅行综合医疗保险。因为一旦你需要医疗救治，你必须在接受服务时先付费，而医疗账单上的金额会高得惊人。

9 吸烟

在纽约的几乎所有公共场所吸烟都是违法的，包括地铁、电影院、餐馆和酒吧。罚款金额会高达100美元以上。

10 电话求助热线

在危急时可拨打各种求助电话。自杀报警求助电话：800 543 3638 · 性犯罪举报热线：212 267 7273 · 受害者服务机构电话：212 577 7777 · 旅行者援助电话：212 944 0013

紧急求助电话

警察局、消防局、紧急救护中心电话：
911
纽约旅馆紧急医疗服务电话：
212 737 1212

琼斯海滩上晒日光浴的人们

TOP 10 十佳纽约周边短途旅行目的地

1 琼斯海滩国家公园(Jones Beach State Park)

长岛(Long Island)南端的海岸上,有别具一格的娱乐休闲中心。这里是远离城市度过美妙一天的好去处。出行指南:长岛铁路(Long Island Railroad)转巴士·长岛铁路(LIRR)电话:718 217 5477·距曼哈顿90分钟车程

2 火岛(Fire Island)

这是逃避喧嚣的一处理想之地。不允许汽车驶入。延绵的沙滩长达26英里(42公里),游客可以步行或骑自行车游览、购物、就餐。出行指南:长岛铁路到海湾(Bayshore)坐渡轮·长岛铁路电话:718 217 5477·距曼哈顿2小时30分种车程

3 汉普顿(The Hamptons)

去长岛东部的汉普顿看名人是一项很好的活动。那里社会名流和娱乐界名人汇集,共同享受数英里的海滩与美丽的殖民时期留下的城镇,如南汉普顿(Southhampton)和东汉普顿(Easthampton)。出行指南:长岛铁路,电话:718 217 5477·距曼哈顿2小时30分钟车程

4 新泽西海岸(New Jersey Shore)

毗邻狭长的大西洋海岸线,遍布着浪漫的小旅店的维多利亚式的小镇,如斯伯雷克镇(Spring Lake)和开普梅镇(Cape May)。出行指南:新泽西直通列车(New Jersey Trains),电话:800 772 2222·距曼哈顿90分钟车程

5 海德公园(Hyde Park)

在这座哈德逊河谷镇(Hudson River valley town),您可以欣赏到美丽的河畔景色,参观罗斯福总统的豪宅和总统图书馆,到豪华的范德比尔特大厦(Vanderbilt mansion),提前品尝美国烹饪学院(Culinary Institute of America)未来大厨师的杰作。出行指南:北部地铁(Metro North trains),电话:212 532 4900·短途巴士(Short Line buses),电话:800 631 8405·距曼哈顿2小时车程

6 巴克郡,宾西法尼亚州(Buck's County, PA)

游客可以在这里享受舒适的乡村酒店、可口的美食、精美的古董,参观各种画廊。新希望区(New Hope)是一处值得一看的美术品集散地。出行指南:跨桥巴士(TransBridge Line buses),电话:800 962 9135·距曼哈顿2小时车程

7 普林斯顿,新泽西州(Princeton, NJ)

这里坐落着美国最古老的最知名的普林斯顿大学(Princeton University),同时也遍布着18世纪的精美建筑。出行指南:新泽西高速列车(New Jersey Transit train),电话:973 762 5100·距曼哈顿90分钟车程

8 费城,宾西法尼亚州(Philadelphia, PA)

费城拥有独立大厦(Independence Hall)、殖民时期的街区,以及100多座博物馆,其中藏有一些知名的印象派艺术作品。出行指南:美国铁路(Amtrak),电话:800 USA RAIL(美国铁路)·距曼哈顿1小时45分钟车程

9 卡多纳市的卡里莫尔(Caramoor, Katonah)

位于西切斯特郡(Westchester County)北部的100英亩的卡里莫尔区(Caramoor estate),有一家博物馆,还有一家威尼斯剧院。出行指南:北部地铁“卡里莫尔特快专列”(Metro North "Caramoor Specials"),电话:212 532 4900·距曼哈顿75分钟车程

10 塔利镇的豪宅群落(Tarrytown Mansions)

洛克菲勒家族的宅邸“基奎特”(Kykuit)俯瞰哈德逊河(Hudson River)。欧文顿镇(Irvington)南部是作家华盛顿·欧文的故乡阳光小镇(Sunnyside),还有金融家杰伊·古尔德(Jay Gould)的豪华别墅——林德赫斯特宫(Lyndhurst)。出行指南:北部地铁列车(Metro North trains),电话:212 532 4900·距曼哈顿1小时车程·到基奎特的纽约水路游览快船,电话:800 533 3779

四季酒店

卡莱尔酒店

皮埃尔酒店

TOP 10 十佳纽约顶级酒店

1 四季酒店 (Four Seasons)

这座由贝律铭设计建造的白色摩天大楼，充满现代感的外观很引人注目，是面向奢华人士的顶级酒店。位于纽约东57街57号（57 East 57th Street, New York, NY 10022）· 地图H4 · 212 758 5700 · www.fourseasons.com · $$$$$

2 卡莱尔酒店 (Carlyle)

各种古董点缀装饰着这座位于上城的奢华酒店，它低调静谧的欧式风格的宽敞房间，长久以来一直吸引着很多知名人士。有纽约最时髦的歌舞表演。位于纽约东76街35号（35 East 76th Street, New York, NY 10021）· 地图G4 · 212 744 1600 · www.thecarlyle.com · $$$$$

3 纽约皇宫酒店 (New York Palace)

由建于1882年的维拉德家族豪宅（Villard Houses）与其后面一座55层的摩天大楼合二为一组成。这里您可以选择传统与现代两种装潢风格的房间。酒店客房服务遵照著名的李瑟克2000（Le Cirque 2000）标准。位于纽约麦迪逊大道455号，与第50街交会处（455 Madison Avenue at 50th Street, New York, NY 10022）· 地图J4 · 212 888 7000 · www.newyorkpalace.com · $$$$$

4 川普国际酒店大楼 (Trump International Hotel and Towers)

高屋顶和大窗户让您能饱览童话般的城市和中央公园的美景，而各项服务设施同样殷勤周到。位于纽约中央公园西道1号（1 Central Park West, New York, NY 10023）· 地图H2 · 212 299 1000 · www.trumpintl.com · $$$$$

5 半岛酒店 (Peninsula)

香港酒店集团将这个建于1905年的经典建筑成功地转变成艺术品味浓厚的豪华酒店，客房极具新艺术风格，而床边的控制钮有很多有趣的功能。位于纽约第五大道700号（700 5th Avenue, New York, NY 10019）· 地图H3 · 212 956 2888 · www.peninsula.com · $$$$$

6 皮埃尔酒店 (Pierre)

自1930年以来，皮埃尔酒店一直是中央公园对面的一座标志性建筑，它隶属于四季集团（Four Seasons group），保持着旧时的优雅传统。个性化服务是吸引众多社会名流的重要原因。位于纽约东61街2号（2 East 61st Street, New York, NY 10021）· 地图H3 · 212 838 8000 · www.fourseasons.com/pierre · $$$$$

7 圣里吉斯酒店 (St. Regis)

客房内是路易十六风格的家具，并在这座布杂艺术风格的宫殿里配有贴身管家满足您的一切要求。法式餐馆Lespinasse（见129页）也在这家酒店中。位于纽约东55街2号（2 East 55th Street, New York, NY 10022）· 地图H4 · 212 753 4500 · www.stregis.com · $$$$$

8 马克大酒店 (The Mark)

这家隶属于著名的文华集团的豪华酒店堪称现代经典，是吸引国际人士的亮点。位于纽约东77街25号（25 East 77th Street, New York, NY 10021）· 地图F3 · 212 744 4300 · www.themarkhotel.com · $$$$$

9 亚瑟尼广场酒店 (Hotel Plaza Athénée)

这是一家安静舒适的巴黎式酒店。位于东边街（East Side street），拥有152个客房。设施先进，包括一所健身中心。位于纽约东64街37号（37 East 64th Street, New York, NY 10021）· 地图H4 · 212 734 9100 · www.plaza-athenee.com · $$$$$

10 摄政酒店 (Regency Hotel)

一直受到经济政要们的青睐。名字源于它的摄政装潢风格（Regency decor）。540餐厅是要员们共进早餐的首选，晚上就变成费恩斯坦俱乐部（Feinstein's club）（见56页）的聚会场所。位于纽约公园大道540号（540 Park Avenue, New York, NY 10021）· 地图H4 · 212 759 4100 · www.loewshotels.com/regency · $$$$-$$$$$

注：除非特别说明，所有的酒店都接受信用卡，所有房间都带有独立浴室并装有空调

广场酒店外景

纽约万丽酒店

李·帕克·莫瑞迪恩酒店

价格范围

以标准双人间一晚	$	低于150美元
的住宿费用为基准，	$$	150-250美元
并含税、早餐	$$$	250-350美元
（如有供应）	$$$$	350-450美元
及服务费	$$$$$	450美元以上

TOP 10 十佳高档酒店

1 谢丽荷兰酒店（Sherry Netherland）

始于1927年，由大理石和铜饰装点的大厅富丽堂皇，酒店的标志大钟矗立在第五大街入口处。客房宽敞，并有极好的视野，可俯瞰中央公园。位于纽约第五大道781号 · 地图H3 · 800 247 4377 · www.sherry netherland.com · $$$$

2 纽约万丽酒店（Renaissance New York）

这是位于剧院区的一所高档酒店。浴室里的加深浴缸，让客人倍感舒适。酒店餐厅里更能欣赏到时代广场的美丽景色。位于纽约第七大道714号（714 7th Avenue, New York, NY 10026） · 地图J3 · 212 765 7676 · www.renaissancehotels.com · $$$-$$$$

3 米开朗基罗酒店（Michelangelo）

这家雅致的意大利酒店是纽约一景。客房格外宽敞，并有装饰派艺术风格、法国乡村风格以及新古典主义风格房间可供选择。位于纽约西51街152号（152 West 51st Street, New York, NY 10019） · 地图J3 · 212 765 0505 · www.michelangelohotel.com · $$$$

4 纽约伦敦酒店（The Londen NYC）

2007年重修，定位豪华休闲，54层大楼中共设有564套精美套房，起居室有阳光窗，被米其林授与星级荣誉的英国大厨高登·兰赛（Gordom Ramsay）在此设有一能容纳45人的餐馆，环境幽静私密。位于纽约西54街54号 · 地图H3 · 866690 2029 · www.TheLondonNYC.com · $$$$-$$$$$

5 东方风情酒店（Mandarin Oriental）

如果你的信用卡额度充裕，没有比在这里消磨时光更好的选择了。你可欣赏到中央公园和城市全景的美丽，房间中备有平板电视，可高速上网，这里的SPA世界一流，还有一个很大的游泳池。位于纽约哥伦布环岛80号 · 地图H2 · 212 805 8800 · www.mandarin-oriental.com · $$$$$

6 李·帕克·莫瑞迪恩酒店（Le Parker Meridien）

这座现代酒店的设施里包括宽敞的公共空间·健身设施和室内游泳馆。位于纽约西57街118号（118 West 57th Street, New York, NY 10019） · 地图H3 · 212 245 5000 · www.parkermeridien.com · $$$$

7 公园大道七十号酒店（70 Park Avenue）

新古典主义的精美装潢，客人可以优惠使用附近的一处健身中心也是酒店的一项特色服务。位于纽约公园大道70号（70 Park Avenue, New York, NY 10016） · 地图K4 · 212 973 2400 · www.70parkavenue.com · $$$

8 广场酒店（The Plaza）

这座仿法国文艺复兴时期样式建造的19层大楼被誉为纽约酒店中的尊贵女伯爵。1907年营业以来，曾作为富人的居所。现在成为了一座国家历史性地标建筑。2007年重新开张，位于纽约第五大道与中央公园南道交会处（5th Avenue at Central Park South, New York, NY 10019） · 地图H3 · 212 759 3000 · www.fairmont.com · $$$$-$$$$$

9 索菲托酒店（Sofitel）

尽管2000年才开业，这家酒店却凸现旧式的雅致，房间舒适，装点了各种艺术品，并且非常隔音。礼品店中有一些很难买到的法国货。纽约西44街45号·地图J3· 212 354 8844· www.sofitel.com· $$$-$$$$$

10 瓦尔多夫—阿斯托里亚饭店（Waldorf-Astoria）

瓦尔多夫酒店是一处艺术装饰华丽的经典建筑，房间舒适，装点了各种艺术品，并且非常隔音。1407间客房分为不同档次。位于纽约公园大道301号（301 Park Avenue, New York, NY 10017） · 地图J4 · 212 355 3000 · www.waldorfastoria.com · $$-$$$$$

沃里克酒店

曼斯菲尔德酒店

罗杰·威廉姆斯酒店

TOP 10 十佳中档酒店

1 圣卡洛斯酒店(San Corlos Hotel)

从早上的报纸和晚间放在枕头上的巧克力，到Areda洁具和平板电视，所有这些都让人以为这里是一家四星级酒店。装饰风格现代，并设有健身房。位于纽约东50街150号 · 地图J4 · 800 722 2012 · www. sancarloshotel.com · $$$

2 沃里克酒店(Warwick Hotel)

1927年由威廉·伦道夫·赫斯特（William Randolph Hearst）建造的这家酒店，常有大人物光顾。大堂虽小，但传统的客房装璜和桃木的大衣柜独具特色。位于纽约西54街65号 · 地图J3 · 212 247 2700 · www.warwickhotels. com · $$$-$$$$

3 曼斯菲尔德酒店(Mansfield Hotel)

这是剧院区一家别具一格的酒店。华丽宽敞的大堂，铜顶的沙龙提供免费的欧式早餐和下午茶。图书室里有埃里·纳德曼（Elie Nadelman）的绘画真品。客房内配有雪橇床（一种床架上部外翘如雪橇前端的床）。位于纽约西44街12号 · 地图J4 · 212 277 8700 · www.mansfieldhotel.com · $$$

4 阿尔冈昆酒店(Algonquin Hotel)

这家酒店是久负盛名的文学殿堂，以《纽约客》（New Yorker）的“阿尔冈昆圆桌”（Round Table）而闻名。大堂里古典的照明和《纽约客》卡通墙纸使阿尔冈昆酒店保持着传统的韵味。位于纽约西44街59号 · 地图J3 · 212 840 6800 · www.algonquinhotel.com · $$$

5 塞利斯伯瑞酒店(Salisbury Hotel)

塞利斯伯瑞酒店毗邻卡内基大厅（Carnegie Hall）、购物中心和剧院。这里有传统的美式装潢、宽敞的客房和令人赏心悦目的早餐厅。位于纽约西57街123号 · 地图H3 · 212 246 1300 · www.nycsalisbury.com · $$$

6 罗杰·威廉姆斯酒店（Roger Williams Hotel)

这家酒店的特别之处在于中庭通透的大落地窗设计和饰有槽纹图案的镀锌支柱，以及超现代感的枫木家具。位于纽约麦迪逊大道131号 · 地图L4 · 212 448 7000 · www.rogerwilliamshotel.com · $$$

7 爱丽舍酒店(Hotel Elysee)

具有小旅馆温馨舒适的气氛。不但提供早餐，晚上还为客人准备了各种开胃小吃。客房服务仿照享誉盛名的蒙奇酒吧与餐馆（Monkey Bar & Restau-rant）服务标准。位于纽约东54街60号 · 地图J4 · 212 753 1066 · www. elyseehotel.com · $$$-$$$$

8 纽约布雷克利酒店(Blakely New York)

现代化的客房配备有红漆家具和小厨房。位于纽约西55街136号 · 地图H3 · 212 245 1800 · www.blakelynewyork.com · $$$

9 绍尔翰酒店(Shoreham)

酒店进行了彻底的现代化装修改造，服务包括免费早餐和全天免费点心饮料。位于纽约西55街33号 · 地图H3 · 212 247 6700 · www.shoreham hotel.com · $$$

10 双树酒店(Doubletree Guest Suites)

在这家位于剧院区（Theater District）的酒店里你可以用一间普通客房的价格享受到两间客房的服务。享有两台电视机，和一间小厨房。儿童免费，位于纽约百老汇大街1568号 · 地图J3 · 212 719 1600 · www.doubletreehotels.com · $$$

注意：除特别说明，所有酒店都接受信用卡，所有房间都有独立浴室并装有空调

爱迪生旅馆　　卡尔顿·阿姆斯旅馆

价格范围

以标准双人间一晚的住宿费用为基准，并含税、早餐（如有供应）及服务费	$	低于150美元
	$$	150-250美元
	$$$	250-350美元
	$$$$	350-450美元
	$$$$$	450美元以上

TOP 10 经济型旅馆

1 万德翰旅馆（Wyndham Hotel）

如果想住这里舒适的大房间最好提前预订，因为这里是性价比最高的旅店之一。位于纽约西58街42号·地图H3·212 753 3500·www.hotel yndham.com·$$

2 PW酒店（The PW Hotel）

新装修过的客房可能有些小，但大厅令人愉快，而且其所在的市中心位置至关重要。有公用浴室的单人间每天消费不到100美元。位于纽约东51街230号·地图J4·212 355 0300·www. pickwickarms. com·$

3 格什温旅馆（Gershwin Hotel）

一家有艺术品位的旅馆，而且经济实惠，深受年轻游客的青睐。虽没有豪华的装潢，但这里的客房配有电视机和独立浴室。位于纽约东27街7号·地图L3·212 545 8000·www.gershwinhotel.com·$$

4 哈罗德广场旅馆（Herald Square Hotel）

装修得很有品位，前门上的小天使雕像是这座布杂艺术风格的建筑始建时的艺术作品。这里曾是著名的《生活》（LIFE）杂志的总部所在地。位于纽约西31街19号·地图K3·212 279 4017·www.heraldsquarehotel.com·$

5 爱迪生旅馆（Hotel Edison）

虽然近年来价格有所上调，但这里仍是剧院区（Theater District）经济实惠的一家旅馆。大厅里陈列着绚丽的美术作品，旅馆咖啡厅营业时间长，消费不高，是谈天说地的理想去处。位于纽约西47街228号·地图J3·212 840 5000·www.edison hotelnyc.com·$$

6 曼哈顿乡间别墅旅馆（La Quinta Manhattan）

位于市中心商业区，以其韩式餐馆闻名。这是苹果核酒店集团（Apple Core hotels）下属的一家分店。提供一流的服务，且价格合理。位于纽约西32街17号·地图K3·212 736 1600·www.applecore hotels.com·$-$$$

7 安居旅馆（Habitat Hotel）

这是位于繁华商业区的一处经济型旅馆，客房虽然小了些，但现代家具、电视、因特网端口，一应俱全。公共浴室里有洗涤槽。位于纽约东57街130号·地图H4·212 753 8841·www.stayinny.com·$

8 卡尔顿·阿姆斯旅馆（Carlton Arms）

这里没有电视和电话。这里的时髦风格让这家便宜的旅馆很受年轻游客的欢迎。54个色彩各异的房间中，有20个配有独立浴室。位于纽约东25街160号·地图L4·212 679 0680·www.carltonarms.com·没有空调·$

9 国际青年旅社（Hostelling International）

虽然由美国青年旅行社经营，但所有年龄段的人都可以享受这里整洁安全的客房。这里提供4-12人间的客房，价格低廉。位于纽约阿姆斯特丹大道891号·地图D2·212 932 2300·www.hinewyork.org·没有套间浴室·$

10 迎宾公司（A Hospitality Company）

这家公司为游客在城里安排各种住所，冰箱里有早餐食品，物有所值，但你要确认你租住的地点是否位于交通线附近。位于纽约麦迪逊大道515号25层·地图H4·212 813 2244·www.hospitalit ycompany.com·$-$$$

缪斯酒店

欧文别墅

易洛魁酒店

TOP 10 十佳精品旅馆

1 图书馆旅馆(Library Hotel)

本旅馆的60个房间按照相应的主题藏书。屋顶还有一个起居室和天井。位于纽约麦迪逊大道290号 · 地图K4 · 212 983 4500 · www.libraryhotel.com · $$$-$$$$

2 缪斯酒店(The Muse)

缪斯酒店是剧院区新建的精品旅馆，一切让人心情舒畅。本酒店为客人提供个性化的商务卡。位于纽约西46街130号 · 地图J3 · 212 485 2400 · www.themusehotel.com · $$$

3 欧文别墅（Inn at Irving Place）

欧文别墅为两栋希腊复兴风格的连排建筑。住在这里，旅人仿佛走进了简 · 奥斯汀小说中。每间房中都有壁炉和其他古董。位于纽约欧文别墅56号 · 地图M4 · 212 533 4600 · www.innatirving.com · $$$

4 威尔士酒店(Hotel Wales)

优雅的威尔士酒店让人能领略到欧洲风情。酒店刚刚装修完毕，家具时髦而又不失传统韵味。楼顶有一个能俯瞰全景的观景台。用早餐和品茶的房间中装饰有儿童图书中的漂亮图片。位于纽约麦迪逊大道1295号 · 地图E4 · 212 876 6000 · www.wales hotel.com · $$$

5 罗威尔酒店(Lowell)

豪华而又不失亲切，在客房和套房里，罗威尔酒店处处透着古色古香。壁炉、书架、鲜花、大理石浴缸和房间的装饰兼具法国情调、东方风情及装饰艺术风格。位于纽约东63街28号 · 地图H4 · 212 838 1400 · $$$$-$$$$$ www.Lowellhotel.com

6 易洛魁酒店(Iroquois)

本酒店其中的一个套房是以詹姆斯 · 迪恩（James Dean）的名字命名，1951-1953年他曾在此居住。其他在此居住过的好莱坞明星还有桑德拉 · 布洛克（Sandra Bullock）以及约翰尼 · 德普(Johnny Depp)。团体住宿价格优惠。位于纽约西44街49号 · 地图J3 · 212 840 3080 · www.iroquoisny. com · $$$

7 卡萨布兰卡酒店(Casablanca)

卡萨布兰卡是一家拥有48间客房的剧院区酒店，它富有摩洛哥风情，和内部装饰的瓷砖、拱门以及吊式电风扇，使之别具一格。房间较小，但布置精美。里克咖啡馆（Rick's Café）供食欧洲大陆式早餐。位于纽约西43街147号 · 地图J3 · 212 869 1212 · www.casablancahotel.com · $$$

8 长颈鹿酒店(Hotel Giraffe)

内有73间客房。楼顶有一个令人愉悦的后现代风格庭院。客房舒适之极，早餐、各种小吃、晚餐奶酪、葡萄酒和香槟，都得到客人的高度评价。位于纽约公园南道365号 · 地图L4 · 212 685 7700 · www.hotelgiraffe.com · $$$-$$$$

9 狄伦酒店（Dylan）

尽管目前酒店外观已完全按照1903年时的面貌恢复，但原先热闹的化学家俱乐部已被装饰得颇具静谧的禅宗特色。当年的大厅现已变为瑞洛特（Virot）餐馆。位于纽约东41街52号 · 地图K4 · 212 338 0500 · www.dylanhotel.com · $$$-$$$$$

10 布莱恩公园(Bryant Park)

著名设计师雷蒙德 · 胡德（Raymond Hood）在1924年设计建筑的美国供暖大楼现已成为一家超现代风格的酒店，淡色调客房的装饰则出自极简派艺术家之手。位于纽约西40街40号 · 地图K3 · 212 869 0100 · www.bryantparkhotel.com · $$$$$

注意：除非特别说明，所有酒店都接受信用卡，并且配备套间内独立浴室和空调设备

价格范围

以标准双人间一晚的住宿费用为基准，并含税、早餐（如有供应）及服务费

$	低于150美元
$$	150-250美元
$$$	250-350美元
$$$$	350-450美元
$$$$$	450美元以上

翠贝卡酒店　　苏活酒店

TOP 10 十佳新潮酒店

1 苏活酒店（Soho Grand Hotel）

酒店大楼为铸铁建造，是具有地标意义的建筑，它完美地融合于周边的艺术社区。酒店内的酒吧（Grand Bar）里总有现场演出。位于纽约西百老汇大街310号 · 地图R4 · 212 965 3000 · www.sohogrand.com · $$$$-$$$$$

2 翠贝卡酒店（TriBeCa Grand Hotel）

翠贝卡的第一家酒店就极受欢迎。大堂和咖啡酒吧所在——“御弛大厅”（Church Lounge）中，巨大的厅里有70个半透明的光柱。客房内环境静谧，拥有不少高科技的用具。位于纽约第6街2号 · 地图P3 · 212 519 6600 · www.tribe cagrand.com · $$$$-$$$$$

3 W联合广场（W Union Square）

设计师大卫·罗克韦尔（David Rockwell）将曾经的布杂艺术风格大楼变成了一个精彩绝伦的现代风格汇衍地，内装有浮动的楼梯。酒店特色包括，配备有书籍和围棋座的大堂；客房床位舒适柔软质量上乘。位于纽约公园南大道201号 · 地图M4 · 212 253 9119 · www.w hotels.com · $$$-$$$$$

4 摩根斯酒店（Morgans Hotel）

伊恩·施拉格（Ian Schrager）集团在纽约的第一家酒店，现如今依旧有许多忠实的房客青睐它小巧而时尚的客房；房内清洁整齐，房内功能齐备而人性化。与大厅相连的一家结合古巴菜与亚洲菜的餐馆，深受社会名流的喜爱。位于纽约麦迪逊大道237号 · 地图K4 · 212 686 0300 · www.morganshotel.com · $$-$$$

5 美仑大酒店（Royalton）

本酒店是伊恩·施拉格（Ian Schrager）和设计师菲力浦·斯塔克（Philippe Starck）合作的经典，新闻界和时装界的业内人士常云集与此。大厅宽阔，门廊迂回曲折，浴室设计前卫。位于纽约西44街44号 · 地图J3 · 212 869 4400 · www.royaltohotel. com · $$$-$$$$

6 百乐门酒店（Paramount）

本酒店与剧院区的氛围极为协调，因为它看上去就像是一个剧院。这要归功于菲力浦·斯塔克所设计的壮观的楼梯和高大的门厅。伊恩·施拉格是为年轻人和赶时髦者修建的这家酒店。位于纽约西46街235号 · 地图J2 · 212 764 5500 · www.nycparamount.com · $$$

7 哈得逊酒店（Hudson Hotel）

施拉格与斯塔克联袂全力打造出这个拥有1000个客房的美仑美奂的酒店。酒店设计融合了各种风格，被评论描述成“一首层次清晰而优美的和弦”。客房不大，所以花费不会太多。位于纽约西58街356号 · 地图H2 · 212 554 6000 · www.hudsonhotel.com · $$

8 时间旅店（Time Hotel）

200个客房处处洋溢着绚丽的色彩，这要归功于炙手可热的设计师亚当·蒂哈尼（Adam Tihany）的创造。乘坐玻璃和铬合金制造的电梯，宾客们即可到达宁静的二楼酒吧。位于纽约西49街224号 · 地图J3 · 212 320 2900 · www.thetimeny.com · $$$

9 默瑟酒店（Mercer Hotel）

从一开业就深受好莱坞明星的喜爱，它坐落于1890年为约翰·雅各布·阿斯特二世（John Jacob Astor II）建造的大楼中。本酒店充分利用了原先巨大的仓库空间，看上去极为时髦。位于纽约默瑟街147号，地图N4 · 212 966 6060 · $$$$-$$$$$

10 W时代广场酒店（W Times square）

制胜策略它能将一个普通的酒店变成一个时尚之都。本酒店的大厅大而开阔，现代的装饰用品被精巧地布置于有限的空间内。位于纽约第47街和百老汇大街1567号，W时代广场 · 地图J3 · 212 930 7400 · www.whotels.com · $$$-$$$$$

本杰明酒店

纽约希尔顿酒店

麦托酒店

TOP10 十佳商务酒店

1 纽约希尔顿酒店（Hilton New York）
标准的商务酒店，有2040个房间，地处市中心地带，有宽敞的舞厅，各种会议设施齐全，房间更加舒适豪华，此外，增建了一个大型健身俱乐部以及温泉SPA中心。位于纽约第六大道1335号 · 地图J3 · 212 586 7000 · www.hilton.com · $$$-$$$$

2 百老汇黄金时代酒店（Millennium Broadway）
后现代风格的摩登大厦，里面有一座剧院。小巧的房间内设备齐全，体现了高科技的特点，包括四种语言的语音信箱。位于纽约西44街145号 · 地图J3 · 212 768 4400 · $$$$ · www.millenniumhotels.com

3 本杰明酒店（Benjamin）
原本是1927年埃默里·罗斯（Emery Roth）建起来的地标性建筑，专门接待高级主管阶层，所有的必需设施全部采用高科技手段，里面有一间餐馆，名为"An American Place"，深受顾客喜爱。位于纽约东50大街125号 · 地图J4 · 212 715 2500 · www.the-benjamin.com · $$$-$$$$

4 比克曼大楼酒店（Beekman Tower Hotel）
是装饰艺术风格的建筑瑰宝，套房宽敞并设有厨房间，位于26层的大楼顶层大厅是消闲的绝佳去处。位于纽约第49街米歇尔地3号 · 地图J5 · 212 355 7300 · www.mesuite. com · $$$-$$$$

5 大都会酒店（Metropolitan）
有722个舒适的房间和品质上乘的套房。位于纽约莱克星顿大道569号 · 地图J4 · 212 752 7000 & 800 836 6471 · www.metro politanhotelnyc.com · $$$

6 麦托酒店（Hotel Metro）
时尚的装潢和实惠的价格深受消费者欢迎，客房空间宽敞，带给客人微妙的现代感。位于纽约西35街45号 · 地图K3 · 212 947 2500 · www.hotelme tronyc.com · $$

7 新千年联合国广场酒店（Millennium U.N Plaza Hotel ）
凯文·罗奇设计的摩天大厦吸引了世界各地的观光客，客房从28层开始，视野开阔，还有带玻璃顶棚的阳光泳池和纽约酒店中唯一一处室内网球场 · U.N Plaza,1st Arenue & 44th St, New York, NY 10017 · 地图J5 · 212 758 1234 · www.unplaza.com · $$$$

8 喜来登曼哈顿酒店（Sheraton Manhattan）
室内游泳池、桑拿浴和免费的欧洲传统早餐是这家22层酒店的特色，与之相邻的喜来登纽约酒店是其姊妹店，多承办一些重要的大型会议；而这里更为安静，距离剧院只有几步之遥。位于纽约第七大道790号 · 地图J3 · 212 581 3300 & 800 223 6550 · www.sheraton.com · $$$-$$$$$

9 假日酒店华尔街店（Holiday Inn Wall Street）
这里是高科技的天堂，是纽约第一家接入T－1因特网、利用电脑办理入住手续、使用电子门卡的酒店。房间舒适，有充足的工作空间，利于激发工作者最大的工作潜能。位于纽约黄金大街15号 · 地图Q4 · 212 232 7800 & 800 465 4329 · www.holidayinn wsd.com · $$-$$$

10 丽兹-卡尔顿酒店炮台公园店（Ritz-Carlton Battery Park）
从这家豪华酒店远眺，纽约港美景一览无余，令人流连忘返。房间的望远镜、羽绒床以及沐浴侍从服务是这里的特色服务。位于纽约西街2号 · 地图Q3 · 212 344 0800 · $$$$ · www.ritzcarlton.com

注意：除特别说明，所有酒店都接受信用卡，并且配备套间内私人浴室和空调设备

卢森酒店

五月花酒店

价格范围

以标准双人间一晚的住宿费用为基准，并含税、早餐（如有供应）及服务费		
	$	低于150美元
	$$	150-250美元
	$$$	250-350美元
	$$$$	350-450美元
	$$$$$	450美元以上

TOP10 十佳社区酒店

1 卢森酒店(Lucerne)

上西区的酒店性价比都很高，建于1903年的卢森酒店就在其中。这里有舒适的大堂、商务中心、健身中心以及顶层露台。位于纽约西79街201号 · 地图F2 · 212 875 1000 · www. thelucernehotel.com · $$$

2 精益求精酒店(Excelsior)

酒店大堂奢华而怀旧，套房保留了传统装饰，但增添了室内电脑和传真机。早餐厅、图书室、室外装饰和多媒体房是该酒店的特色。位于纽约西81街45号 · 地图F2 · 212 362 9200 & 800 368 4575 · www.excelsiorhotelny.com · $$

3 灯塔酒店(Hotel Beacon)

以邻近剧院（见52页）命名的灯塔酒店是一个可以放松舒适的地方。客房装饰中规中矩，另加一个带有冰箱和微波炉的宽敞厨房。位于纽约百老汇2130号 · 地图G2 · 212 787 1100 · www.beaconhotel.com · $$

4 贝里克莱尔酒店(Belleclaire Hotel)

客房不多，但设计精心、时尚，卫生间较小，个别房间需共用卫生间。如有小孩，可要一间家庭套房。离地铁快线很近，很适于由此出发游览全城。250 west 77th St, New York, NY10024 · 地图F2 · 212 362 7700 · www.hotelbelleclaire.com · $$

5 23街小馆(The Inn on 23nd)

纽约不为人所解的秘密之一。这家充满魅力的B&B酒店有14个装潢各异的房间，图书室供应早餐，还有一个酒吧供人们夜晚出门小饮片刻。位于纽约西23街131号（131 west 23nd Street. New York, NY 10011） · 地图L3 · 212 463 0300 · $$-$$$

6 弗兰克林酒店(Franklin)

上东区价格最公道的酒店，房间不大但格调一流。酒店全天提供现代早餐和卡普奇诺咖啡，爱斯普利索咖啡和茶。位于纽约东87街164号 · 地图F4 · 212 369 1000 & 877 847 4444 · www.franklinhotel.com · $$$

7 切尔西萨瓦酒店(Chelsea Savoy)

相当出色的酒店，靠近切尔西商店、跳蚤市场、咖啡厅和画廊。客房面积适中，装修及摆设讨人欢欣，设施齐全，而且浴室是全新的。位于纽约西23街204号 · 地图L2 · 212 929 9353 · www.chelseasavoynyc.com · $$

8 最佳西海岸旅馆(Best Western Seaport Inn)

该旅馆临近南街港（South Street Seaport），是复原的19世纪建筑。房间可通过酒店连锁预订，大厅舒适惬意。位于纽约派克斯里普33号 · 地图Q4 · 212 766 6600 & 800 468 3569 · www.bestwestern. com · $$

9 华盛顿广场酒店(Washington Square Hotel)

格林威治村中心地带的一个天堂。虽然房间小巧，但装修精美并提供欧式早餐。你可以说你住的是鲍勃 · 迪伦和琼 · 贝兹曾经住过的地方。位于纽约天后庙街103号 · 地图N3 · 212 777 9515 · www.wshotel.com · $$

10 汤普森60(60 Thompson)

苏活区（SoHo）新建的12层豪华酒店，有100个房间，装饰优雅并配有定制的家具。客人们可以站在屋顶花园欣赏附近路边咖啡馆的景色。位于纽约汤普森大街60号 · 地图N3 · 212 431 0400 · www.60thompson.com · $$$$

致谢

撰稿者:

作者埃莉诺·伯曼是一位旅行家，她的足迹已经遍及6个地区，并且出版了很多旅游类书籍。她是本书的主要撰稿人（荣获1994年度的Thomas Cook奖），同时还是Expedia旅游网站的驻纽约记者，并且还撰写了《New York Neighborhoods》一书（荣获2000年度的Independent Publisher奖）以及另外9本旅游指南图书。

摄影师:

David King, Tim Knox

插图作者:

Chris Orr & Associates

制图:

Casper Morris

地图:

John Plumer

图片版权:

Works of art have been reproduced with the permission of the following copyright holders: 'Untitled' Christian Boltanski (c) ADAGP, Paris and DACS, London 2002 99bl.

The publishers would like to thank the following individuals, companies and picture libraries for their kind permission to reproduce their photographs.

AMERICAN FOLK ART MUSEUM, New York: John Parnell 19c; AMERICAN MUSEUM OF NATURAL HISTORY, Courtesy Department of Library Services: 35c, 35b, 35t, 37c, 37b, 138cr; D. Finnin 36tl, 36tc, 36tr, 36c; ASSOCIATED PRESS AP: Stephen J Boitano 49b; AXA FINANCIAL, INC.: 'City Building' from America Today, Thomas Hart Benton, 1931. Distemper and egg tempera on gessoed linen with oil glaze 92 x 117 in. Collection AXA Financial, Inc. through its subsidiary The Equitable Life Assurance Society of the U.S (c) T. H. Benton and R. P. Benton Testamentary Trusts/ VAGA, New York/DACS, London 2002 14tl; MARY BOONE GALLERY: Eric Fischl Installation (1999) ZINDMAN/FREMONT, N.Y.C. 42tl; THE BOUTIQUE HOTEL GROUP: 174tc, 174tr; BROOKLYN MUSEUM, NEW YORK: 154tl; Adam Husted 40tr.

CENTRAL PARK CONSERVANCY:

Sara Cedar Miller 26b, 27b; COACH USA: 164tc; COLORIFIC: Black Star 18b; PAULA COOPER GALLERY: Prospective Retrospective by Carl Andre 43c, Adam Reich 42tr; CORBIS: 17cr, 48c, 48ca, 158-159; Bettman 19t, 20tl, 20c, 20b; 25t, 48tl, 49t; Bill Ross 16t; Bob Krist 168tr; Charles O'Rear 38-39; Dave Houser 62c; David Katzenstein 62b; Duomo 63c, Duomo / Chris Trotman 63t; Gail Mooney 9t; 18cl, 22c, 64b, 128tc; James Marshall 157t; Joseph Sohm; ChromoSohm Inc
4-5; Kelly Mooney 116cr, 119t; Kit Kittle 128tr; Lawrence 70-71; Lee Snider 10cl, 74br; Lynn Goldsmith 10-11c; Michael S. Yamashita 3bl, 131; Museum of the City of New York 48tc; Nathan Benn 45cl; Patrik Giardino 167t; DEPARTMENT: 170TR; DIA CENTER FOR THE ARTS: Cathy Carver 120tl; HOTEL EDISON: 175tl; THE SOLOMON R. GUGGENHEIM FOUNDATION, NEW YORK: 'Before the Mirror' Edouard Manet, 1876, Thannhauser Collection, Gift Justin K Thannhauser 1978, photo David Heald 33t; 'Black Lines' Wassily Kandinsky, 1913, Gift Solomon R. Guggenheim 1937, photo David Heald (c) ADAGP, Paris and DACS, London 2002 33b; 'Haere Mai' Paul Gauguin, Thannhauser Collection, Gift Justin K. Thannhauser 1978 33r; 'The Hermitage at Pontoise' Camille Pissaro, Thannhauser Collection, Gift Justin K Thannhauser 1978 32c; 'Woman with Yellow Hair' Pablo Picasso, December 1931, Thannhauser Collection. Gift Justin K Thannhauser, photo David Heald (c) Succession Picasso/DACS 2002 32b.

HILTONS OF NEW YORK CITY: 178TC; HULTON GETTY ARCHIVE: 20tr; Ernst Haas 20tc. THE IMAGE BANK/GETTY IMAGES: 59cl; IMAGE STATE: AGE Fotostock 96-97; THE IRVING PLACE: Roy J. Wright 176tc; JAZZ PROMO SERVICES: 52tr; JOAN MARCUS: 23b, 25c, 25b; NY CITY MARRIOTT HOTELS: 173tl; THE METROPOLITAN MUSEUM OF ART, NY: The Metropolitan Museum of Art, New York: 28b, 29cb; 'Cypresses' Vincent van Gogh, 1889, Rogers Fund 1949 30b; 'Gertrude Stein', Pablo Picasso, 1905-6, Bequest of Gertrude Stein 1946 (c) Succession Picasso/DACS 2002 30tr; 'The Card Players', Paul Cezanne, Bequest of Stephen C. Clark 1960 30tl; 'Washington Crossing the Delaware' Emanuel Gottlieb Leutze, 1851, Bequest of John S. Kennedy 29t; 'Young Woman with Water Jug', Johannes Vermeer, 1664-5, Marquand Collection, Gift of Henry G.

Marquand 1889 7c and 30c; 'Garden at Sainte-Adresse' Claude Monet, 1867, Monet Purchase, special contributions and funds given or bequeathed by friends of the Museum (c) ADAGP, Paris and DACS, London 2002 30tc; The Cloisters Collection/Mick Hales 31crb; Purchase The Costume Institute Fund in memory of Polaire Weissman 1989 29ca; 'Triptych with Annunciation', Robert Campin, 1425, The Cloisters Collection 1956 31b; The Cloisters Collection 1937 31t; The Cloisters Collection Gift of John D. Rockefeller 1937 31cl; THE MUSE HOTEL: 176tl; MUSEUM OF MODERN ART: ©2004 Photo Elizabeth Felicella, architectural rendering Kohn Pedersen Fox Associates, digital composite Robert Bowen 40c; NEW YORK CITY FIRE DEPARTMENT: 170tr; PACE WILDENSTEIN: Ellen Page Wilson 'Cornflake Girl', Mel Ramos (c) Mel Ramos/VAGA, New York/DACS, London 2002 42c; PRADA: 99br; REGENT HOTELS: 178tc; RENAISSANCE NEW YORK: 173tc; ROCKEFELLER CENTER ARCHIVE: 14tr, 15c, John D Rockefeller Jr 48tr; SOHO GRAND HOTEL: 177tr; SOUTH STREET SEAPORT MUSEUM: 82tc; ST. MAGGIE'S CAFE: 77tl; TRIBECA GRAND HOTEL: Michael Kleinberg 177tl; VINE RESTAURANT: 77tr.

All other images are ©Dorling Kindersley. For further information see www.dkimages.com.